林一飞 著

商事仲裁实务精要

Essentials of
Commercial
Arbitration
Practice

北京大学出版社
PEKING UNIVERSITY PRESS

图书在版编目(CIP)数据

商事仲裁实务精要/林一飞著. —北京:北京大学出版社,2016.4
ISBN 978-7-301-24834-8

Ⅰ.①商… Ⅱ.①林… Ⅲ.①商事仲裁—研究 Ⅳ.①D997.4

中国版本图书馆 CIP 数据核字(2016)第 067457 号

书　　名	商事仲裁实务精要 SHANGSHI ZHONGCAI SHIWU JINGYAO
著作责任者	林一飞 著
责 任 编 辑	王 晶
标 准 书 号	ISBN 978-7-301-24834-8
出 版 发 行	北京大学出版社
地　　　址	北京市海淀区成府路 205 号　100871
网　　　址	http://www.pup.cn
电 子 信 箱	law@pup.pku.edu.cn
新 浪 微 博	@北京大学出版社　@北大出版社法律图书
电　　　话	邮购部 62752015　发行部 62750672　编辑部 62752027
印 刷 者	北京中科印刷有限公司
经 销 者	新华书店 880 毫米×1230 毫米　A5　11.375 印张　353 千字 2016 年 4 月第 1 版　2016 年 4 月第 1 次印刷
定　　　价	36.00 元

未经许可,不得以任何方式复制或抄袭本书之部分或全部内容。
版权所有,侵权必究
举报电话: 010-62752024　电子信箱: fd@pup.pku.edu.cn
图书如有印装质量问题,请与出版部联系,电话: 010-62756370

前 言

本书完成的时候,我正好迎来了人生中的一个转折点:离开了工作十八年的仲裁机构,在新的平台上开始新的征程。不过,新的征程并不代表一切全新,我仍然主要从事商事仲裁的实务和研究,和我从前在仲裁机构的领域并无太大区别。当然也有区别,例如角度不同、力度不同,我以一个更超然的或者说更介入的姿态来审视仲裁、参与仲裁、来思索并推进仲裁制度的完善和仲裁事业的发展。

本书完成的时候,由我创建和总编的"中国仲裁在线"(www.cnarb.com)也进入了一个新的时期。作为中国仲裁行业的门户网站,"中国仲裁在线"在九年之后又加了一个新名字:"一裁网",来展示自己在仲裁之路上的断然和坚持。同时也意味着,我们将从学术和研究的出发点,向着实务和专业应用方面拓展加深,致力于为法律界和商业界提供仲裁和争议解决相关的信息、研究、顾问等全方位的服务。

本书完成的时候,我们的 CNARB 仲裁研究院也开始起步。创立研究院是为了更加有效地整合和配置业界的仲裁资源,凝聚仲裁业界的热情和力量。从某一个角度而言，在中国，这是一次尝试，一次全新的、纯民间的尝试。我们会借鉴在国际上一些成功的例子，吸收一切有益于我们在仲裁上的理想和追求的做法，按照我们自己的方式进行创新。

本书完成的时候，我们的仲裁微信公众号"中国仲裁"也即将迎来两周年纪念，我们的仲裁微信群"中国仲裁员群""中国仲裁机构论坛"和"中国仲裁论坛 | CNARB FORUM"群组也得到了诸多的肯定。在仲裁这样一个看似细分的领域，实际上却有那么多对其关注的人：仲裁员、法官、律师、仲裁机构工作人员、高校师生、机关事业单位人员以及各类型企业的法务、知识产权、风险控制人员、业务人员及其他爱好者等。我们为每一个粉丝、为每一个参与者感动，受他们鼓舞。

本书完稿之时，中国仲裁也已经发展到一个崭新的阶段。正如本书最初拟用的书名"替代渐成主流"所表明的，仲裁已经日益成为法律界和商业界解决争议的重要选择。《中华人民共和国仲裁法》施行已经二十年，全国各仲裁机构受理案件标的总额1995年为2亿元，2009年首次突破1000亿元，2014年增长至2656亿元，2015年的标的总额更是增长了55%，达到4112亿。业界的目光开始更加关注质量，仲裁制度的完善和仲裁公信力的塑造，将成为仲裁改革和发展中最重要的任务。

这本书就是在这样一个继往开来的时点完成、付梓。我把我所认为的一个仲裁人应当知道的一些实务重点和难点收集进本书，内容尽量简要，编排尽量简洁。部分文章已经发表在纸面或微信上，部分观点或经验也可能出现在我编著的其他众多书籍中。因文稿的写作时间颇有跨度，此次定稿之时稍做修改，增添或删减一些内容。其中若有疏漏之处，当是由于近期生活、工作稍有起伏心态浮动所致,欢迎诸君指正并联系我(efeee@126.com)。

  本书的内容涵盖了仲裁协议、可仲裁性、仲裁当事人、仲裁员、仲裁程序、仲裁裁决以及境外仲裁等各方面可能遇到的主要问题。与以往仲裁著述不同之处在于,本书没有刻意遵循仲裁制度的体系完整性,而是以实务和问题作为导向,以众多点的联动来带动面的形成。在相关问题的论述上,既有理论的铺垫,更有实际案例的佐证;既有他处经验和教训的总结,也有长期观察得出的答案和技巧;既有开头部分的提要,也有结尾部分的案例。无论你是初学者还是资深专家,是研究人员还是实务界人士,当你遇到相关仲裁问题时,我希望你翻到那一部分内容后,或者马上能得到答案,或者能很快获悉通往答案的道路、线索或提示。当然,更多的内容,你也可以进一步与我联系探讨。

  十八年,足够一个青春成长,足够个体动荡万千。但是,正是因为自己对仲裁的热爱,因为有着广大和我一样同样与仲裁缘深缘浅的读者,我才能始终将它作为一个不变的主题,去办无数的案件、写不尽的文章。我相信,今后在另外一个平台上,无论我进行研究还是从事实务,一样能够得到诸位一以贯之的支持。春来春去催人老,唯有你们不老。来,一起把酒共留春,莫教花笑人。

林一飞
2016 年春于深圳

目 录

1 仲裁协议

1.1 仲裁协议的独立性 / 003

1.2 仲裁协议的形式要件:晚近司法审查实践 / 011

1.3 默示对仲裁协议效力的影响 / 022

1.4 主合同中的仲裁协议效力是否及于担保合同? / 027

1.5 强买强卖还是两厢情愿:格式合同中的仲裁条款 / 035

1.6 约定多家仲裁机构条款的效力 / 044

1.7 约定仲裁机构不存在对于仲裁协议效力的影响 / 051

1.8 "可"不可?——一些仲裁案例 / 055

2 可仲裁性

2.1 侵权争议的可仲裁性:手还能伸得更长吗 / 065

2.2 反垄断事项的可仲裁性:公权力救济之外 / 074

2.3 证券仲裁：证券争议的可仲裁性 / 089

2.4 知识产权仲裁：知识产权争议的可仲裁性 / 097

3　仲裁当事人

3.1 多方当事人仲裁 / 105

3.2 刺破蒙在仲裁协议上的公司面纱 / 112

3.3 仲裁程序中的第三人 / 117

4　仲裁员

4.1 仲裁员的身份冲突 / 137

4.2 仲裁员的责任：绊马绳还是长鸣钟 / 148

4.3 指定仲裁员的方式与实践 / 160

4.4 仲裁员的回避事由 / 169

5　仲裁程序

5.1 仲裁程序中的机会主义与异议权放弃 / 181

5.2 合并仲裁的决定者与意思自治的偏离 / 191

5.3 瑕不掩瑜：对仲裁程序瑕疵的司法审查标准 / 200

5.4 由俏江南冻结资产引起：如何进行仲裁财产保全？/ 211

5.5 商事仲裁中的证据问题 / 216

6 仲裁裁决

6.1 中国内地与香港相互执行仲裁裁决 / 229

6.2 中国大陆与台湾仲裁裁决的相互认可和执行 / 245

6.3 中国内地与澳门相互执行仲裁裁决 / 262

6.4 港澳相互执行仲裁裁决 / 273

6.5 香港、澳门与台湾之间仲裁裁决的相互执行 / 281

6.6 外国仲裁裁决在中国承认和执行的三份司法解释 / 290

6.7 中国仲裁司法审查涉及公共政策的实践 / 297

7 境外仲裁

7.1 中国公司约定境外仲裁若干法律问题 / 311

7.2 纯国内争议不宜在境外仲裁机构仲裁 / 345

1 仲裁协议

1.1 仲裁协议的独立性

合同无效,当事人是否还能依据合同中的仲裁条款提起仲裁?实务中,在仲裁程序的早期阶段,一方可能以此提出抗辩,主张仲裁协议随之无效,仲裁机构或仲裁庭不具有管辖权。但仲裁协议具有独立性,不随合同无效而无效。下文简要阐析仲裁协议独立性的相关问题。

在仲裁程序启动阶段以及仲裁司法审查阶段,经常遇到一方以协议无效为由,不认同仲裁的管辖权。这就涉及仲裁协议独立性原则。仲裁协议虽然也是一种协议,而且是一种附属性协议,但有其特殊性,独立于基础法律关系。仲裁协议的独立性,或称仲裁协议的可分割性或自治性,指仲裁协议与基础合同相分离,独立存在,并不受有关基础合同效力主张或认定的影响[1],不因其无效而当然无效。仲裁协议独立性事实上已经成为现代仲裁法的主要

---

[1] 仲裁协议的独立性一般只涉及合同中的仲裁条款,因单独的仲裁协定产生问题的可能性较小。

基础之一。[1]

仲裁协议独立性或可分性是否在任何情况下均予适用？或者换句话说，是否在某些情况下，仲裁协议不能独立于基础合同？有两种观点，一种观点（相对说）认为，仲裁协议应在某些情况下进行区分，对于基础合同自始无效或根本不存在的情形，仲裁协议亦应相应无效。因为在这种情况下，由当事人从未就仲裁协议达成合意，因此基础合同的无效或不存在也导致仲裁协议的无效或不存在，此时争议不应当通过仲裁解决。另一种观点（绝对说）认为，在独立性或可分性的适用上，无需对不同情形进行区分。[2] 例如，A申请仲裁B，B称合同因A欺诈而自始无效，因此其中所包含的仲裁条款也自始无效；或者B否认存在合同，否认存在仲裁协议。在未审理之前，仲裁庭无从断定B所述是否属实。适用相对说或适用绝对说在不同机构先受理的情况下，均会遇到前述两难。此时如何处理应当依据各国的法律规定，并取决于法院对仲裁的态度。

应当注意到，仲裁协议独立性只是使仲裁协议的效力认定与合同的效力认定分开，只是使仲裁协议效力认定的程序"独立"，而并非使仲裁协议当然有效。仲裁协议有效与否应当由仲裁庭作出决定。如果仲裁庭认定仲裁协议无效，则案件不应由其继续受理。

由于仲裁条款的可分性，因此，合同效力主张或决定并不影响仲裁条款效力的认定。此时，仲裁庭应当依据该仲裁条款进行审

---

[1] See The Stockholm Chamber of Commerce (ed), *Arbitration in Sweden* (1984), second (revised) edition, p. 27.

[2] 如瑞典持这种态度。See The Stockholm Chamber of Commerce (ed), *Arbitration in Sweden* (1984), second (revised) edition, p. 28.

理。但在这种情况下,仲裁庭应当首先就管辖权问题作出确定。也就是说,实际上,无论相对说或绝对说,赋予仲裁庭的首先是对于管辖权问题的管辖权。这就是所谓的管辖权/管辖权原则(Kompetenz-Kompetenz)。依该原则,当事人主张的仲裁协议效力问题并不影响仲裁庭决定效力问题的权力。一般认为,国际仲裁当中,仲裁员具有对其管辖权的管辖权,即决定其自己管辖权的权力。严格的管辖权/管辖权原则即指仲裁员具有最终确定管辖权而不受法院控制的权力。该原则赋予仲裁庭的权力过大。1998年,在管辖权/管辖权这个概念起源的德国,新制定的仲裁法废除了这种意义上的"管辖权/管辖权"概念。依原仲裁法,当事人可以授权仲裁庭对其管辖权作出终局决定。此时,仲裁庭作出的并不仅是可以受法院审理的管辖权决定,德国法院认定此种仲裁协议的当事人同意管辖权问题由仲裁庭专属管辖,排除法院管辖权。但是,依据1998年修订的《仲裁法》,当事人不再有权排除德国法院在此类案件中的管辖权。仲裁庭管辖权问题任何情况下均由法院最终予以决定。[1]另一种意义上的管辖权/管辖权原则指仲裁员有权决定其自己的管辖权,但其所作决定并非决定性的,而仍应受司法监督。这一种意义上的管辖权/管辖权原则是现今国际商事仲裁中仲裁员管辖权制度上的主流作法。大多数国家都在立法确立仲裁协议可分性的同时,确立了管辖权/管辖权原则,但不排除法院对此类事项的最终决定权。

---

[1] See Klaus Peter Berger, "Germany Adopts the Uncitral Model Law," in *Int. A. L. R.* 1998, 1(3), 121—126, at 121. 第1040(3)条:如仲裁庭认为其有管辖权,则其对本条第2款所述抗辩一般应以初步裁定的形式作出决定。在这种情况下,当事人可以在收到该裁定的书面通知后一个月内请求法院决定该事项。即使该请求尚属未决,仲裁庭仍然可以继续仲裁程序并作出仲裁裁决。

确定仲裁协议独立性是国际上对此问题的普遍做法。多数仲裁立法或规则都采纳了仲裁协议独立性原则。例如,联合国国际贸易法委员会(下称 UNCITRAL)《国际商事仲裁示范法》(下称《UNCITRAL 仲裁示范法》)第16(1)条、1996年《英国仲裁法》第7条、1998年《德国仲裁法》第1040(1)条、2004年《日本仲裁法》第23(1)条等。我国《仲裁法》第19(1)条规定:仲裁协议独立存在,合同的变更、解除、终止或者无效,不影响仲裁协议的效力。除立法中规定外,许多仲裁机构的仲裁规则也规定了仲裁协议的独立性。《UNCITRAL 仲裁示范法》第16(1)条规定:仲裁庭可以对其管辖权包括对仲裁协议的存在或效力的任何异议,作出裁定。为此目的,构成合同一部分的仲裁条款应视为独立于合同其他条款的一项协议。仲裁庭作出关于合同无效的决定,不应在法律上导致仲裁条款无效。1996年《英国仲裁法》第7条(仲裁条款独立性)规定:除非当事人另有约定,构成或旨在构成其他协议(无论是否为书面)一部分的仲裁协议不得因其他协议无效、不存在或失效而相应无效、不存在或失效。为此目的,仲裁协议应视为不同的协议。1998年《德国仲裁法》第1040(1)条规定:仲裁庭可以决定自己的管辖权并同时对仲裁协议的存在或效力作出决定。为此,构成合同一部分的仲裁条款应被视为独立于合同其他条款的协议。2004年《日本仲裁法》第23(1)条也有类似规定。[1]我国《仲裁法》第19(1)条规定:仲裁协议独立存在,合同的变更、解除、终止或者无效,不影响仲裁协议的效力。

除立法中规定外,许多仲裁机构的仲裁规则都规定了仲裁协

---

[1] 第23(1)条规定:当事人就有关仲裁协议的存在或效力或仲裁庭的管辖权(本条下指进行仲裁程序和作出仲裁裁决的权力)所提出的主张,仲裁庭可以作出决定。

议的独立性。例如,2014年《伦敦国际仲裁院仲裁规则》第23条[1]、《UNCITRAL仲裁规则》第23条。[2]

独立性理论还在许多国家的案例中得到确认或体现。例如,瑞典通过两个案例确认了独立性原则。在AB案[3]中,原告买了四台编织机。销售合同援引一般贸易条件,包含一仲裁条款。原告对机器不满意,欲取消合同。原告提起诉讼后,被告提出有仲裁协议,以排除法院管辖权,并动议驳回案件。原告称,销售合同由于欺诈而无效,由于仲裁条款构成销售合同的一部分,因此,买方不受仲裁条款的约束。地区法院以缺乏管辖权为由驳回该案。上诉院和最高法院维持了该决定。最高法院认定,包含在销售合同中的仲裁条款是有效的和有约束力的,"不管该销售合同可否以某种方式执行。"最高法院的决定基于下述假设,即在主合同的无效主张不影响仲裁庭的管辖权的意义上,仲裁条款与合同的其他部分是"可分的";仲裁庭应对此类主张作出决定。在Hermansson案[4]中,最高法院的多数意见与AB案中判决的意见一致。原告与被告签订一包含仲裁条款的租赁合同。仲裁条款约定,有关合同解释及适用的争议应提交仲裁解决。原告提起诉讼,请求宣告

---

[1] 23.1 仲裁庭有权就其管辖权及权限做出决定,包括对仲裁协议的开初、持续、有效性、范围等的异议作出决定。23.2 为此目的,构成或拟构成另一协议组成部分的仲裁条款,应视为独立于该协议。仲裁庭作出的此等协议不存在、无效、不发生效力不应导致仲裁协议的不存在、无效或不发生效力。

[2] 23.1 仲裁庭有权对其自身管辖权作出裁定,包括对与仲裁协议的存在或效力有关的任何异议作出裁定。为此目的,构成合同一部分的仲裁条款,应视为独立于合同中其他条款的一项协议。仲裁庭作出合同无效的裁定,不应自动造成仲裁条款无效。

[3] *AB Norrkopings Trikafabrik v. AB Per Persson*(NJA 1936, 521). 该案及下案均可见 See The Stockholm Chamber of Commerce (ed), *Arbitration in Sweden* (1984), second (revised) edition, pp.25—26.

[4] *Hermansson v. Asfaltbelaggningar*(NJA 1976, 125).

合同无效,因为当事人双方未达成合意。据此,原告的主张是合同从未存在过。而且,原告称合同全部无效,所以仲裁条款无效。被告以存在仲裁条款为由要求排除法院管辖权,并驳回原告的请求。被告称尽管存在合同被声称无效的事实,但仲裁条款是有效和有约束力的。地区法院认定仲裁条款不适用于争议,并对该案行使管辖权。上诉院以缺乏管辖权为由推翻了地区法院的决定。最高法院多数意见维持了上诉院的决定。最高法院使用了与 AB 案中相同的措辞。最高法院认定,包含在被称为租赁合同的文件中的仲裁条款,有效且有约束力,"不管该文件可否以某种方式执行。"

在中国有关商事仲裁的司法审查实践上,仲裁条款独立性也得到体现。例如,在北京某某科技有限公司与北京某某广告传媒有限公司承揽合同纠纷案[1]中,法院认为,根据仲裁法律相关规定,仲裁协议独立存在,合同的变更、解除、终止或者无效,不影响仲裁协议的效力。现起诉所依据的《解除有关合同的协议》,系双方当事人就解除 2007 年 12 月签订的《机场大屏幕媒体租赁合同》所达成的协议,不影响《机场大屏幕媒体租赁合同》仲裁协议的效力。根据双方当事人在《机场大屏幕媒体租赁合同》中约定的"因本合同引起的或与本合同有关的任何争议,均提请北京仲裁委员会按照该会仲裁规则进行仲裁"的条款,本案应提请北京仲裁委员会进行仲裁。

下一案例甚至只考虑仲裁协议是否存在,而不考虑仲裁协议是否有效(要求另案处理)。按照法院的观点,仲裁协议独立存在,已经构成了法院不予受理案件的依据。在重庆某某运业有限公司(以下简称某某公司)与某某财产保险股份有限公司重庆分公司

---

[1] 北京市朝阳区人民法院(2009)朝民初字第 21719 号民事裁定书。

(以下简称某某保险重庆公司)保险合同纠纷上诉案[1]中,一审法院经审查认为,某某公司与某某保险重庆公司在保险合同中约定了仲裁协议,该仲裁协议是双方当事人真实意思的表示,应属有效。某某公司在起诉时未声明有仲裁协议,而某某保险重庆公司在本案第一次开庭前向一审法院提交了仲裁协议,并提出了管辖异议,故应驳回某某公司的起诉。某某公司对一审裁定不服,提起上诉。上诉法院认为,本案中需要解决的是双方之间是否存在仲裁协议,人民法院应否受理本案的问题。《仲裁法》第19条第1款规定:"仲裁协议独立存在,合同的变更、解除、终止或者无效,不影响仲裁协议的效力。"《最高人民法院关于适用〈中华人民共和国仲裁法〉若干问题的解释》(以下简称2006年《仲裁法解释》)第10条规定:"当事人在订立合同时就争议达成仲裁协议的,合同未成立不影响仲裁协议的效力。"故仲裁协议独立存在,保险合同中的其他部分是否成立或者是否有效,在本案中无需考虑。《仲裁法》第5条规定:"当事人达成仲裁协议,一方向人民法院起诉的,人民法院不予受理,但仲裁协议无效的除外。"《仲裁法》第20条规定:"当事人对仲裁协议的效力有异议的,可以请求仲裁委员会作出决定或者请求人民法院作出裁定。一方请求仲裁委员会作出决定,另一方请求人民法院作出裁定的,由人民法院裁定。"2006年《仲裁法解释》第12条规定:"当事人向人民法院申请确认仲裁协议效力的案件,由仲裁协议约定的仲裁机构所在地的中级人民法院管辖;仲裁协议约定的仲裁机构不明确的,由仲裁协议签订地或者被申请人住所地的中级人民法院管辖。"根据上述规定,当事人若对仲裁

---

[1] 重庆市第五中级人民法院(2009)渝五中法民终字第2660号民事裁定书。

协议的效力有争议,应当另案解决(可以在仲裁案件中解决,也可以另案向有管辖的中级人民法院申请裁定确认仲裁协议效力)。故一审法院认定仲裁协议效力合法有效超越了本案所涉事项的范围,而且一审法院没有处理该事项的管辖权。本案中只需解决双方事实上是否存在仲裁协议即可。投保人提出保险要求,经保险人同意承保,保险合同成立。本案中,投保人某某公司在投保单上选择的争议解决方式为仲裁。某某保险重庆公司所签发的保险单上也载明:"保险合同争议解决方式为提交仲裁委员会,重庆仲裁委员会。"保险单所载明的争端解决方式与投保单的选择一致,足以认定双方已经达成了书面的仲裁协议。根据《仲裁法》第5条的规定,人民法院对于本案不应受理,受理后则应驳回起诉。虽提出上诉,投保单上并未指明仲裁机构,保险单中则明确了仲裁机构,但仲裁机构是否明确的问题所影响的是仲裁协议的效力,仲裁协议的效力问题并不属于本案处理的范围,可以另案解决。综上,某某公司的上诉理由不能成立。相对于该案上诉法院的逻辑而言,一审法院则较为实际,但从结论上,显然,在存在仲裁协议且该协议有效的情况下,应认定争议通过仲裁解决。

☞ 本文涉及案例

- *AB Norrkopings Trikafabrik v. AB Per Persson*(NJA 1936, 521)
- *Hermansson v. Asfaltbelaggningar*(NJA 1976, 125)
- 北京某某科技有限公司与北京某某广告传媒有限公司承揽合同纠纷案
- 重庆某某运业有限公司与某某财产保险股份有限公司重庆分公司保险合同纠纷案

1.2 仲裁协议的形式要件:晚近司法审查实践

当事人依据仲裁协议将争议提交仲裁,仲裁协议需要满足法律规定的条件。其中,书面要件是大部分国家仲裁立法和国际公约的要求,中国亦明确规定仲裁协议应当是书面的。近年来司法实践中有许多涉及形式要件的案例。总体上,在对仲裁进行司法审查上,我国法院是宽松、开明的。

仲裁协议的存在是仲裁庭行使管辖权的前提和基础。有效的仲裁协议需具备所适用的仲裁法规定的各要素。不同国家的仲裁法规定的要素不尽相同。例如,虽然在许多国家,仲裁机构并非必须明确约定的,但在实行机构仲裁的国家,这一点却是明确要求的。按照中华人民共和国仲裁法的规定,有效的仲裁协议需具备仲裁的意思表示、仲裁事项以及明确的仲裁机构等要素。[1]除此

---

[1]《中华人民共和国仲裁法》第16条第2款。

之外,仲裁协议需具备形式要件,即通常应当以书面形式存在。我国《仲裁法》第16条第1款规定,仲裁协议包括合同中订立的仲裁条款和以其他书面方式在纠纷发生前或者纠纷发生后达成的请求仲裁的协议。各国或地区的仲裁法均对书面协议作了不同程度的界定。司法和仲裁实践中,对于书面协议的认定并非一成不变。下文在介绍国际上的法律和实践的基础上,结合各级法院的部分相关司法审查案例,对晚近我国法院的有关仲裁协议形式要件方面的司法审查实践作一简单归纳分析。

一、国际上的有关做法

《纽约公约》承认的仲裁协议应为具有书面形式的协议。仲裁协议须记载于某书面文件上,无论该协议是否为双方签署、是书面证据、双方的通讯往来或是存在于其他书面文件中的仲裁条款。一份仲裁条款可以是未经签署的,或者包括在合同草案中,其是否有效应由法院通过各种方式予以确定。

原则上,有效的可执行的仲裁协议需要双方签名。签名是合意的表示,表明仲裁条款是双方自愿达成的。当然签名并非唯一的方式。凡能表明仲裁条款是由当事人自愿达成的,则对签名的方式应作灵活处理、广义理解。正如 *Compagnie de Navigation et Transports SA(France)v. MSC—Mediterranean Shipping Company SA(Switzerland)* 案[1]中瑞士法院所认为的,由于现代通讯方式的发展,签署和未签署文件的区别不应以过于严格的方式处理。

《纽约公约》生效之后,随着仲裁理论研究和实践的发展,有关书面的要求已经得到显著的发展。例如,《UNCITRAL 仲裁示范

---

[1] ICCA Yearbook, Vol. XXI, 1996, 690—698.

法》秘书处的说明中指出,虽然口头仲裁协议在某些国家实践中出现并为某些国内法所承认,《仲裁示范法》第 7 条第 2 款仍依据 1958 年《纽约公约》要求书面要件的规定。其扩大并澄清了《纽约公约》第 2 条第 2 款书面形式的定义,增加"电报或提供协议记录的其他电讯手段",包括"在申请书和答辩书的交换中当事一方声称有协议而当事他方不否认,即为书面协议",并规定"在合同中援引载有仲裁条款的一项文件"(如一般条款)"即构成仲裁协议,但该合同须是书面的而且这种援引足以使该仲裁条款构成该合同的一部分。"[1] 2006 年 7 月 6 日, UNCITRAL 第 39 届年会于美国纽约联合国总部通过了《UNCITRAL 仲裁示范法》第 7 条"仲裁协议的定义和形式"[2]。 在

---

[1] 第 19 段。
[2] A/CN.9/XXXIX/CRP.1/Add.10.《仲裁示范法》提供了两种备选案文,其一如下:
   第七条　仲裁协议的定义和形式
   (1)"仲裁协议"是指当事人同意将他们之间一项确定的契约性或非契约性的法律关系中已经发生或可能发生的一切或某些争议提交仲裁的协议。仲裁协议可以采取合同中的仲裁条款形式或单独协议的形式。
   (2) 仲裁协议应为书面形式。
   (3) 若仲裁协议的内容以任何形式记录下来,则为书面形式,无论该仲裁协议或合同是以口头方式、行为方式还是其他方式订立的。
   (4) 电子通讯所含信息可以调取以备日后查用的,即满足了仲裁协议的书面形式要求。"电子通讯"系指当事人以数据电文方式发出的任何通讯;"数据电文"系指经由电子手段、电磁手段、光学手段或类似手段生成、发送、接收或储存的信息,这些手段包括但不限于电子数据交换、电子邮件、电报、电传或传真。
   (5) 另外,如在申请书和答辩书的交换中,一方当事人声称有仲裁协议而另一方当事人不予否认的,则仲裁协议即为书面协议。
   (6) 在合同中援引载有仲裁条款的任何文件的,只要该援引可使该仲裁条款成为合同的一部分,即构成书面形式的仲裁协议。

备选案文二如下:
   第七条　仲裁协议的定义
   "仲裁协议"是指当事人同意将他们之间一项契约性或非契约性的法律关系中已经发生或可能发生的一切或某些争议提交仲裁的协议。

《仲裁示范法》提供的两种备选方案中,无论哪种方案,书面要件上均有进一步的发展。例如方案一,虽然再一次强调仲裁协议应为书面形式,但与原规定相比,将可以任何形式记录下来仲裁协议内容的,均视为具有书面形式,而无论该仲裁协议或合同是以口头方式、行为方式还是其他方式订立的。方案二则不再对形式要件作出规定。

各国在国内法中的规定也可以看出书面要件的扩大化适用。随着新技术的应用,尤其是信息技术的发展,仲裁协议的形式要件产生了新的问题。例如,电子方式达成的仲裁协议是否符合书面要件,电子签名是否属于符合仲裁协议要求的签名?

《UNCITRAL 电子商务示范法实施指南》指出:"……2. ……以无纸化信息形式进行的法律上重要信息的通讯,可能受使用此类信息的法律上的障碍或者法律效力的不确定性所阻碍……3. ……在许多国家,现存的适用于信息通讯或储存的立法,由于没有考虑到电子商务,因此是不充分的或过时的。在某些情况下,现存的立法对使用现代方式强加或隐含着限制,比如说,规定使用'书面''签署'或'原件'文件。"这种情况在仲裁中也同样存在。电子文件算不算书面文件?如果仲裁条款包括在电子文件中,是否符合书面要件?一般认为,"以能提供协议的持久记录的电子方式而进行的任何通讯,亦应被视为书面形式。"[1]《UNCITRAL 电子商务示范法》第 6 条第 1 款规定:"如法律要求信息须采用书面形式,则假若一项数据电文所含信息可以调取以备日后查用,即满足了该项要求"。据此,仲裁协议只要可以调取以备日后查用,即

---

〔1〕 见戴恩·罗兰德、伊丽莎白·麦克唐纳:《信息技术法》,宋连斌、林一飞、吕国民译,武汉大学出版社 2004 年版,第 166 页。

满足了法律对仲裁协议的书面要求。

《UNCITRAL电子商务示范法》第7条规定:"如法律要求要有一个人签字,则对于一项数据电文而言,倘若情况如下,即满足了该项要求:(1)使用了一种方法,鉴定了该人的身份,并且表明该人认可了数据电文内含的信息;和(2)从所有各种情况看来,包括根据任何相关协议,所用方法是可靠的,对生成或传递数据电文的目的来说也是适当的。"2001年《UNCITRAL电子签名示范法》第2条对电子签名作的定义如下:"电子签字"系指在数据电文中,以电子形式所含、所附或在逻辑上与数据电文有联系的数据,它可用于鉴别与数据电文相关的签字人和表明签字人认可数据电文所含信息。第6条第1款规定,凡法律规定要求有一人的签字时,如果根据各种情况,包括根据任何有关协议,使用电子签字既适合生成或传送数据电文所要达到的目的,而且也同样可靠,则对于该数据电文而言,即满足了该项签字要求。[1]

二、中国的有关法律规定

我国《仲裁法》第16条第1款规定仲裁协议须具有书面方式。我国《合同法》也已将传统的书面合同形式扩大到数据电文形式。《合同法》第11条规定:"书面形式是指合同书、信件以及数据电文(包括电报、电传、传真、电子数据交换和电子邮件)等可以有形地

---

[1] UNCITRAL《电子签名示范法》第6条第3款规定了可靠电子签字需要满足的条件:就满足第1款所述要求而言,符合下列条件的电子签字视作可靠的电子签字:(1)签字制作数据在其使用的范围内与签字人而不是还与其他任何人相关联;(2)签字制作数据在签字时处于签字人而不是还处于其他任何人的控制之中;(3)凡在签字后对电子签字的任何篡改均可被觉察;以及(4)如签字的法律要求目的是对签字涉及的信息的完整性提供保证,凡在签字后对该信息的任何篡改均可被觉察。

表现所载内容的形式。"司法实践也采取相同作法。例如,四川省高级人民法院《关于贯彻执行〈中华人民共和国仲裁法〉若干问题的意见》[1]规定,仲裁协议包括合同中订立的仲裁条款和以其他书面方式达成的请求仲裁的协议。其他书面方式是指纠纷发生前后当事人相互往来的、明确含有符合《仲裁法》第16条第2款规定内容的合同书、信件以及数据电文(包括电报、电传、传真、电子数据交换和电子邮件)等,可以有形表达仲裁意愿的形式。电子形式的仲裁协议也包括在书面方式的协议之中。

中国的《电子签名法》业已生效,[2]该法也确认了电子签名的效力。有效的电子签名应当与纸基文件的签名具有同样的效力。[3]

在中国,2006年《仲裁法解释》自2006年9月8日起施行。2006年司法解释第1条规定:"《仲裁法》第16条规定的'其他书面形式'的仲裁协议,包括以合同书、信件和《数据电文》(包括电报、电传、传真、电子数据交换和电子邮件)等形式达成的请求仲裁的协议。"中国《仲裁法》第16条对书面要件的规定是:"仲裁协议包括合同中订立的仲裁条款和以其他书面方式在纠纷发生前或者纠纷发生后达成的请求仲裁的协议。"2006年《仲裁法解释》第1条是对"其他书面形式"的细化,与中国《合同法》第11条规定相一致。《合同法》第11条规定:"书面形式是指合同书、信件和数据电文(包括电报、电传、传真、电子数据交换和电子邮件)等可以有形

---

[1] 2002年2月28日四川省高级人民法院审判委员会第十三次会议通过。
[2] 2004年8月28日第十届全国人民代表大会常务委员会第十一次会议通过。
[3] 该法第14条规定:可靠的电子签名与手写签名或者盖章具有同等的法律效力。

表现所载内容的形式。"不过,就 2006 年《仲裁法解释》该条而言,仍然坚持的是较为严格的书面要件概念。只有合同中的仲裁条款或以合同书、信件和数据电文(包括电报、电传、传真、电子数据交换和电子邮件)等形式达成的请求仲裁的协议,才是符合仲裁法规定的书面的仲裁协议。而仲裁协议或合同以口头方式、行为方式订立的且仲裁协议的内容以任何形式记录下来的,或者法律程序中以服从程序形式表明意思表示,是否能被认为是双方达成了有效的仲裁协议,则要依不同法院对仲裁协议的理解而定。

三、中国晚近的司法审查实践

依《纽约公约》第 2 条第 1 款和第 2 款的规定,仲裁协议应具有书面形式;书面仲裁协议指当事人所签订或在互换函电中所载明之契约仲裁条款或仲裁协定。中国《仲裁法》及司法解释规定的书面形式指合同中订立的仲裁条款以及以合同书、信件和数据电文(包括电报、电传、传真、电子数据交换和电子邮件)等可以有形地表现所载内容的形式。前文已经对有关审查标准进行了阐述。

仲裁协议应具有书面形式,并一般要求经签署确认。在《最高人民法院关于在平信发华宇氧化铝有限公司与昌运船务有限公司(Transfield Shipping Inc)海商合同纠纷一案中仲裁条款效力问题的请示的复函》[1]中,最高人民法院认为:在平信发华宇氧化铝有限公司与昌运船务有限公司所签订的涉及海上货物运输的包运合同确认书,并没有约定仲裁条款。此后,双方当事人对包运合同约定的 94 金康格式合同进行了协商。虽然双方当事人在协商过程中涉及约定仲裁条款事项,但没有签字确认。根据《仲裁法》第 16 条

---

[1] 2009 年 10 月 9 日〔2009〕民四他字第 32 号。

的规定,仲裁协议包括合同中订立的仲裁条款和以其他书面方式在纠纷发生前或者纠纷发生后达成的请求仲裁的协议。在双方当事人没有签订书面仲裁条款,事后也没有就仲裁事项达成一致意见的情况下,平信发华宇氧化铝有限公司可以根据我国法律规定向人民法院提起诉讼。

除通常所见在同一份含有仲裁协议的文件上共同签署的情况外,一些特殊的情况也可能存在,比如互换函电援引。关于前者,《纽约公约》和《UNCITRAL 仲裁示范法》以及许多国家的法律均对此作了规定。关于后者,2006 年《仲裁法解释》第 11 条规定:"合同约定解决争议适用其他合同、文件中的有效仲裁条款的,发生合同争议时,当事人应当按照该仲裁条款提请仲裁。涉外合同应当适用的有关国际条约中有仲裁规定的,发生合同争议时,当事人应当按照国际条约中的仲裁规定提请仲裁。"本条援引的对象有两种:一是其他合同、文件中的有效争议解决条款,二是国际条约中的仲裁规定。援引的对象为载有仲裁条款的书面文件。有效援引亦构成有效之仲裁协议,如英国《仲裁法》中的规定。中国《仲裁法》没有明确规定,但在仲裁实践中,如当事人的合同未写明仲裁条款,而只援引了其他载有仲裁条款的书面文件,并使该文件作为原合同的一部分,则也符合书面要件。此前的司法实践亦持这种观点,如《最高人民法院关于福建省生产资料总公司与金鸽航运有限公司国际海运纠纷一案中提单仲裁条款效力问题的复函》以及《关于涉蒙经济合同未直接约定仲裁条款如何认定案件管辖权的复函》。

对书面形式的强调意味着沉默本身并不构成对仲裁要约的接受,在法院的实践中也同样认为,默示不能成为有效仲裁协议的构成要素。《最高人民法院关于申请人番禺珠江钢管有限公司与被申请人深圳市泛邦国际货运代理有限公司申请确认仲裁协议效力一案的请示的复函》[1]中,所涉案租船合同仲裁条款约定,"仲裁地点:北京,引用中国法律"。由于仲裁条款没有约定具体的仲裁机构,深圳市泛邦国际货运代理有限公司在租船合同没有实际履行的情况下向番禺珠江钢管有限公司发出了律师函,提出将涉案纠纷提交在北京的中国海事仲裁委员会仲裁,并要求番禺珠江钢管有限公司在收到此律师函后3日内回复意见,否则视为默示同意将仲裁机构确定为中国海事仲裁委员会,番禺珠江钢管有限公司对该律师函未作答复。深圳市泛邦国际货运代理有限公司据上述事实主张番禺珠江钢管有限公司已默示同意,双方就选定的仲裁机构达成了新的仲裁协议,法院认为没有法律依据。《最高人民法院关于 Concordia Trading B. V. 申请承认和执行英国油、油籽和油脂协会(FOSFA)第3948号仲裁裁决一案的请示的复函》[2]所涉案件中,Concordia Trading B. V.(以下简称和谐公司)印制的三份合同均含有提交 FOSFA 仲裁的争议解决条款,但该三份合同通过经纪人 Soipley S. A. 的代理人 Agri Commodities International Ltd 驻上海代表处转交给南通港德油脂有限公司后,南通港德油脂有限公司并未签字或者盖章予以确认,也没有将上述三份合同回传,故不能认定和谐公司与南通港德油脂有限公司就仲裁条款达成了书面协议。在其后发生的双方函件往来中,南通港德油脂有限公司出具的保证函虽然涉及和谐公司三份合同文本的编号,但该保证函载明的货物数量、价格以及期货保证金条款与和谐公司三份合同文本的内容并不相同,不足以推定双方对和谐公司的三份合同文本中含有的仲裁条款形成了一致的意思表示。最高人民法院

---

[1] 2009年5月5日〔2009〕民四他字第7号。
[2] 2009年8月3日〔2009〕民四他字第22号。

认为,《纽约公约》第 2 条第 1 款规定仲裁条款必须以书面协定达成。第 2 条第 2 款规定"书面协定"是指当事人所签订或在互换函电中所载明的契约仲裁条款或仲裁协定。可见,《纽约公约》并不接受默示的仲裁协议。本案没有充分证据证明和谐公司和南通港德油脂有限公司之间有仲裁合意并以签署或者函件互换的方式达成了书面形式的仲裁条款,不符合《纽约公约》第 2 条第 1 款、第 2 款关于仲裁协议书面形式要件的规定,人民法院应不予承认和执行该仲裁裁决。

不过,有必要强调仲裁协议在法律程序中的确认。《UNCITRAL 仲裁示范法》、1996 年英国《仲裁法》等均规定,如在法律程序中,一方宣称存在仲裁协议,而他方不作反对表示的,则此种法律程序中的文件之交换构成书面协议。这样可以避免一方当事人在仲裁裁决不利于己方的情况下,以不存在仲裁协议为由对仲裁裁决提出异议。1998 年德国仲裁法更是规定,在仲裁程序中对争议实体问题进行讨论即可弥补任何形式要件上的不符点。[1]中国法律没有明确规定。但是,结合 2006 年《仲裁法解释》第 13 条第 1 款以及第 27 条可以认为,如果当事人未在首次开庭前提出异议的话,他就不能再向人民法院申请确认仲裁协议无效,也无法以仲裁协议无效为由申请撤销裁决或不予执行裁决。按照这种精神,对于双方当事人在仲裁程序中签订的含有仲裁协议的文件,应当可以认为是达成了仲裁协议。同样,对于庭审时明确表示同意仲裁并记录在庭审记录中的陈述,应当也可以认为是具有仲裁协议的书面形式。徐州颐和房地产开发有限公司与被申请人江苏汉中建

---

[1] 1998 年德国《仲裁法》第 1031 条第 6 款。

设集团有限公司申请撤销仲裁裁决案〔1〕中,法院认为,通过查阅仲裁卷宗中的开庭笔录,仲裁员已明确告知双方当事人补充协议没有约定仲裁条款,双方是否同意仲裁庭一并审理,双方均表示同意一并审理,故申请人的该条申请撤销理由不能成立,法院不予支持。

法院在审查仲裁协议有效性上,可能涉及其他许多问题。〔2〕和许多国家对仲裁持支持的态度一样,在对仲裁进行司法审查上,我国法院也较为宽松、开明,对于仲裁协议效力的认定倾向于认定有效,除非存在特定的无效情形且有充分的证据证明。以宽松的态度对待仲裁,这也是我的一贯观点。当然,仲裁和司法审查实务中仍有一些不足之处,需要仲裁理论和实务界共同努力,进一步提升仲裁研究和实务的水平、改善我国仲裁的整体环境。

☞ 本文涉及案例

- *Compagnie de Navigation et Transports SA (France) v. MSC—Mediterranean Shipping Company SA (Switzerland)*
- 平信发华宇氧化铝有限公司与昌运船务有限公司(Transfield Shipping Inc)海商合同纠纷案
- 番禺珠江钢管有限公司与深圳市泛邦国际货运代理有限公司申请确认仲裁协议效力案
- Concordia Trading B. V. 申请承认和执行英国油、油籽和油脂协会(FOSFA)第 3948 号仲裁裁决案
- 徐州颐和房地产开发有限公司与被申请人江苏汉中建设集团有限公司申请撤销仲裁裁决案

---

〔1〕 详见江苏省徐州市中级人民法院(2009)徐民三仲字第 75 号民事裁定书。
〔2〕 参见林一飞:《仲裁协议的效力:2009 年中国商事仲裁司法审查实践》,载《商事仲裁评论》第三辑,2010 年对外经济贸易大学出版社出版。

1.3 默示对仲裁协议效力的影响

仲裁需依赖于仲裁协议。但仲裁中,有时候出现一方提起仲裁,而他方宣称没有仲裁协议或并未同意仲裁协议的情况,理由是其并未明确表示同意。那么,默示或沉默对于仲裁协议效力,将构成何种影响?中国和国际上的做法不一。本书结合实务,进行具体分析。

关于默示,有作为的默示和不作为的默示之分。合同法上一般采取的是严格主义原则,即作为的默示可以认定为接受,而不作为的默示或沉默,则除法律有明确规定[1]或当事人之间有明确约

---

[1] 在法律另有规定的情况下,不作为的默示仍有其法律意义,例如:《民法通则》第66条第1款:本人知道他人以本人名义代理而不作否认的,视为同意;《合同法》第171条:试用买卖中试用期满,买受人的沉默视为购买;《最高人民法院关于适用〈担保法〉若干问题的解释》(以下简称《担保法解释》)第54条第2款:共同共有人知道或应当知道个别共有人擅自将共有财产抵押而没有提出异议的,视为同意、抵押有效;《合同法》第47条第2款:第三人催告后,限制行为能力人的法定代理人沉默的,视为拒绝;《合同法》第48条第2款:第三人催告后,无权代理人的被代理人沉默的,视为拒绝。

定外,所推导出的意思表示不能发生承诺的效力。例如,《合同法》第 36 条规定:"法律、行政法规规定或者当事人约定采用书面形式订立合同,当事人未采用书面形式但一方已经履行主要义务,对方接受的,该合同成立。"《最高人民法院关于贯彻执行〈中华人民共和国民法通则〉若干问题的意见》第 66 条规定:"一方当事人向对方当事人提出民事权利的要求,对方未用语言或者文字明确表示意见,但其行为表明已接受的,可以认定为默示。不作为的默示只有在法律有规定或者当事人双方有约定的情况下,才可以视为意思表示。"再如,1980 年《联合国国际货物销售合同公约》第 15 条第 1 款规定:"缄默或不行为本身不等于接受。"

在当事人之间未签订仲裁协议,但仲裁程序启动的情况下,应当对另一方的作为或不作为进行判断,从而确定仲裁机构是否具有管辖权。如果一方从不参加任何仲裁程序,或者虽然参加了,但提出明确的管辖权异议,则参与程序本身并不能认为其在仲裁协议问题上放弃了异议,同意接受仲裁管辖。反之,如果一方参与了仲裁程序,选定了仲裁员,进行答辩,提出反请求,从未提出异议,则从诚信和节约资源角度来看,均不宜认为是一种沉默,应当认为已经接受仲裁管辖权。

对书面形式的强调意味着沉默本身并不构成对仲裁要约的接受。在法院的实践中也同样认为,沉默不能成为有效仲裁协议的构成要素。《最高人民法院关于申请人番禺珠江钢管有限公司与被申请人深圳市泛邦国际货运代理有限公司申请确认仲裁协议效力一案的请示的复函》[1]中,所涉案租船合同仲裁条款约定,"仲裁地点:北京,引用中国法律"。由于仲裁条款没有约定具体的仲

---

[1] 2009 年 5 月 5 日,〔2009〕民四他字第 7 号。

裁机构,深圳市泛邦国际货运代理有限公司在租船合同没有实际履行的情况下向番禺珠江钢管有限公司发出了律师函,提出将涉案纠纷提交到北京的中国海事仲裁委员会仲裁,并要求番禺珠江钢管有限公司在收到此律师函后3日内回复意见,否则视为默示同意将仲裁机构确定为中国海事仲裁委员会。番禺珠江钢管有限公司对该律师函未作答复。深圳市泛邦国际货运代理有限公司据上述事实主张番禺珠江钢管有限公司已默示同意,双方就选定的仲裁机构达成了新的仲裁协议,法院认为没有法律依据。《最高人民法院关于 Concordia Trading B. V. 申请承认和执行英国油、油籽和油脂协会(FOSFA)第3948号仲裁裁决一案的请示的复函》[1] 所涉案件中,Concordia Trading B. V.(以下简称和谐公司)印制的三份合同均含有提交 FOSFA 仲裁的争议解决条款,但该三份合同通过经纪人 Soipley S. A. 的代理人 Agri Commodities InternationalLtd 驻上海代表处转交给南通港德油脂有限公司后,南通港德油脂有限公司并未签字或者盖章予以确认,也没有将上述三份合同回传,故不能认定和谐公司与南通港德油脂有限公司就仲裁条款达成了书面协议。在其后发生的双方函件往来中,南通港德油脂有限公司出具的保证函虽然涉及和谐公司三份合同文本的编号,但该保证函载明的货物数量、价格以及期货保证金条款与和谐公司三份合同文本的内容并不相同,不足以推定双方对和谐公司的三份合同文本中含有的仲裁条款形成了一致的意思表示。最高人民法院认为,《纽约公约》第2条第1款规定仲裁条款必须以书面协定达成。第2条第2款规定"书面协定"是指当事人所签订或在互换函电中所载明的契约仲裁条款或仲裁协定。可见,《纽约公约》并不

---

[1] 2009年8月3日,[2009]民四他字第22号。

接受默示的仲裁协议。本案没有充分证据证明和谐公司和南通港德油脂有限公司之间有仲裁合意并以签署或者函件互换的方式达成了书面形式的仲裁条款,不符合《纽约公约》第2条第1款、第2款关于仲裁协议书面形式要件的规定,人民法院应不予承认和执行该仲裁裁决。

再举一例:北京城建三公司申请强制执行内蒙宏珠环保热电公司给付工程款仲裁裁决案。[1] 2006年5月5日,北京城建三建设发展有限公司(下称"城建公司")与内蒙古宏珠环保热电集团有限责任公司(下称"宏珠公司")签订了《建设工程施工合同》,双方在合同中特别约定:"本合同在履行过程中发生的争议,由双方当事人协商解决,协商不成的……提交工程当地仲裁委员会仲裁。"后双方发生纠纷,宏珠公司向内蒙古自治区五原县人民法院(下称"五原县法院")起诉。城建公司提出管辖权异议,五原县法院裁定驳回城建公司的异议。2007年8月21日,城建公司向宏珠公司递交了《给付工程款通知》,称:工程已完工90%,宏珠公司拖欠工程款600余万元,要求立即付清。提出:"如贵方仍拖欠给付,我方要求赤峰仲裁委员会予以仲裁"。宏珠公司同日在该通知上签注"此通知书所述与事实不符"作为回复。城建公司于2007年8月27日向赤峰市仲裁委员会(下称"赤峰仲裁委")申请仲裁。同年9月3日,宏珠公司提出管辖权异议,赤峰仲裁委驳回了宏珠公司的异议。宏珠公司没有选定仲裁员,也没有提交答辩状,但在赤峰仲裁委于2007年12月4日审理时到庭,再次提出赤峰仲裁委没有管辖权,但亦就实体问题发表了意见,赤峰仲裁委于同日作出

---

[1] (2010)执监字第137号。案情参见张丽洁:《执行案件中有缺陷的仲裁协议效力的认定》,http://rmfyb.chinacourt.org/paper/page/1/2011-07/07/06/2011070706_pdf.pdf,访问于2015年12月14日。

仲裁裁决书,确定宏珠公司给付城建公司工程款 700 万元及利息等。2008 年 1 月 25 日,城建公司向巴彦淖尔市中级人民法院申请强制执行仲裁裁决。同年 3 月 31 日,巴彦淖尔市中院作出裁定书,裁定不予执行赤峰仲裁委仲裁裁决。城建公司不服,向内蒙古高院申请复议。内蒙古高院经审理认为:本案双方当事人在签订施工合同中,明确约定履行合同过程中发生争议,在协商不成时提交当地仲裁委员会仲裁,该约定属于仲裁条款,后双方当事人均参加了赤峰仲裁委仲裁案件的审理过程,应视为选定了仲裁机构。内蒙古高院裁定赤峰仲裁委仲裁裁决应当予以执行。宏珠公司不服,向最高人民法院申请再审。最高人民法院经审理认为:本案合同仲裁条款中对仲裁机构的约定不明。发生纠纷后,宏珠公司对城建公司的书面答复以及其他行为并未表明其已接受城建公司关于仲裁机构的补充要约。双方当事人没有就仲裁机构重新达成补充协议,故合同中的仲裁条款无效,不能视为宏珠公司接受了赤峰仲裁委的管辖。

☞ 本文涉及案例

- 番禺珠江钢管有限公司与被申请人深圳市泛邦国际货运代理有限公司申请确认仲裁协议效力案
  - Concordia Trading B. V. 申请承认和执行英国油、油籽和油脂协会(FOSFA)第 3948 号仲裁裁决案
  - 北京城建三公司申请强制执行内蒙宏珠环保热电公司给付工程款仲裁裁决案

1.4 主合同中的仲裁协议效力是否及于担保合同?

仲裁只解决仲裁协议当事人之间的争议,多份合同的存在构成对仲裁这种制度的挑战。由于多份合同并不必然共同约定适用同一仲裁条款进行仲裁,就会使得相关联事项分开在不同争议解决机制下处理。最典型的是主合同和担保合同的问题。这也是目前实务中经常遇见的情形,即主合同存在仲裁条款,但担保合同并没有约定争议通过仲裁解决。

仲裁和司法审查实务当中,主从合同最常见的一种情形是主合同和担保合同,即主债务合同中约定有仲裁条款,而作为从合同的担保合同没有约定仲裁条款。这种情况下,主合同中的仲裁条款如何影响担保合同,担保人应否受主合同约定的仲裁条款约束?尤其是在目前仲裁机构修改仲裁规则增加合并仲裁、追加仲裁甚至第三人的情况下,主从合同之间可否以及在什么情况下可以并入一个仲裁案件处理,仲裁实务和理论界对此点观点不一,各有各的理据。事实上,之前的仲裁和司法审查实务对于主从合同尤其是主债务合同和担保合同的问题,也出现过不同的裁法,但在目前而言,司法实践还是明确的。惠州 A 房产有限公司与惠州市人民政府履约担保纠纷案[1]即是类似例子。

该案中,惠州市政府提出管辖权异议,请求裁定驳回 A 公司对惠州市政府的起诉,将本案移送至有管辖权的仲裁机构。广东省高级人民法院审理认为:主合同和一般担保合同发生纠纷提起诉讼的,应当根据主合同确定案件管辖。本案仲裁协议明确,排除了法院对本案的管辖权,法院对该案不予受理,应由 A 公司另行向有关仲裁机构申请仲裁。上诉人 A 公司不服广东省高级人民法院一审民事裁定,向最高人民法院提起上诉,认为一审法院以 A 公司与 B 公司签订的《工程合同》约定的仲裁条款,排除法院对本案的管辖,是故意回避作为仲裁协议的一方 B 公司已经不存在的事实和 A 公司与惠州市政府之间只有接受法院管辖的约定而没有仲裁协议约定的事实,置上诉人于无法寻求司法保护的境地,直接剥夺了法律赋予其的诉权。被上诉人惠州市政府答辩称:原审法院认定事实清楚,适用法律正确。A 公司与 B 公司签订的《工程合同》明确约定了仲裁条款,惠州市政府向 A 公司出具的《履约确认书》是基于上述合同产生的,是从合同。担保合同纠纷应根据主合同确定管辖,故本案履约担保纠纷应依据主合同的约定通过仲裁途径解决。

---

[1] 案例可参见刘敏:《主合同协议仲裁管辖的效力能否及于从合同中的保证人——惠州纬通房产有限公司与惠州市人民政府履约担保纠纷案》,参见 http://china.findlaw.cn/hetongfa/hetongfa/htfcs/cht/38369.html,访问于 2015 年 12 月 14 日。

最高人民法院认为:本案债权人 A 公司与保证人惠州市政府在双方签订的《履约确认书》中并未约定仲裁条款。本案系 A 公司起诉惠州市政府的履约担保纠纷,与 A 公司和 B 公司之间的承包工程合同纠纷系两个不同的民事关系。A 公司与惠州市政府之间形成的履约担保民事关系不受 A 公司与 B 公司承包合同中约定的仲裁条款的约束,双方当事人在所签订的《履约确认书》中并未选择仲裁方式解决纠纷。A 公司的起诉符合《民事诉讼法》第 108 条[1]的规定,广东省高级人民法院应当予以受理。广东省高级人民法院以承包工程合同中的仲裁条款明确,从而排除人民法院对履约担保纠纷的管辖权,裁定驳回 A 公司的起诉,依法应予纠正。

本案是一种主合同与担保合同涉及仲裁协议效力的模式。在这种情形下,担保文书有其他不同的管辖规定,而主合同并无明确约定管辖条款适用于从合同,从而其中的仲裁协议不适用。当然,在实务当中,还可能存在担保文书不做管辖约定或有其他不同规定的情况。事实上,中国的司法和仲裁实务中,存在不同的处理方式,或将担保合同一并处理,或将其分开。将其合并审理的依据之一是与《担保法解释》第 129 条有关。该条第 1 款规定:"主合同和担保合同发生纠纷提起诉讼的,应当根据主合同确定合同管辖。"第 2 款规定:"主合同与担保合同的选择的管辖法院不一致的,应当根据主合同确定管辖。"是否可以据此得出结论,即在管辖问题上,主债务合同和担保合同约定或依法指向不一致的,从合同随主合同;置之仲裁协议,即一并仲裁。另外一个依据是拟定当事人真实意图,即当事人无相反意思表示时,其应知悉主合同管辖条款及主从合同管辖一致原则,故应当认为同意主合同管辖约定。当然,

---

[1] 2012 年《民事诉讼法》119 条。

从节省司法资源和公平合理期待、避免担保实质落空的角度进行分析,也是一些理由。不过,前述案件显然并没有采纳此类依据。

将其分开处理的依据,则主要是基于仲裁协议的自愿性和独立性。一般情况下,此种主从合同情况下涉及仲裁协议的情形主要有:主合同规定仲裁条款,担保合同未规定;主合同规定仲裁条款,担保合同规定诉讼;主合同规定仲裁条款,担保合同也规定同样的仲裁条款;主合同规定仲裁条款,担保合同规定不一样的仲裁条款。从仲裁程序的角度,有些是一开始即要求将担保人纳入仲裁程序,有些则是在仲裁程序进行的过程中要求追加担保人作为当事人。严格依仲裁自愿性和仲裁协议独立性原则处理,可能使得担保合同无法和主合同一并审理。当然,当事人如能达成将两合同合并进行仲裁的协议除外。这正是目前仲裁实务中遇到的一个尴尬的地方。

在不少涉及担保合同的仲裁管辖权问题上,最高人民法院均持此种立场。例如,2006年的一个批复中[1],最高人民法院指出:"玉林市政府提供的担保函中没有约定仲裁条款,玉林市政府与东迅公司之间亦未就他们之间的担保纠纷的解决达成仲裁协议。仲裁庭依据合作合同中的仲裁条款受理本案,就涉及玉林市政府的担保纠纷而言,仲裁裁决已经超出了仲裁协议的范围。"2013年3月20日的一个批复[2],最高人民法院再次明确了这种分开处理的意见。最高人民法院认为:"案涉担保合同没有约定仲裁条款,仲

---

[1] 《最高人民法院关于玉林市中级人民法院报请对东迅投资有限公司涉外仲裁一案不予执行的请示的复函》,(2006)民四他字第24号。

[2] 《最高人民法院关于成都优邦文具有限公司、王国建申请撤销深圳仲裁委员会(2011)深仲裁字第601号仲裁裁决一案的请求的复函》,(2013)民四他字第9号。

裁庭关于主合同有仲裁条款,担保合同作为从合同应当受到主合同中仲裁条款约束的意见缺乏法律依据。"该案中,从中级人民法院、高级人民法院一直到最高人民法院,所持的基本立场是一致的。深圳中院认为,仲裁是建立在当事人有真实有效的仲裁协议的基础上的,只有经当事人明示授权,仲裁庭才能取得处理纠纷的权力;且对于仲裁协议的形式,一般均要求是书面形式。在主合同中有仲裁条款,而担保合同中没有仲裁条款的情况下,从仲裁协议必须明确且采用书面形式的要求来讲,无法推定担保人默示接受主合同中的仲裁条款,因此不能认定主合同的仲裁条款对担保合同有约束力。广东高院认为,依据法律规定,虽在合同效力等方面从合同受到主合同制约,但在解决纠纷方式方面,主合同与从合同可分别约定。在从合同中当事人没有选择采用仲裁方式解决纠纷,依据自愿仲裁原则,主合同中的仲裁条款对从合同没有约束力。

再举最高人民法院最近审结的一个案例:张某等七人与立盛有限公司保证合同纠纷案。[1]立盛公司以张某等七上诉人为被告向山东高院提起诉讼。张某等七上诉人在提交答辩状期间对管辖权提出异议称,立盛公司已对鹏溢公司和张某等七上诉人在香港国际仲裁中心申请仲裁,应裁定驳回起诉。山东高院认为,本案为保证合同纠纷,根据《担保法》及相关司法解释规定,连带共同保证的债务人在主合同规定的债务履行期届满没有履行债务的,债权人可以要求债务人履行债务,也可以要求任何一个保证人承担全部保证责任。原告立盛公司依据相关证据诉请被告承担连带保证责任,属于人民法院的受案范围。张某等七上诉人称立盛公司已

---

[1] (2014)民四终字第27号。

对其在香港申请仲裁,但仲裁申请书中,被申请人只有鹏溢公司,并未列有张某等七上诉人。张某等七上诉人不服山东高院一审裁定,向最高人民法院提起上诉,认为本案与香港仲裁案实际上是一个诉讼,无论债权人向主债务人还是保证人主张债权,对债权人而言,都属同一诉讼请求。因保证合同纠纷提起诉讼应根据主合同确定管辖。根据最高人民法院担保法的司法解释关于"主合同和担保合同发生纠纷提起诉讼,应当根据主合同确定管辖"的规定,本案主合同《股权转让协议》约定了仲裁管辖条款,且立盛公司已在香港国际仲裁中心提请仲裁,本案保证合同纠纷应根据主合同确定管辖,即应由香港国际仲裁中心管辖。

最高人民法院经审理认为:本案系保证合同纠纷管辖权异议案件。争议焦点是案涉保证合同是否受主合同仲裁条款的约束,是否应当依照主合同管辖条款来确定管辖。首先,本案保证合同和主合同即《股权转让协议》系立盛公司与张某等七上诉人、鹏溢公司之间分别签署的。张某等七上诉人并不是主合同的当事人。根据仲裁协议意思自治原则,本案主合同约定的仲裁条款不能约束仲裁协议以外的当事人,也不能约束仲裁条款约定的仲裁事项以外的其他事项。其次,根据1992年最高人民法院《关于适用<中华人民共和国民事诉讼法>若干问题的意见》第53条规定对于债权人仅起诉保证人的,人民法院只列保证人为被告,保证合同可以是一个独立的诉。因此,立盛公司有权只依据保证合同对张某等七保证人提起诉讼。最高人民法院《担保法解释》第129条第1款虽规定"主合同和担保合同发生纠纷提起诉讼,应当根据主合同确定管辖",但该款同时规定:"担保人承担连带责任的担保合同发生纠纷,债权人向担保人主张权利的,应当由担保人住所地的法院管辖"。张某等七上诉人依据上述条款的前一部分内容提出的本案应当根据主合同确定管辖的上诉理由显然不能成立。

从实务角度来看,过于严苛的自愿性和独立性理解,会阻碍仲裁的应用,事实上也增添了当事人的成本、浪费了仲裁资源。举两个仲裁实务中的例子。2005年,某银行贷款给某客户,签订了贷款合同,同时与不同担保人有保证、抵押等担保合同。各合同均约定同一机构仲裁,争议发生后,当事人开始是一并在同一仲裁案中提起仲裁,后对方当事人提起异议,要求分开,仲裁机构基于仲裁协议自愿性,将其分开四个案子。然而,由于本案主债务合同与担保合同所涉的法律关系紧密相关、当事人也具有高度关联性,最终的裁决与同案裁决并无不同。另外一个例子涉及某供应链交易,存在主债务合同和数个担保合同。一开始担保方提出异议,于是案子一拆为四。最后,异议方也烦了,同样的事要做数遍,材料要准备数回,于是又申请将四案合并为一案审理。

在一定的程度上,担保合同当事人与主合同当事人一致或为高度关联方,且担保合同的表述表明其承担主合同项下相关责任,未规定其他管辖条款或规定相同机构管辖条款,此时,应当可以予以宽松理解,允许在一案中合并审理主合同和担保合同争议。

另外,也要特别指出,倘若担保合同已经与主合同一并管辖,而各方均无意见,并进行了仲裁程序,则在仲裁裁决做出之后,如果一方以仲裁协议无法管辖担保合同为由提出撤销或不予执行,法院不应当支持这种行为。这种禁止反言的精神也体现在2006年《仲裁法解释》第27条中:"当事人在仲裁程序中未对仲裁协议的效力提出异议,在仲裁裁决作出后以仲裁协议无效为由主张撤销仲裁裁决或者提出不予执行抗辩的,人民法院不予支持。"

☞ 本文涉及案例

- 惠州 A 房产有限公司与惠州市人民政府履约担保纠纷案
- 玉林市政府与东迅公司担保纠纷案
- 成都优邦文具有限公司、王国建申请撤销仲裁裁决案
- 张某等七人与立盛有限公司保证合同纠纷案

1.5 强买强卖还是两厢情愿：格式合同中的仲裁条款

> 仲裁协议作为一种协议，同样也适用格式合同的原则。在拟定包括仲裁条款的格式合同时，应当注意避免格式合同的隐患，采取合理方式提请注意。否则，可能影响仲裁协议的效力。

引子案例

"天猫"的管辖权异议

家住北京市海淀区的黄某以其在天猫某网站所购物品有质量问题为由将该网店及天猫公司诉至海淀法院。天猫公司提出管辖权异议认为，所有消费者在天猫购物都必须注册淘宝账户，注册淘宝账户时会显示《淘宝服务协议》，消费者需点击"同意协议并注册"，方能注册该账户。《淘宝服务协议》中约定"您与淘宝平台的经营者均同意以被告住所地人民法院为第一审管辖法院"，故天猫公司认为本案应适用协议管辖，应将案件移送到其所在地浙江省杭州市余杭区人民法院审理。

法院的意见

海淀法院审理后认为,自2015年2月4日起施行的《最高人民法院关于适用〈中华人民共和国民事诉讼法〉的解释》(以下简称2015年《民事诉讼法解释》)第31条规定:"经营者使用格式条款与消费者订立管辖协议,未采取合理方式提请消费者注意,消费者主张管辖协议无效的,人民法院应予支持。"本案中,天猫公司提供的"同意协议并注册"选项,直接默认原告对《淘宝服务协议》的内容予以认可,在点击该选项时,"协议管辖"内容未予明示,需另点击《淘宝服务协议》查阅,而《淘宝服务协议》内容繁多,"协议管辖"条款夹杂在大量繁琐资讯中。法院认为,2015年《民事诉讼法解释》中的"采取合理方式提请消费者注意",应指在通常情况下,以明确且显而易见的方式使一般民事主体可以正常获悉与其权益密切相关的信息。就本案而言,天猫公司以以上方式提供的管辖协议,未能达到上述标准。《合同法》第40条规定"提供格式条款一方免除其责任、加重对方责任、排除对方主要权利的,该条款无效"。就网站购物而言,原告及大多数消费者所购商品通常价格不高,其住所地或合同履行地与天猫公司所在地相距甚远,如该管辖条款有效,消费者将额外负担相较于商品价格明显过高的差旅费用及时间成本,甚至阻却消费者合理的权利诉求。综上,法院认定天猫提供的管辖协议无效。

引出的问题

在电子商务中引入仲裁的方式,采取上述案件中的会员注册,是最常见的方式。但是,仲裁协议是双方自愿达成的,还是一方搭附上去的,这会严重影响仲裁协议的有效性。本案提醒了拟在电子商务和互联网其他领域推广仲裁制度的仲裁机构,在今后的设定中,应当注意避免格式合同的隐患,采取合理方式提请注册会员者注意。否则,可能影响仲裁协议的效力。天猫案涉及经营者与消费者,除此之外,为方便起见,例如小额贷行业,许多行业都有格式合同。于是,引出需要讨论的主要问题就是:如何判断格式合同中仲裁条款的效力?

格式合同的相关规定和解释

在合同解释问题上,适用于格式合同的一般规则是,如果对格式合同中的措辞出现一种以上合理解释的含义,而且法院认为是模棱两可的措辞,那么该措辞应按不利于合同起草人的含义进行解释。英美法中的疑义利益解释原则就是针对此种情况,即对含糊不清的条款要按与起草人相反的含义作解释,因为起草人有义务让这个条款明白清楚。同样,我国《合同法》第41条也明确了这一原则。

仲裁条款若是采用格式条款的方式达成,则还要受合同法关于格式条款的规定约束。《合同法》中关于格式条款的规定如下:

> 第三十九条 采用格式条款订立合同的,提供格式条款的一方应当遵循公平原则确定当事人之间的权利和义务,并采取合理的方式提请对方注意免除或者限制其责任的条款,按照对方的要求,对该条款予以说明。
>
> 格式条款是当事人为了重复使用而预先拟定,并在订立合同时未与对方协商的条款。
>
> 第四十条 格式条款具有本法第五十二条和第五十三条规定情形的,或者提供格式条款一方免除其责任、加重对方责任、排除对方主要权利的,该条款无效。

第四十一条 对格式条款的理解发生争议的,应当按通常理解予以解释。对格式条款有两种以上解释的,应当作出不利于提供格式条款一方的解释。格式条款和非格式条款不一致的,应当采用非格式条款。

第五十二条 有下列情形之一的,合同无效:

(一) 一方以欺诈、胁迫的手段订立合同,损害国家利益;

(二) 恶意串通,损害国家、集体或者第三人利益;

(三) 以合法形式掩盖非法目的;

(四) 损害社会公共利益;

(五) 违反法律、行政法规的强制性规定。

第五十三条 合同中的下列免责条款无效:

(一) 造成对方人身伤害的;

(二) 因故意或者重大过失造成对方财产损失的。

这样,仲裁条款如果是格式条款,则判断其效力,除了一般的仲裁条款需要具有的形式要件和实质要件之外,还须不具有《合同法》第40条规定的无效情形,即符合公平原则和经过合理提醒。

格式合同中仲裁条款效力认定的标准和案例

不过应该指出,格式合同中的条款并非全部是格式条款,并非格式条款中的仲裁条款必然是格式条款。只要在选择争议解决方式给予了各方当事人选择的权利,例如,列出多个选择项供当事人选择或填写,那么,这种仲裁条款,应当认为是在双方协商之后签订的。但有一些情况,例如,有一个地方的房地产合同中,明确约定:如发生争议,提交该地的仲裁委员会仲裁。争议解决条款没有选择的项目。购房者认为这是霸王条款,不是其真实意思表示。

格式合同中仲裁条款效力的认定标准,首先要认定该仲裁条款是否是格式条款,而要把握的原则是,如该仲裁条款的确定是双方协商的结果,那么,不应当认定最后确定下来的争议解决条款是格式条款。如果是格式条款,则要确定是否存在《合同法》规定的格式条款无效的情形。在中国的仲裁实务中,这种以格式条款为由提出仲裁协议无效的情形不多见。举两个案例,前者以格式条款为由提出的抗辩被驳回,而后者则被支持。当然,是否正确,见仁见智。

在邱某某、吴某某与昆明某某房地产开发有限公司纠纷案[1]中,申请人邱某某、吴某某称:两申请人与被申请人订立的《商品房购销合同》,第14条"争议处理方式"中记载了一项"仲裁条款",两申请人认为依据国家仲裁法的规定,该项"仲裁条款"属于无效条款,并不具备法律拘束力,故依法申请人民法院予以裁定该仲裁条款无效。理由是:(1)该仲裁条款不具备法定的形式要件。依据仲裁法的规定,仲裁必须要经当事人双方明确一致的意思表示,且有书面的仲裁协议,两申请人与被申请人订立的《商品房购销合同》所载的"仲裁条款"仅仅是被申请人预先拟好的格式合同条款,并不是独立存在的"仲裁协议",因此不符合《仲裁法》法定的形式要件。(2)该项"仲裁条款"不是在双方真实意思表示下订立的。依据仲裁法的规定,"仲裁协议"必须是当事人双方意思表示一致的情况下订立的,两申请人与被申请人订立的《商品房购销合同》所载的"仲裁条款"是被申请人使用的固定格式合同,合同空白处均由被申请人进行填制,两申请人当时已经明确向被申请人表示过不接受合同中的"仲裁条款",但被申请人的工作人员强行将争议解决方式处确定为"仲裁",同时还告知这是被申请人公司的统

---

[1] 详见昆明市中级人民法院(2009)昆民一初字第1号民事裁定书。

一规定。在整个订立合同过程中,两申请人并没有选择的自由,"仲裁条款"并不是申请人的真实意思表示。综上,两申请人认为,该"仲裁条款"不具备法定的生效要件,属于无效条款,依法申请人民法院裁定该"仲裁条款"无效。经审理,法院认为,(1)根据双方当事人于2007年11月11日签订的《商品房购销合同》可以表明,合同第14条"争议的处理方式"中在"提交昆明仲裁委员会仲裁"栏内打了勾,此行为可以表明当事人对争议处理的方式进行了约定。(2)在审理中,两申请人并未提交其在签订购房合同时对合同第14条的内容不同意或者被胁迫的证据材料,两申请人具有完全民事行为能力,其在合同中是签了名的,合同签字的行为可以表明,合同内容应该是双方的真实意思表示。(3)根据我国《合同法》中关于格式条款的规定,格式条款应当具有《合同法》的52条和53条规定的情形,或者提供格式条款一方免除其责任、加重对方责任、排除对方主要权利的,才应认定无效。该条款是格式条款,申请人也并未提交上述情形的相关证据,故法院不能确认该条款无效。该条款只是双方的争议处理方式。(4)根据双方当事人于2007年11月11日签订的《商品房购销合同》第14条中的内容,已经载明了《仲裁法》第16条规定的仲裁协议应当具有的内容,故该条款应属双方签订的仲裁协议。申请人认为双方没有仲裁协议的理由不能成立。在审理中,申请人并未提交本案有符合《仲裁法》第17条和第18条所规定的情形的相关证据,双方合同中的仲裁协议,应属双方的真实意思表示,故该《仲裁协议》应属有效。

中国某某保险股份有限公司漯河市分公司与漯河市某某公司

临颍县分公司保险合同纠纷案[1]中,漯河市某某保险公司上诉称:本案是一起保险合同纠纷案件,在保险合同中,双方明确约定了仲裁条款,原审法院直接对本案作出判决,违反了法律规定和法定程序。请求二审法院依法撤销原审判决,驳回临颍县某某公司的起诉,由仲裁机构仲裁本案。法院认为:本案二审的争议焦点是漯河市某某保险公司以双方在保险合同中订立有仲裁条款为由主张本案应驳回临颍县某某公司的起诉、由仲裁机构仲裁本案的请求,应否予以支持。1999年8月30日中国保险监督管理委员会下发的保监发(1999)147号《关于在保险条款中设立仲裁条款的通知》中已规定了保险公司在拟订保险条款时设立的保险合同争议条款应当采用的格式,即合同争议解决方式由当事人在合同中约定从提交仲裁委员会仲裁和依法向人民法院起诉两种方式中选择一种。漯河市某某保险公司却在拟订本案保险合同时违反保监会的上述规定,在拟订的保险合同中以格式条款的方式直接载明合同争议的解决方式为提交仲裁机构仲裁,而未载明当事人可以选择依法向人民法院起诉的争议解决方式,限制和剥夺了临颍县某某公司对合同争议解决方式的选择权。该合同争议解决方式的格式条款因违反保监会的上述规定,排除了投保人临颍县某某公司对合同争议解决方式的选择权,而为无效条款,法院依法予以确认。临颍县某某公司在投保车辆发生保险事故后与保险人漯河市某某保险公司协商不成的情况下,提起本案诉讼,于法有据,法院依法予以支持。漯河市某某保险公司以其在拟订的保险合同中以格式条款载明合同争议的解决方式为提交仲裁机构仲裁,主张应

---

[1] 详见河南省漯河市中级人民法院(2009)漯民二终字第147号民事判决书。

驳回临颍县某某公司的起诉,由仲裁机构仲裁本案,因于法有悖,法院依法不予支持。

在国外的仲裁和司法实务中,也有一些格式条款抗辩的案例。例如,*Intervisa Representações de Transporte Aéreos v. United Airlines Inc AS*[1]中,原告认为合同中某些方面导致其中的仲裁条款无效。巴西高等法院认为,根据表面分析,无法推断合同是格式合同,而且,即便是格式合同,由于仲裁条款已经以黑体加粗并由当事人签署,故也是有效的。在瑞士联邦最高法院审理的 *No. 4A_42/2007*[2]中,法院认为,如果存在格式合同中的仲裁条款与特别合同的仲裁条款,则应以特别合同中的仲裁条款为准。

随着中国法律界和商业界仲裁意识的增强和各仲裁机构推广工作的大力开展,各种格式合同中都可能加入仲裁条款。为了避免一方以此提出异议,以及仲裁机构/仲裁庭或法院可能据此在效力认定上的一些否定性意见,需要注意格式条款的相关问题,关注法律动向,并采取积极措施避免对仲裁条款效力产生不利的影响。例如,格式条款亦应当基于公平原则,并采取合理方式,提示缔约方注意可能涉及"免除责任""限制责任"的条款,同时,在合同中设计选择性条款等等,这些都是在格式合同中纳入仲裁条款时可以考虑采用的,以减少可能对仲裁协议提出的异议。

☞ **本文涉及案例**

- 黄某诉某网店及天猫公司案
- 邱某某、吴某某与昆明某某房地产开发有限公司纠纷案

---

〔1〕 见林一飞主编:《最新商事仲裁与司法实务专题案例》第十一卷,对外经济贸易大学出版社 2012 年出版。该系列均由对外经济贸易大学出版社出版,主编均为林一飞,下文不再特别标出。

〔2〕 见《最新商事仲裁与司法实务专题案例》第八卷。

- 中国某某保险股份有限公司漯河市分公司与漯河市某某公司临颍县分公司保险合同纠纷案
- *Intervisa Representações de Transporte Aéreos v. United Airlines Inc AS*
- 瑞士联邦最高法院审理的 *No. 4A_42/2007*

1.6　约定多家仲裁机构条款的效力

按照中国仲裁法,仲裁条款中需要明确约定仲裁机构。某些时候,会出现仲裁条款约定多家仲裁机构的情形,例如约定提交 A 和 B 仲裁或先 A 后 B 仲裁。此时,仲裁条款的效力如何?

某些仲裁条款可能约定两家或两家以上的仲裁机构。2006 年《仲裁法解释》第 5 条规定:"仲裁协议约定两个以上仲裁机构的,当事人可以协议选择其中的一个仲裁机构申请仲裁;当事人不能就仲裁机构选择达成一致的,仲裁协议无效。"许多国家的商事仲裁机构都不止一个。中国现有仲裁机构已经超过 200 家。在这种情况下,当事人拟订仲裁条款时可能选定两个或两个以上的仲裁机构。在此前的仲裁实践中,包括最高人民法院在内的各级法院,对于约定两个仲裁机构的仲裁条款,均持宽容的态度。[1]但按2006年《仲裁法解释》第 5 条规定,则在仲裁协议约定两个以上仲裁机构且当事人未能协议选择其中的一个仲裁机构申请仲裁时,仲裁协议无效。该规定推翻了此前司法实践和最高人民法院自己原有对于该问题的看法。

例如,镇江神珠生态农业有限公司申请确认仲裁协议效力案[2]。在该案中,申请人申请确认仲裁协议效力的理由是协议中同时约定了发生争议由中国国际经济贸易仲裁委员会和深圳国际仲裁院进行仲裁,这是两个独立的仲裁机构,该仲裁协议属于 2006年《仲裁法解释》第 12 条规定的仲裁机构约定不明的情形,该仲裁约定无效。法院认为,仲裁协议约定两个以上仲裁机构的,当事人可以选择其中一个仲裁机构申请仲裁,当事人不能就仲裁机构达成一致的,仲裁条款无效。现当事人之间因不能达成一致意见,故约定的仲裁条款无效。

但并非只要仲裁条款中涉及两家仲裁机构就一律无效,某些情况,对于约定的机构仍然是可以确定的。北京市第二中级人民法院审理的深圳市仁和乾瑞资产管理有限公司申请确认仲裁协议效力案[3]涉及另外一种约定多种机构的情形,法院认定构成明确

---

[1] 最高人民法院曾于 1996 年就同时选择两个仲裁机构的仲裁条款效力问题作出回函,参见最高人民法院《关于同时选择两个仲裁机构的仲裁条款效力问题的函》(1996 年 12 月 12 日法函[1996]176 号)。所涉案当事人订立的合同中仲裁条款约定"合同争议应提交中国国际贸易促进委员会对外经济贸易仲裁委员会或瑞典斯德哥尔摩商会仲裁院仲裁"。最高人民法院认为,该仲裁条款对仲裁机构的约定是明确的,亦是可以执行的。当事人只要选择约定的仲裁机构之一即可进行仲裁。参照该函,在约定或 A 或 B 仲裁的情况下,有关仲裁机构的约定是明确的,也是可以执行的,当事人只要选择约定的仲裁机构之一即可进行仲裁。因此,本案仲裁条款有效。
[2] (2014)镇商仲审字第 10 号。
[3] (2014)二中民特字第 08545 号。

选择。

该案合同仲裁条款约定:"因本协议发生的任何争议,各方均应首先通过友好协商解决,协商不成,若甲、乙方提起仲裁,可将争议提交位于北京的中国国际经济贸易仲裁委员会;若丙方提起仲裁,可将争议提交位于深圳的深圳国际仲裁院;若甲、乙、丙三方向上述两个仲裁机构分别提起仲裁,以先受理的仲裁机构作为争议解决机构,并依提交仲裁时该会有效的仲裁规则仲裁。"法院认为,虽然该条款涉及两个仲裁机构,因合同签约各方当事人形成合意,明确约定发生争议一方可向中国国际经济贸易仲裁委员会提起仲裁,另一方可向深圳国际仲裁院提起仲裁,不同主体提起仲裁时选定的仲裁机构是确定的,故各方当事人对仲裁机构的选择达成了一致。且各方还约定了当不同的主体分别向不同的仲裁机构提起仲裁时,以先受理的仲裁机构作为争议解决机构。故该仲裁条款中仲裁机构是明确的、并具有可执行性。法院认为,无论仲裁由谁提出、处于何种阶段,作为享有案件管辖权的仲裁机构都是唯一的、可以确定的,并不存在并列存在多个仲裁机构、无法确定的情况。事实上,《北京市高级人民法院关于审理请求裁定仲裁协议效力、申请撤销仲裁裁决案件的若干问题的意见》第8条也有相应的规定,"如果当事人对两个以上仲裁机构的约定都很明确,亦是可以执行的,当事人只要选择约定的仲裁机构之一,即可以进行仲裁,该仲裁协议有效。"故合同当事人应受此类仲裁条款的约束。

再看另外一个例子,亦是当事人约定了两家仲裁机构,但作了唯一性限定。深圳市粮食集团有限公司诉来宝资源有限公司(新加坡)买卖合同纠纷案[1]中,双方当事人在主合同中约定:"由合

---

[1] 见《最新商事仲裁与司法实务专题案例》第十一卷。

同履行引起的争议,任何一方可提交仲裁,如果被告是买方,争议提交香港国际仲裁中心;如果被告是卖方,争议提交给伦敦谷物与饲料贸易协会仲裁。由合同引起的争议均按照英国法解决。"最高人民法院《关于深圳市粮食集团有限公司诉来宝资源有限公司(新加坡)买卖合同纠纷一案的请示的复函》[1]认为,当事人在主合同中签订的仲裁协议虽然涉及两个仲裁机构,但从其具体表述看,无论是买方还是卖方申请仲裁,其指向的仲裁机构均是明确的且只有一个,仲裁协议应认定有效。对于因主合同产生的纠纷,深圳市粮食集团有限公司应依据约定的仲裁协议通过仲裁方式解决,人民法院无管辖权。

国外一些法院并不简单认定两个仲裁机构约定的条款无效。例如,*UOP NV v. BP France SA et al.*[2]中,合同在不同地方分别规定了在法国仲裁协会进行仲裁和在国际商会进行仲裁的条款。上诉法院认为指定两个不同的仲裁机构是相互矛盾的,需要当事人新的仲裁意愿才能使仲裁条款生效,因此上诉法院对所涉案件具有管辖权。最高法院否定了上诉法院的理由。最高法院认为,如果要认定仲裁条款无效或无法适用,该条款必须表明当事人没有仲裁的意愿。最高院撤销了上诉法院的裁定。

当事人在仲裁协议书中约定的两家或两家以上的仲裁机构一般不具有关联性。晚近困扰仲裁界和商业界的一个问题是中国国际经济贸易仲裁委员会、华南国际经济贸易仲裁委员会(原中国国际经济贸易仲裁委员会华南分会)、上海国际经济贸易仲裁委员会(原中国国际经济贸易仲裁委员会上海分会)之间机构问题上的争

---

[1] 2010年6月9日,[2010]民四他字第22号。
[2] 见《最新商事仲裁与司法实务专题案例》第八卷。

议。与本主题相关的争议是：同一表述可能被理解为不同的仲裁机构。2015年6月23日由最高人民法院审判委员会第1655次会议通过《最高人民法院关于对上海市高级人民法院等就涉及中国国际经济贸易仲裁委员会及其原分会等仲裁机构所作仲裁裁决司法审查案件请示问题的批复》(自2015年7月17日起施行)，对相关问题作了答复，解决了法院及仲裁机构就此尴尬局面面临的主要问题。

☞ 本文涉及案例

- 镇江神珠生态农业有限公司申请确认仲裁协议效力案
- 深圳市仁和乾瑞资产管理有限公司申请确认仲裁协议效力案
- 深圳市粮食集团有限公司诉来宝资源有限公司(新加坡)买卖合同纠纷案
- UOP NV v. BP France SA et al

附：

最高人民法院关于对上海市高级人民法院等就涉及中国国际经济贸易仲裁委员会及其原分会等仲裁机构所作仲裁裁决司法审查案件请示问题的批复

法释〔2015〕15号

上海市高级人民法院、江苏省高级人民法院、广东省高级人民法院：

因中国国际经济贸易仲裁委员会(以下简称中国贸仲)于2012年5月1日施行修订后的仲裁规则以及原中国国际经济贸易仲裁委员会华南分会(现已更名为华南国际经济贸易仲裁委员会，同时使用深圳国际仲裁院的名称，以下简称华南贸仲)、原中国国际经济贸易仲裁委员会上海分会(现已更名为上海国际经济贸易仲裁委员会,同时使用上海国际仲裁中心的名称,以下简称上海贸仲)变更名称并施行新的仲裁规则,致使部分当事人对相关仲裁协议的效力以及上述各仲裁机构受理仲裁案件的权限、仲裁的管辖、仲裁的执行等问题产生争议,向人民法院请求确认仲裁协议效力、申请撤销或者不予执行相关仲裁裁决,引发诸多仲裁司法审查案件。上海市高级人民法院、江苏省高级人民法院、广东省高级人民法院就有关问题向我院请示。

为依法保护仲裁当事人合法权益,充分尊重当事人意思自治,考虑中国贸仲和华南贸仲、上海贸仲的历史关系,从支持和维护仲裁事业健康发展、促进建立多元纠纷解决机制出发,经研究,对有关问题答复如下:

一、当事人在华南贸仲更名为华南国际经济贸易仲裁委员会、上海贸仲更名为上海国际经济贸易仲裁委员会之前签订仲裁协议约定将争议提交"中国国际经济贸易仲裁委员会华南分会"或者"中国国际经济贸易仲裁委员会上海分会"仲裁的,华南贸仲或者上海贸仲对案件享有管辖权。当事人以华南贸仲或者上海贸仲无权仲裁为由请求人民法院确认仲裁协议无效、申请撤销或者不予执行仲裁裁决的,人民法院不予支持。

当事人在华南贸仲更名为华南国际经济贸易仲裁委员会、上海贸仲更名为上海国际经济贸易仲裁委员会之后(含更名之日)本批复施行之前签订仲裁协议约定将争议提交"中国国际经济贸易仲裁委员会华南分会"或者"中国国际经济贸易仲裁委员会上海分会"仲裁的,中国贸仲对案件享有管辖权。但申请人向华南贸仲或者上海贸仲申请仲裁,被申请人对华南贸仲或者上海贸仲的管辖权没有提出异议的,当事人在仲裁裁决作出后以华南贸仲或者上海贸仲无权仲裁为由申请撤销或者不予执行仲裁裁决的,人民法院不予支持。

当事人在本批复施行之后(含施行起始之日)签订仲裁协议约定将争议提交"中国国际经济贸易仲裁委员会华南分会"或者"中国国际经济贸易仲裁委员会上海分会"仲裁的,中国贸仲对案件享有管辖权。

二、仲裁案件的申请人向仲裁机构申请仲裁的同时请求仲裁机构对案件的管辖权作出决定,仲裁机构作出确认仲裁协议有效、其对案件享有管辖权的决定后,被申请人在仲裁庭首次开庭前向人民法院提起申请确认仲裁协议效力之诉的,人民法院应予受理并作出裁定。申请人或者仲裁机构根据《最高人民法院关于确认仲裁协议效力几个问题的批复》(法释〔1998〕27号)第三条或者《最高人民法院关于适用〈中华人民共和国仲裁法〉若干问题的解释》(法释〔2006〕7号)第十三条第二款的规定主张人民法院对被申请人的起诉应当不予受理的,人民法院不予支持。

三、本批复施行之前,中国贸仲或者华南贸仲、上海贸仲已经受理的根据本批复第一条规定不应由其受理的案件,当事人在仲裁裁决作出后以仲裁机构无权仲裁为由申请撤销或者不予执行仲裁裁决的,人民法院不予支持。

四、本批复施行之前,中国贸仲或者华南贸仲、上海贸仲受理了同一仲裁案件,当事人在仲裁庭首次开庭前向人民法院申请确认仲裁协议效力的,人民法院应当根据本批复第一条的规定进行审理并作出裁定。

本批复施行之前,中国贸仲或者华南贸仲、上海贸仲受理了同一仲裁案件,当事人并未在仲裁庭首次开庭前向人民法院申请确认仲裁协议效力的,先受理的仲裁机构对案件享有管辖权。

此复。

1.7 约定仲裁机构不存在对于仲裁协议效力的影响

仲裁最关键是当事人具有仲裁的意愿。在各国的仲裁立法中,虽然对于仲裁条款的有效性要件要求不一,但在须具有仲裁意愿这一点上是共同的。约定仲裁机构不存在,是否影响仲裁的意愿从而影响仲裁条款的效力?

约定一个不存在的仲裁机构,这种条款在实务中也偶有发生。尤其中国有如此之多的仲裁机构,导致普通商人在签订合同时也许会以为本地或本县就有可以解决争议的仲裁机构,从而在合同中约定了可能并不存在的仲裁机构。例如,陈某某与桑植县某综合开发公司、某商住楼项目部申请确认仲裁协议效力一案[1]中,申请人与被申请人于 2007 年 6 月 30 日签订的《商品房买卖合同》第 19 条约定:本合同在履行过程中发生的争议,由双方当事人协

---

[1] 详见张家界市中级人民法院(2009)张中立民特字第 1 号民事裁定书。

商解决;协商不成,按下述第(1)种方式解决即提交桑植县仲裁委员会仲裁。因桑植县没有设立合同仲裁机构,故该仲裁协议约定的仲裁机构不明确,且双方当事人达不成补充协议,故该合同约定的仲裁协议无效。黄XX与张家界某置业有限公司申请确认仲裁协议效力一案[1]也是同样情况。

在宝源贸易公司与余建国买卖合同纠纷案中,宝源贸易公司与余某某之间签订的2006年5月27日合同第8条仅约定争议提交"福建省晋江市仲裁委员会"仲裁。最高人民法院在《关于宝源贸易公司与余建国买卖合同中仲裁条款的请示的复函》[2]中认为,由于"福建省晋江市仲裁委员会"并不存在,晋江市又没有其他的仲裁机构,当事人之间对此也不能达成补充协议,根据《中华人民共和国仲裁法》第18条即"仲裁协议对仲裁事项或者仲裁委员会没有约定或者约定不明确的,当事人可以补充协议;达不成补充协议的,仲裁协议无效"的规定,本案所涉仲裁条款应确认无效。

在适用法为中国仲裁法的情况下,约定不存在的仲裁机构将导致仲裁协议无效。在其他一些国家,情况可能有差异,视乎法院对相关法律的理解及对仲裁的支持程度。例如,在德国卡尔斯鲁厄地区法院2007年审理的 *No. 1 U 232/06* [3]案中,仲裁条款约定了一个不存在的仲裁机构。法院认为,当事人已经同意了机构仲裁,法院应公正地解释当事人在签约时的意图。在本案中,可以合理地推论当事人不愿意本地法院来管辖。当事人决定由最近的仲裁机构解决争议,但没有研究所提交的律师协会是否有能力来管理仲裁。法院认为,如果当事人意识到该律师协会无法协助,他们

---

〔1〕 详见张家界市中级人民法院(2009)张中立民特字8号民事裁定书。
〔2〕 2007年11月29日,〔2007〕民四他字第38号。
〔3〕 见《最新商事仲裁与司法实务专题案例》第八卷。

可能更愿意选择一个更为合适的机构来管理他们的仲裁。当事人试着同意在另一机构仲裁。被告请求仲裁的动议没有违反善意原则。尽管当事人没有达成由后一机构来管理他们的仲裁的合议，但法院认为，只有在极为例外的情形下，才会认为要求仲裁的动议违反了善意原则。而在 *Konompex Ltd. v. Rosava AS*[1] 中，乌克兰法院则有不同的理解。2007 年 3 月 1 日，*Konompex* 和 *Rosava* 签订天然胶购销协议，协议中包含仲裁条款，约定：因本协议的签署、履行、修订或终止而产生的争议应提交至乌克兰商工会下的国际商事院进行仲裁。乌克兰法律适用于实体和程序问题。争议发生后，Konompex 向法院提起诉讼，声称仲裁协议无效，认为其约定了不存在的仲裁机构。乌克兰区域商事法院上诉法院认定其有管辖权。法院认为，乌克兰国际商事仲裁法规定，乌克兰商工会下有两家仲裁机构：国际商事仲裁院和海事仲裁委员会。仲裁协议约定"国际商事院"，乌克兰商工会下并不存在这样的仲裁机构。故法院认定仲裁协议无效，其有权审理案件。

某些仲裁条款可能对仲裁机构名称约定的不够准确，例如与正确的机构名称相比出现增减字的情况或错别字的情况。应当看到，由于笔误或其他错误，双方所签仲裁协议中约定的仲裁机构名称可能不确切，但不能一概认为约定的是不存在的仲裁机构。此时，应当依据案情，认定约定的仲裁机构是否明确。2006 年《仲裁法解释》第 3 条规定："仲裁协议约定的仲裁机构名称不准确，但能够确定具体的仲裁机构的，应当认定选定了仲裁机构。"该条规定，体现了仲裁法所确定的自愿原则，不以文字上的疏漏来否定当事人通过仲裁解决争议的意愿，与此前最高人民法院的司法解释的

---

[1] 见《最新商事仲裁与司法实务务专题案例》第十一卷。

精神是一致的。事实上,这也是在仲裁协议异议涉及仲裁机构问题时的一个基本认定原则。此前《最高人民法院对仲裁条款中所选仲裁机构的名称漏字,但不影响仲裁条款效力的一个案例的批复意见》[1]中也指出,漏字并不影响仲裁条款的效力。此前的法院实践,也是基于这种原则。2006年《仲裁法解释》的此条规定,重申了最高人民法院此前处此种问题的原则,即只要能够确定具体的仲裁机构,名称不准确,并不能认定是未选定仲裁委员会。

☞ 本文涉及案例

- 陈某某与桑植县某综合开发公司、某商住楼项目部申请确认仲裁协议效力案
- 宝源贸易公司与余建国买卖合同纠纷案
- 德国卡尔斯鲁厄地区法院2007年审理的 *No. 1 U 232/06*
- *Konompex Ltd. v. Rosava AS*

---

[1] 法经(1998)159号。

1.8 "可"不可?——一些仲裁案例

仲裁条款的措词须明确,否则在将来发生争议时,就仲裁条款的理解本身也可能发生争议。下文探讨的一些具有选择性意味的表述,事实上就将今后如何理解的决定权交给了第三方,而有些隐忧是本可以在拟定仲裁条款的时候就消除的。

在仲裁条款对于仲裁或仲裁机构的表述中,有时候会出现一种似乎具有选择意味的措词,例如,"可"(may)。如何认定"可"之类措词的含义才能与当事人的真实意思表示相同或最为靠近,需要法院的司法裁判智慧,同样也有赖于法院对仲裁的理解和支持的态度。在商事仲裁实务当中,不同法院可能做出不同的决定。此类决定容易引起争论。举一些案例。

郑州市惠济区新城街道某某村村民委员会请求确认仲裁条款

无效一案[1]，申请人某某村委会申请称：2003年9月15日，某某村委会与某某公司签订了一份《东赵龙泽文源都市村庄合作改造协议书》，合同第14条约定："在履行本协议中，如发生纠纷，双方应及时协商，如协商不成，任何一方可要求区政府进行调解，如解决不了，**可**向郑州仲裁委员会申请仲裁解决。"申请人认为，其意思是可以向郑州仲裁委员会申请仲裁，而不是应当向郑州仲裁委员会申请仲裁。可以申请仲裁的约定并不否定可以向人民法院起诉，第14条的实质含义应当是"可以向仲裁机构申请仲裁也可以向人民法院起诉"，因此，依据2006年《仲裁法解释》第7条的规定，应当认定仲裁条款无效。被申请人某某公司答辩称：协议第14条约定的仲裁条款通过文义解释是明确的、确定的，并没有约定解决纠纷的方式是可以向人民法院起诉，不适用2006年《仲裁法解释》第7条规定的条件。法院经审查认为：从双方当事人在合同约定的仲裁条款的内容上看，仲裁的意思表示是明确的，仲裁的事项没有超出法律规定的仲裁范围，而且有选定的仲裁机构，因此该仲裁条款是明确的、有效的。双方当事人在该条款中并没有约定可以通过诉讼的方式解决纠纷，仲裁条款中的"可以"主要用于主语，其含义是指"任何一方"都可以提起仲裁，而不是"既可以申请仲裁，也可以提起诉讼"，其不属于2006年《仲裁法解释》第7条仲裁协议无效适用的条件。综上，双方当事人约定的仲裁条款有效。申请人某某村委会申请的理由不成立，法院不予支持。

上诉人贵州某某科技发展有限公司与被上诉人李某买卖合同纠纷一案[2]情况也是如此。上诉人贵州某某科技发展有限公司

---

[1] 详见河南省郑州市中级人民法院（2009）郑民三初字第756号民事裁定书。

[2] 详见常德市中级人民法院（2009）常立民终字第50号民事裁定书。

(以下简称某某公司)因与被上诉人李某买卖合同纠纷一案,不服湖南省常德市武陵区人民法院(2009)武民初字第677-1号民事裁定,以"双方签订的买卖合同中对解决争议的方式已有提交常德仲裁委员会仲裁的明确约定"为由向法院提起上诉,请求依法撤销原审裁定。法院经审理认为,双方当事人在订立的合同中约定"履行合同过程中发生争议,双方应本着友好协商的态度解决,协商不能解决的,**可**向常德仲裁委员会申请仲裁。"该仲裁条款对仲裁机构的约定是明确的,亦是可以执行的,且并未明确约定还可向人民法院起诉。不能因该条款有"**可**向常德仲裁委员会申请仲裁"的表述,即理解为人民法院对本案有管辖权。仲裁与诉讼是两种不同的争议解决方式,既然双方当事人之间的仲裁条款是约定明确、可执行的有效条款,便排除了人民法院的管辖权。因此,本案不应由人民法院受理。

在王某某诉湖南某路桥建设有限责任公司合同纠纷案[1]中,法院也持相同的立场。本案仲裁条款为"如发生合同纠纷,甲乙双方应友好协商解决,协商不成,可向甲方机构所在地经济合同仲裁机构申请仲裁"。湖南省郴州市中级人民法院认为,根据该条款,当事人对解决合同纠纷的方式达成了合意,即选择仲裁方式。该仲裁条款中"可"的含义,应当作通常意义上的广义解释,即发生合同纠纷,便"可"选择仲裁方式解决。原告认为该仲裁条款中"可"的含义是"可以"仲裁,也"可以"不仲裁,而不是应当、必须仲裁。原告的抗辩是对该"可"字作了一种严格的文义解释,已超出一般人的通常理解。双方在合同中已约定发生合同纠纷向仲裁机构申请仲裁,不管条款中是"可",还是"应当、必须",都视为双方约定的

---

[1] 见《最新商事仲裁与司法实务专题案例》第十一卷。

管辖权是仲裁。

深圳市美信电子有限公司申请确认仲裁协议无效案[1]中的争议仲裁条款约定:"任何一方均可向中国国际经济贸易仲裁委员会华南分会提起诉讼"。法院认定:上述条款中"均可"应理解为"任何一方都可以",而不应理解为"既可以提起仲裁,也可以提起诉讼"。双方约定的仲裁机构是"中国国际经济贸易仲裁委员会华南分会",该机构系依法设立的仲裁机构,现该机构已依法更名为华南国际经济贸易仲裁委员会(深圳国际仲裁院),因此当事人选定的仲裁机构是明确的。

在山东富宇蓝石轮胎有限公司申请确认仲裁协议无效案[2]中,异议方除了出了异议涉及更名,还提出了可选择性异议,认为涉及或裁或诉约定。仲裁条款约定的是任何一方"均可"提交中国国际经济贸易仲裁委员会华南分会,"均可"是可以而非应当,故约定内容实质上是既可以向仲裁机构申请仲裁,也可以向人民法院起诉,该仲裁条款无效。法院认为:约定任何一方"均可"提交中国国际经济贸易仲裁委员会华南分会,应理解为任何一方都可以提起仲裁,而不应理解为"既可以提起仲裁,也可以提起诉讼",因此,涉案仲裁条款中双方请求仲裁的意思表示明确。

William McIlroy Swindon Ltd. & others v. Quinn Insurance Ltd.[3]中,一方甚至认为,"应"(shall)也没有排除法院的管辖。Lenihan是被保险人,在保险人Quinn Insurance Limited针对公共责任损失进行了投保。后Lenihan被法院认为须对原告承担责任。在自愿清算过程中,其保单项下的权利转给了原告。根据1930年《第三

---

[1] (2015)深中法涉外仲字第165号。
[2] (2013)深中法涉外仲字第133号。
[3] 见《最新商事仲裁与司法实务专题案例》第十卷。

方(针对保险人的权利)法》,原告提起诉讼。法官认为,"应"一词表明,仲裁是强制性的,而非选择性的,据此,任何一方当事人均不得通过诉讼解决争议。

在上述几个案例中,法院对于"可"的理解,应该认为是正确的,也符合当事人提交仲裁的原意。在仲裁条款的适用上,前述这些法院的依据可以归纳为,除非特别明确约定,否则,"可"或"may"不应当被认为构成当事人在发生争议时的选择权,无论从文义上进行解释或是从实质上进行解释,都说明这类措词并不能使得仲裁条款成为真正的选择性条款,也不能因此排除仲裁的管辖权。然而也有一些案件,法院并不绝对倾向于以有利当事人仲裁意愿的解释来审理仲裁案件。

在重庆A商贸有限公司与衡阳B房地产开发有限公司管辖权异议案[1]中,法院认为,合同中虽然约定双方发生争议均可向长沙仲裁委员会申请仲裁,但并未排除双方也可以向人民法院起诉,不符合仲裁协议所要求的唯一性原则,实际上就是约定不明,该仲裁条款无效。

在意大利最高法院审理的 *Soc. Vigel v. Soc. China National Machine Tool Corp.*[2]中,意大利最高法院驳回原告的请求,认定由于仲裁协议包含了"可以"的表述,因此仲裁仅仅是一种可能,还需经双方当事人进一步达成协议。在该案中,法院认为,在起草仲裁协议的时候,双方当事人确定,一旦产生争议,利害当事人有权利(而非义务)提起仲裁。通过这种设定,仲裁协议确立了使申请人通过启动仲裁程序得到裁决的机会。法院将这种机会认定为一种

---

[1] 见《最新商事仲裁与司法实务专题案例》第十一卷。
[2] 见《最新商事仲裁与司法实务专题案例》第二卷。

选择权。此种选择权认可双方当事人选择仲裁解决他们之间争议的最终意愿,但并不意味着必须行使这种权利。

类似的措词还有,例如,"if any"。最高人民法院《关于上诉人武钢集团国际经济贸易总公司与被上诉人福州天恒船务有限公司、被上诉人财富国际船务有限公司海上货物运输合同纠纷管辖权异议一案的请示》的复函[1]涉及"if any"的理解。涉案租约第20条为:"G/A Arbitration if Any to be Settled in Hongkong With English Law to Apply(如果仲裁,在香港国际仲裁中心适用英国法律)。"最高人民法院认为,中英文表述虽然不尽一致,但含义均为"如果提起仲裁,在香港适用英国法律"。这一约定是双方当事人对涉案纠纷提起仲裁时的仲裁地点和所适用法律作出的特别约定,不构成双方之间唯一的纠纷解决方式,并未排除诉讼管辖。本案的货物运输目的地为南通港,属武汉海事法院地域管辖范围。天恒船务有限公司和财富国际船务有限公司在武汉海事法院提起诉讼,武汉海事法院对本案具有管辖权。

上海A国际物流有限公司与B国际(香港)船务有限公司国际航次租船合同纠纷上诉案[2]中,法院亦认为,"Arbitration, if any, in HONGKONG and English law to apply"的约定,是双方当事人对涉案纠纷提起仲裁时的仲裁地点和所适用法律所作出的特别约定,不构成双方之间选择的唯一纠纷解决方式,并未排除诉讼管辖。

上述国内外法院并不将"可"或"if any"做支持仲裁的解释,而文义上的解释由于各自立场的不同,或者理解的不同,容易引起争议。考虑到将来的管辖权风险,为了避免不确定性,律师或当事人

---

[1] 2009年11月4日〔2009〕民四他字第36号。
[2] 见《最新商事仲裁与司法实务专题案例》第十一卷。

在签订仲裁协议时,不宜采用类似措词。同时,建议司法审查对于此类措词的解释,当秉支持仲裁的立场,宜松不宜严。

☞ 本文涉及案例

- 郑州市惠济区新城街道某某村村民委员会请求确认仲裁条款无效案
- 贵州某某科技发展有限公司与李某买卖合同纠纷案
- 王某某诉湖南某路桥建设有限责任公司合同纠纷案
- William McIlroy Swindon Ltd. & others v. Quinn Insurance Ltd.
- 深圳市美信电子有限公司申请确认仲裁协议无效案
- 山东富宇蓝石轮胎有限公司申请确认仲裁协议无效案
- 重庆A商贸有限公司与衡阳B房地产开发有限公司管辖权异议案
- Soc. Vigel v. Soc. China National Machine Tool Corp.
- 武钢集团国际经济贸易总公司与福州天恒船务有限公司、财富国际船务有限公司海上货物运输合同纠纷管辖权异议案
- 上海A国际物流有限公司与B国际(香港)船务有限公司国际航次租船合同纠纷上诉案

2　可仲裁性

2.1 侵权争议的可仲裁性：手还能伸得更长吗

侵权争议一度被认为不能仲裁。随着现代商事仲裁的发展，侵权争议已经被认为是具有可仲裁性的。在中国也是如此，当然，前提是满足仲裁协议要件和法律规定的商事性，即需要是事先或事后仲裁协议涵括的范围之内，并且是财产权益纠纷。

之前有一段时间，不只是未曾沾过仲裁边的人，甚至是某些仲裁员、律师或法官，对于侵权争议是否可以仲裁，都不是那么肯定。想来，在他们的印象中，仲裁协议是与合同相关的，而侵权是另外的东西，仲裁无法解决。仲裁的长臂，已经扯走了原该由法院司法权管辖的合同事项，它还能继续伸长，把传统的侵权争议也揽到怀中？当然，现在在这个问题上犹豫的人已经大大减少。无论从国际主流做法还是国内的法律与实践来看，除了特殊情形外，认为侵权争议不具可仲裁性的观点已经过时。在仲裁发展趋势不变的前提下，侵权争议在中国具有可仲裁性。不过，其仍要满足仲裁协议要件和法律规定的商事性,即需要是事先或事后仲裁协议涵括的范围之内,并且是财产权益纠纷。

一、侵权与仲裁

一般认为,侵权包括对他人财产的侵犯和对他人人身的侵犯两个方面。不同国家对于侵权的定义各不相同,其包括的具体情况也存在差别。例如,《德国民法典》第823条规定,"(1)故意或因不法侵害他人的生命、身体、健康、自由、所有权或其他权利的人,对他人负有赔偿由此而发生的损害的义务。(2)违背以保护他人为目的的法律的人,负有相同的义务。依法律内容,即便无过失仍可能违背此种法律的,只有在过失的情形中,才发生赔偿的义务。"第823—853条规定了侵权行为的各种情况。《法国民法典》则只对侵权行为做了概括性的规定。该法典第1382条规定,"任何行为使他人受损害时,因自己的过失而致使损害发生之人,对该他人负赔偿的责任。"第1383条规定,"任何人不仅对其行为所引起的损害,而且对其过失或疏忽所造成的损害,负赔偿责任。"[1]中国《民法通则》第106条第2款规定,"公民、法人由于过错侵害国家的、集体的财产,侵害他人财产、人身的,应当承担民事责任。"

侵权争议属于非契约性争议,与契约性的争议不同。而仲裁具有合意性,前提是当事人同意仲裁。但大量的侵权争议,当事人不可能事先达成仲裁协议;除非当事人事后达成协议,否则侵权争议不会通过仲裁解决。当然,大量的侵权争议,当事人也不会在事后达成仲裁协议。其实无论是否侵权,即使普通的合同交易双方,在争议之后若能再达成任何性质的协议,都需要双方非常有理性,

---

[1] 《日本民法典》第709条、《意大利民法典》第2043条等亦都作了规定。

而争议中的一方,尤其愤怒之时,往往恰如盛宴过后,醒时同交欢,醉后各分散,早已经不复当初合作之时的与子同袍、同仇、同裳的无尽激情。

不过,就侵权争议达成仲裁协议,这种情况当然也是存在的。仲裁协议的范围内潜在地包含三种类型的请求:契约性请求(包括附带于合同的请求,如无合同规定时按合理价格支付);侵权上的请求以及法定请求。[1] 只要当事人间存在通过仲裁解决侵权争议的协议,则实践中,无论是国际仲裁还是国内仲裁,一般均承认侵权争议的可仲裁性,除非适用法明确排除。如果所适用的法律禁止全部或部分类型的侵权争议通过仲裁解决,则即便存在协议,在适用该法律时侵权争议仍不具有可仲裁性。例如,美国尚有部分州排除就侵权争议进行仲裁,有些州禁止惩罚性损害赔偿的仲裁,这样就使得争议发生前的仲裁协议无法达成。[2]

二、广泛的仲裁条款:"一切争议"包括侵权的争议吗?

目前许多合同中的标准仲裁条款均是广泛条款(broad clause),约定一切争议提交仲裁。但问题是,此种约定可否视为当事人同意将有关侵权争议提交仲裁?"一切争议"包括侵权的争议吗?

首先,何谓广泛的仲裁条款?或者说,在什么程度上,仲裁条款被认为可以包括侵权争议?这就涉及仲裁条款的措词。有些措词,例如"产生于合同项下"(Arising under)的争议,是否能够包含侵权争议就易引起争议。有观点可能会认为,此种措词的仲裁条

---

[1] 艾伦·雷德芬、马丁·亨特等:《国际商事仲裁法律与实践》(第四版),林一飞、宋连斌译,北京大学出版社2005年版,第165页。
[2] 同上。

款是"狭窄的",不包括各种与当事人合同义务不直接相关的侵权争议。

不过,大多数国内法院如今都将仲裁视为解决国际商事争议的适当方式,因而努力在可能的情况下给予仲裁效力。[1]例如,在英国 *Kaverit Steel Crane Ltd. v. Kone Corporation* 案[2]中,Kaverit 启动法院程序,声称 Kone 违反了某些许可和分销协议。Kone 寻求依据协议中所包含的仲裁条款,中止法院程序和将争议提交仲裁。仲裁条款规定,所有"产生于本合同或与本合同有关"的争议应提交仲裁。上诉法院拒绝中止程序,理由是 Kaverit 提出的某些请求包含了超过违约的主张。例如,共谋和诱导违约。初审法院认为,基于侵权提出的请求不属于仲裁条款的范围。但是,上诉法院认为,仲裁条款的措词广泛,足以使依据合同关系的存在提出的任何请求属于其范围之内,即使请求本身是侵权上的请求。[3]例如,由于主张"通过非法方式共谋以损害 Kaverit"的请求依据于将违约作为"非法性"的依据,该争议应提交仲裁。但是,非基于合同存在而提出的请求应通过法院审理,而非仲裁。[4]

一般认为,标准应当是,如果仲裁条款是广泛的仲裁条款,则只要侵权争议直接或间接与合同标的相关,侵权争议即是可仲裁

---

[1] 艾伦·雷德芬、马丁·亨特等:《国际商事仲裁法律与实践》(第四版),林一飞、宋连斌译,北京大学出版社 2005 年版,第 163—164 页。关于各种相关措词,也可参见该书第 165 页以下。

[2] 87 *D. L. R.* 4th 129; Yearbook Commercial Arbitration,1994,17:346.

[3] 法院认为,如果"合同的存在对于请求或答辩均有密切关系",则争议"产生于合同或与合同相关"。

[4] 许多国家的法院对于类似条款采取了更为广泛的解释,虽然作为基础的原则是类似的。参见艾伦·雷德芬、马丁·亨特等:《国际商事仲裁法律与实践》(第四版),林一飞、宋连斌译,北京大学出版社 2005 年版,第 146 页。

的,如美国的一些案例。[1]在某一案中[2],原告与Porta-John签订了许可合同。根据合同,Porta-John向原告提供化学用品。后原告称受到化学用品的伤害,提出过失和产品责任损失赔偿。法院认为,虽然许可合同包含了广泛的仲裁条款,但是,该事项不可仲裁。法院认为,该侵权与合同的争议事项无关,因为争议的解决无需参照合同,并且,即便Porta-John是陌生人,其对原告也有义务。依此标准,涉及诽谤、过失、欺诈、侵入等大量的侵权争议,被认为是可以仲裁的,因其与合同标的有充分的关系。[3]

英国一法院曾经认为,约定"相关于"合同产生的争议提交仲裁,就足以使得仲裁庭有权调整合同以实现其真正的目的。[4]类似地,美国一法院将同一措词解释为赋予仲裁员对争议作出裁定的广泛权力,法院据此可以中止诉讼,要求提交仲裁。在该案中,请求是从侵权方面提出的(诽谤、共谋和违反有关不公平贸易作法的法律)。法院认为:"国际商会推荐条款规定'所有相关于本合同产生的争议'提交仲裁,其应被解释为包括了可仲裁问题的广泛范围。该推荐条款并未将仲裁限于合同的字面解释或履行。它包含了对合同有重要关系的当事人之间的每一争议,而不管争议贴上了什么标签。"[5]

---

[1] *Old Dutch Farms, Inc. v. Milk Drivers*, 359 F 2d 598 (2nd Cir. 1966); *Kroll v. Doctor's Assocs.*, Inc., 3 F 3d 1167 (7th Cir. 1993); *Greenwood v. Sheffield*, 895 SW 2d 169 (Mo. Ct. App. 1995).

[2] *Dusold v. Porta-John Corp.*, 807 P 2d 526 (Ariz. Ct. App. 1990).

[3] T. Mclaughlin, Joseph, "Arbitrability: Current Trends in the United States", *Arbitration International*, 1996, 12(2), pp. 113—136.

[4] *Ashville Investments Ltd. v. Elmer Contractors Ltd.* (1997) 37 B.L.R. 60 at 81 (CA); see also *Ethiopian Oilseeds Pulses Export Corp. v. Rio Del Mar Foods Inc.* [1990] 1 Q.B. 86.

[5] *J. J. Ryan Son Inc. v. Rhone Poulenc* 863 F.2d 315 (4th Cir. 1988).

三、中国的法律与实践

中国的情况,太早之前的不再讨论,因为当时通行的仲裁本身与现代意义上的仲裁尚有差距。1987年中国加入的《纽约公约》规定争议涉及的是"契约性和非契约性商事法律关系"[1],但未对此作详细的说明。在1986年《最高人民法院关于执行我国加入的〈承认及执行外国仲裁裁决公约〉的通知》中,最高人民法院指出,这个表述"具体的是指由于合同、侵权或者根据有关法律规定而产生的经济上的权利义务关系……"。故此,按照最高人民法院的规定,无论是合同或者是侵权或是其他经济权利义务关系,均可通过仲裁解决。根据《仲裁法》,除第3条所规定的行政争议以及身份争议等之外,所有平等主体的公民、法人和其他组织之间发生的合同纠纷和其他财产权益纠纷,均可以仲裁。合同争议是一种,其他财产权益争议是另外一种;可以通过原合同中已经订立的仲裁条款对将来争议的解决方式进行约定,也可以通过争议发生后另订仲裁协议约定解决争议的方式。从公约和司法文件角度,对于侵犯财产权益争议的可仲裁性,在中国应无异议。

国际上,对于作为替代性争议解决方式的商事仲裁持支持态度。各国国内立法的趋势是减少对争议事项可仲裁性的限制,对于当事人提交仲裁的争议事项持较为宽松的态度。多数国家对当事人能自行处理或通过和解解决的争议允许付诸仲裁,如德国、比利时、瑞典、法国、意大利、荷兰等国,均持此种立场。[2]我国《仲裁法》对于可仲裁性的限制也较少,同时在该法第2条也明确规定:

---

[1] 《纽约公约》第1条第3款.
[2] 丁建忠:《外国仲裁法与实践》,中国对外经济贸易出版社1992年版。

平等主体的公民、法人和其他组织之间发生的合同纠纷和其他财产权益纠纷,可以仲裁。

但在我国的司法和仲裁实践过程中,曾经一度有一种主张,认为仲裁只可解决合同争议,而无法解决侵权争议。

中国先后有两个较重要的案例涉及侵权争议的可仲裁性问题。一个在《仲裁法》颁布之前,一个在之后。中国技术进出口总公司(下称中技公司)诉瑞士工业资源公司(Swiss Industrial Resources Company Inc.,下称 IRC 公司)钢材买卖合同案[1]中,中技公司以受欺骗为由对 IRC 公司提起侵权之诉,IRC 公司先后在两审中提出合同中订有仲裁条款,法院没有管辖权,但均遭驳回。终审的上海市高级人民法院判称,IRC 公司在无钢材的情况下,谎称货物已备妥,诱使中技公司签订合同修改协议书,又伪造全套单据骗取货款,IRC 公司利用合同形式诈骗,已超出合同履行的范畴,双方的纠纷已非合同权利义务的争议,而是侵权损害赔偿纠纷,中技公司有权向法院起诉,而不受仲裁条款的约束。

在江苏省物资集团轻工纺织总公司诉(香港)裕亿集团有限公司、(加拿大)太子发展有限公司侵权损害赔偿纠纷上诉案中,虽然原审法院曾经否定侵权争议通过仲裁解决,但最高人民法院最终认可了侵权争议的可仲裁性。1996 年 5 月 5 日,原告轻纺公司与被告裕亿公司签订了 CC960505 号销售合同,约定由裕亿公司销售普通旧电机 5000 吨给轻纺公司,每吨 348.9 美元。同年 5 月 6 日;轻纺公司与被告太子公司签订了 CC960506 号销售合同,约定由太子公司销售普通旧电机 5000 吨给轻纺公司,每吨 348.9 美元。上

---

[1] 《最高人民法院公报典型案例全集》(1985.1—1999.2),警官教育出版社 1999 年版,第 464 页。

述两份合同均明确约定了仲裁条款。货物到港后，经商检查明：货物总重量为9586.323吨，"本批货物主要为各类废结构件、废钢管、废齿轮箱、废元钢等。"轻纺公司遂以裕亿公司和太子公司侵权给其造成损失为由提起诉讼。裕亿公司和太子公司在答辩期内提出管辖权异议称，本案当事人之间对合同纠纷已自愿达成仲裁协议，人民法院依法不应受理。江苏省高级人民法院认为：本案是因欺诈引起的侵权损害赔偿纠纷。虽然原告轻纺公司和被告裕亿公司、太子公司之间的买卖合同中订有仲裁条款，但由于被告是利用合同进行欺诈，已超出履行合同的范围，构成了侵权。双方当事人的纠纷已非合同权利义务的争议，而是侵权损害赔偿纠纷。轻纺公司有权向法院提起侵权之诉，而不受双方所订立的仲裁条款的约束。

最高人民法院认为：本案争议的焦点在于仲裁机构是否有权对当事人之间的侵权纠纷作出裁决。《仲裁法》自1995年10月1日起施行，该法第2条规定："平等主体的公民、法人和其他组织之间发生的合同纠纷和其他财产权益纠纷，可以仲裁。"第3条规定："下列纠纷不能仲裁：一、婚姻、收养、监护、抚养、继承纠纷；二、依法应当由行政机关处理的行政争议。"从被上诉人轻纺公司在原审起诉状中所陈述的事实和理由看，其所述上诉人裕亿公司和太子公司的侵权行为，均是在签订和履行CC960505号和CC960506号两份销售合同过程中产生的，同时也是在《仲裁法》实施后发生的。故本案应通过仲裁解决，人民法院无管辖权。

最近立法上关于这一方面的发展是《民事诉讼法》的修改。2013年1月1日起生效的修订《民事诉讼法》第124条第2项规定："依照法律规定，双方当事人达成书面仲裁协议申请仲裁、不得向人民法院起诉的，告知原告向仲裁机构申请仲裁"。原《民事诉讼法》第111条第2项规定:"依照法律规定,双方当事人对合同纠纷自愿达成书面仲裁协议申请仲裁、不得向人民法院起诉的,告知原告向仲裁机构申请仲裁"。从上述规定中可以看出,修改后的《民事诉讼法》删除了原条文中"合同纠纷",进一步从民事诉讼法的层面表明了仲裁的受案范围,不仅限于合同纠纷,还包括其他财产权益纠纷,其中自然包括侵权纠纷。当然,如前所述,中国仲裁实践和相关法律文件事实上多年来也是这样操作和规定,惟立法稍有滞后性。

☞ 本文涉及案例

- *Kaverit Steel Crane Ltd. v. Kone Corporation*
- *Dusold v. Porta-John Corp.*
- *Ashville Investments Ltd. v. Elmer Contractors Ltd.*
- *J. J. Ryan Son Inc v. Rhone Poulenc*
- 中国技术进出口总公司(下称中技公司)诉瑞士工业资源公司(Swiss Industrial Resources Company Inc.)钢材买卖合同案
- 江苏省物资集团轻工纺织总公司诉(香港)裕亿集团有限公司、(加拿大)太子发展有限公司侵权损害赔偿纠纷上诉案

2.2 反垄断事项的可仲裁性:公权力救济之外

涉及反垄断法的争议是否可以通过仲裁解决?竞争法相关争议一度被认为涉及国家管理市场、维护公共利益及本国经济体制的公法而不能仲裁。目前在国际层面上,对于反垄断的可仲裁性已经有较为广泛的接受。下文考察部分国家的法律与实践。

近年来,反垄断风暴持续劲刮。从液晶面板到高端白酒,从烟花爆竹到豪华轿车,从软件企业到咖啡连锁,监管之手持续发力,涉及面越来越多,行业深度和广度也在不断加强扩大。与以往不同,此番似乎采取的是"来如雷霆收震怒"而非"润物细无声"的打法。各种各样的垄断行为在反垄断法这把剑之下,开始有了痛觉。

因各种垄断行为可能产生的争议及其解决程序也是业界的关注点之一。由于反垄断法具有的公法色彩,到底所涉及的争议能否由仲裁解决,实际上在国际上,也有一个争论和发展的过程。在相关争议通过仲裁解决的情况下,仲裁裁决作出之后,当事人可能提出,仲裁所依据的合同违反了反垄断法(或竞争法或反托拉斯法),因此,裁决所涉及事项不具有可仲裁性,从而裁决是可被撤销或不予执行的。[1]问题的关键是此类反垄断法或竞争法事项是否具有可仲裁性。有人认为,竞争法是国家管理市场、维护公共利益及本国经济体制的公法,基于这些法律产生的争议,国家有理由禁止提交仲裁。事实上,这种观点一度占了主导地位。下文将探讨一些国家的法律和实践,并在此基础上对中国反垄断争议可仲裁性作一简单分析。可以看出,反垄断问题的可仲裁性,在国际层面上,已经有较为广泛的接受。不仅是代表公权力的行政机关和法院,私力救济的仲裁亦是可以参与反垄断事项的处理。

一、美国

为了防止企业意图控制价格,垄断市场,以维护市场公平竞争,世界各国纷纷制定了反托拉斯法(Anti-trust)、反垄断法或更广义上的竞争法(competition law)。其中,美国和欧盟较为突出。美国反托拉斯法是联邦及州法律体系的组成部分,其主旨是通过确保竞争不受市场垄断组织的损害来保护消费者。第一部联邦反托拉斯法是1890年制定的《谢尔曼法》(Sherman Act),该法规定垄断为非法行为,垄断行为包括:具有在某一市场垄断的能力以及有意取得或维护这种能力。1914年通过的《克莱顿法》(Clayton Act)更加明确地规定了价格歧视等非法行为,法律禁止只涉及商品的捆绑销售,并且规定反竞争的合并和收购为非法。从1914年始,联

---

[1] 反托拉斯法的可仲裁性问题至少在三个阶段可能提出:仲裁庭审理阶段、法院确认特定争议是否具有可仲裁性阶段以及裁决执行阶段,并且至少有三种法律制度可能涉及。参见 Beechey, John, "Arbitrability of Anti-trust/Competition Law Issues", *Arbitration International*, 1996, 12(2), pp. 179—190.

邦贸易委员会被指定为负责执行联邦反托拉斯法和消费者保护法的实体。

从司法实践中,美国传统上并不认为反托拉斯争议可以仲裁。但是,1985年美国联邦最高法院 Mitsubishi Motors Corp. v. Soler Chrysler-Plymouth, Inc. 案(下称"三菱案")[1]之后,法院态度猛然转变。该案承认了产生于国际合同的反托拉斯问题具有可仲裁性。[2]

(一) 传统的规则(三菱案前)

在 American Safety Equipment Corp. v. J. P. Maguire and Co. 案[3]中,第二巡回上诉法院确定了对于反托拉斯法事项的规则,判决反托拉斯争议不能仲裁。法院认为:

"反托拉斯法项下的请求不仅仅是私人事项……违反反托拉斯法可以影响成千上万,也许是上百万的人,并且产生巨大的经济损害。我们相信国会不会愿意此类请求在法院之外的其他地方解决。"[4]

---

[1] 473 U. S. 614 (1985). 可参见 Jarvin, Sigvard, "Arbitrability of Anti-Trust Disputes: The Mitsubishi v. Soler Case", *Journal of International Arbitration*, 1985, 2 (3), pp. 69—82. 案情及判决摘要也可参见赵秀文:《国际商事仲裁案例评析》,中国法制出版社1999年版,第81—89页。

[2] J. T. Brown Stephen D. Houck, William, "Arbitrating International Antitrust Disputes", *Journal of International Arbitration*, 1990, 7(1), pp. 77—90.

[3] 391 F. 2d 821 (2d Cir. 1968). 该案的案情是:Safety 与 Hickok 签订了一份商标许可协议,其中有一项条款要求它们之间将来可能发生的所有争议提交仲裁。后来,Safety 公司起诉 Hickok 和商标权的受让者,诉称该许可协议违反了谢尔曼法,因为它非法扩大 Hickok 的商标垄断,并且不合理地限制 Safety 的经营业务。Hickok 和商标权的受让者要求仲裁。地区法院判决争议应提交仲裁。上诉法院认为争议不可仲裁。

[4] 同上,第826页。

不过,同样的法院,八年之后在 Coenen v. Pressprich and Co. 案[1]中,确立了上述规则的例外,认为反托拉斯事项可以依据争议发生之后达成的仲裁协议进行仲裁。其理由是"当事人已经知道他们同意仲裁的是什么,并且,由于申请人并没有被要求一定起诉且总是可以自由解决三倍损害赔偿的反托拉斯案件,因此其同意仲裁事实上是一个解决争议的协议"。

(二) 三菱案

原告三菱公司是一家制造汽车的日本公司,被告索勒公司是波多黎各的一家公司。1979年10月31日,被告与克莱斯勒公司签订了一份销售协议,约定由被告在包括圣胡安在内的指定地区销售原告公司制造的汽车。同一天,克莱斯勒国际公司、被告、原告又签订了一份销售协议,从属于前一份销售协议,约定由原告直接售货给被告,并且约定了销售条件。销售协议的第6条(某些事项的仲裁)约定:因本协议自第1条B款至第5条所引起的或与之有关的、或因违反这些条款所引起的所有争议与分歧,均应按照日本商事仲裁协会的规则与规定在日本仲裁解决。最初,被告销售原告汽车经营良好,为此,经被告同意,原告与克莱斯勒国际公司大幅度提高被申请人1981年最低销售量。然而,1981年初,因市场原因,被告难以完成预定的销售量。1981年春天,被告请求原告延续或取消装运一些订货,与此同时,被告试图将一些汽车销往美国和拉丁美洲。然而,原告和克莱斯勒国际公司以各种理由拒绝允许被告转移销售,并且没有发货给被告,总共未发1981年5—7月份的订货966辆。1982年2月,被告表示对此不负责任。此后一个月,原告根据联邦仲裁法令和《纽约公约》规定向美国负责波

---

[1] 406 U.S. 949 (1972).

多黎各地区的地区法院起诉被告,请求法院裁决原告、被告按协议的第6条将争议提交仲裁。原告起诉后不久,即向日本商事仲裁协会申请仲裁。被告对原告的起诉进行了答辩,其理由之一是:原告与被告的协议违反了美国反托拉斯法,该反托拉斯争议不能提交仲裁;协议中的仲裁条款不能包含反托拉斯争议。地区法院判决:双方所签订的仲裁条款包含了反托拉斯争议;双方之间的反托拉斯争议可以提交仲裁。上诉法院维持了第一项,但撤销了双方之间的反托拉斯争议可提交仲裁的判决。

  美国联邦最高法院以五票对三票的多数,作出判决,认定产生于国际合同的反托拉斯问题,依据联邦仲裁法是可以仲裁的。不管是否存在下列情况,均是如此:反托拉斯法的公共意义;私人当事人寻求三倍损害赔偿作为违反此类法律的阻碍因素的重要性;此类案件的复杂性。在其判决中,法院认为:"……我们得出结论认为,即便在国内情况下可能产生相反的结果,但是,对国际礼让的关注、对外国和跨国仲裁庭能力的尊重以及为争议解决中的可预见性而对国际商业体系的需要所具有的适应性,要求我们执行当事人的协议。"法院继续指出,在进入执行仲裁庭作出的任何裁决程序时,执行反托拉斯立法中的公共利益如有必要仍可主张。法院认为:"允许仲裁庭继续前进,美国的国内法院在裁决执行阶段仍将有机会确保执行反托拉斯法中的合法利益已经被遵守。《纽约公约》在'裁决的承认或执行将与该国的公共政策相悖时',为每个缔约国保留了拒绝执行裁决的权利。"[1]

---

  [1] *Mitsubishi Motors Corp v. Soler Chrysler Plymouth Inc.*, 473 US 614, 105 S. Ct. 3346 (1985) at 628.

(三) 三菱案后

1985年三菱案判决后,下级法院均遵循美国联邦最高法院的判决,自由解释仲裁协议,不考虑争议的性质和当事人的国籍,以使大量国际反托拉斯法争议通过仲裁解决。例如,*High Strength Steel, Inc. v. Svenkst Stal Aktiebolaq* 案[1],涉及瑞典一钢铁厂和得克萨斯州经销商之间的一份经销协议。争议的问题是,规定"任何产生或相关于本合同的争议或违约"均进行仲裁的仲裁条款,是否可以包含得克萨斯州公司提出的反托拉斯请求。法院认为,争议性质主要是契约性的,因此应进行仲裁。其他一些案例,例如,*In re Hops Antitrust Litigation* 案[2]、*Genesco, Inc. v. T. Kakiuchi and Co., Ltd.* 案[3]、*Shearson/American Express, Inc. v. McMahon* 案[4],也均确认了法院的这种实践。[5]

二、欧洲

欧共体竞争法包含于欧盟条约的第三部分,即"共同体的政策"。欧共体竞争法禁止在现有的欧盟内部作出以妨碍、限制或扭曲竞争为其目的或有此后果的协议或安排(欧共体《罗马条约》第81条)以及滥用支配地位(欧共体《罗马条约》第82条)。欧共体条约的竞争规则,特别是第81、82条,对众多经济领域大量的行为

---

[1] 1985-2 Trade Cases (CCH) ¶66,884 (N.D. III. 1985).
[2] 655 F. Supp. 169 (E.D. Mo.), app. dismissed, 832 F.2d 470 (8th Cir. 1987).
[3] 815 F.2d 840 (2d Cir. 1987).
[4] 483 U.S. 1056 (1987).
[5] J. T. Brown, Stephen D. Houck, William, "Arbitrating International Antitrust Disputes", *Journal of International Arbitration*, 1990, 7(1), pp. 77—90.

或协议产生了重大影响。[1] 第81条和第82条历史上主要是由欧洲委员会执行的。欧洲委员会有权调查、禁止行为、罚款以及鉴于违反第81条的行为或协议带来更大利益在适当时依据第81条第3款给予豁免。违反第81条的协议依据第81条第2款是无效的，除非属于第81条第3款豁免规定的范围。在2004年5月1日前，给予豁免的权力属于欧洲委员会自身。依据理事会条例No.1/2003，该种权力已经扩展至国家法院和竞争管理机关。[2]

欧洲的司法实践中同样也涉及反托拉斯是否可以仲裁的问题。Eco Swiss China Time Ltd. v. Benetton International NV案[3]是这方面具有标志性的案例。1986年7月，Benetton和Eco Swiss两家公司签订了关于钟表的生产许可协议。1991年Benetton终止许可协议，Eco Swiss根据合同仲裁条款提起仲裁，1993年仲裁裁决要求Benetton赔偿Eco Swiss损失，1995年进一步确定损失为23,750,000美元。1995年Benetton要求法院认定许可协议因违反欧共体《罗马条约》第81条而无效，进而依据该协议作出的仲裁裁决无效。

在判决中，欧洲联盟法院将欧共体《罗马条约》第81条确认为公共政策事项，忽视该事项将使得撤销或拒绝执行裁决具有正当的理由。某许可协议被认为仅在裁决作出之后违反了欧共体《罗马条约》第81条。在当事人对赋予此许可协议效力的裁决提出异议时，欧洲联盟法院判定："收到提出撤销仲裁裁决申请的国内法院如果认为所述裁决事实上违反了欧共体《罗马条约》第81条（前

---

［1］ 许光耀：《欧共体竞争法研究》，法律出版社2002年版，第14页。
［2］ 艾伦·雷德芬、马丁·亨特等：《国际商事仲裁法律与实践》（第四版），林一飞、宋连斌译，北京大学出版社2005年版，第149页。
［3］ Case C-126/97 (1999) XXIV Yearbook Commercial Arbitration, 629.

第85条),这种情况下其国内程序要求其基于未遵守国内公共政策规则同意撤销申请,则法院必须同意撤销申请。"[1]虽然就当事人自己未提及第81条时仲裁员是否有义务依职权适用第81条,欧洲法院未明确作出裁定,但是,该判例通常被认为——至少——隐含着这种意思,即仲裁员应当这样做,否则就要冒着其裁决以违反公共政策为由被撤销的危险。[2]

在上述案中,有以下两点值得关注:第一,欧共体《罗马条约》第81条对于欧洲共同市场非常重要,必须被划归1958年《纽约公约》中的公共政策的范围内。各国法院对于违反第81条的仲裁裁决应该与处理违反本国公共政策一样,宣告该裁决无效。第二,仲裁庭不在欧共体《罗马条约》234条"法院或审判庭"的范围内,所以不能在对欧洲共同体法的解释有疑问时向欧洲法院申请初步裁定。各国法院和审判庭在审查仲裁裁决时可以就与欧洲共同体法的解释与判断有关的问题向欧洲法院申请初步裁定。[3]

在法国,竞争法的可仲裁性问题在1993年的 *Mors/Labinal* 案[4]中得到承认,并于1999年由法国最高法院再次确认。[5]

在瑞士,欧盟竞争法的可仲裁性由联邦法庭于1992年判例中予以承认。在该案中,法院认定:

---

[1] Case C-126/97 (1999) XXIV Yearbook Commercial Arbitration, 631. 该决定产生于荷兰最高法院依欧洲《罗马条约》第234条(前第177条)向欧洲法院作的先行申请。

[2] 艾伦·雷德芬、马丁·亨特等:《其顿国际商事仲裁法律与实践》(第四版),林一飞、宋连斌译,北京大学出版社2005年版,第150—151页。

[3] 任永青:《欧共体竞争法与仲裁的关系发展》,载《仲裁与法律》,2003年第3期。

[4] The decision of the Cour d'Appel de Paris of May 19, 1993 [1993] Rev. Arb. 645, n. Jarrosson.

[5] The decision of the Cour de Cassation of January 5, 1999.

"(欧共体罗马)条约第85条及有关其适用的条例17均不禁止国家法院或仲裁庭审查合同的效力。"[1]

在 Eco Swiss China Time Ltd. v. Benetton International NV 案[2]中,法院事实上不仅认为竞争法事项是可以仲裁的,而且也认为,即便当事人未提出或仲裁庭未考虑,若当事人在向欧盟成员国国内法院异议裁决时提出竞争法问题,也存在因其未对其做裁决而撤销的理由。也就是说,Eco Swiss 案判决实际扩展到 Mitsubishi 案的结论;后案认为竞争法事项是可以仲裁的,而 Eco Swiss 案则认为必须被仲裁,否则,可以对裁决提出异议。

该案基本案情如下:1986 年,Benetton International NV ("Benetton") 与 Eco Swiss China Time Ltd. ("Eco Swiss") and Bulova Watch Company Inc. ("Bulova") 签订了一份为期八年的许可协议。当事人分别位于荷兰阿姆斯特丹、中国香港和美国纽约州。许可协议授权 Eco Swiss 以制造其上有"Benetton by Bulova"字样的钟表的权利,并且规定,Eco Swiss 和 Bulova 可以出售此类产品。协议包括法律选择条款,选择荷兰法律适用于合同;仲裁条款约定,所有争议应依荷兰仲裁协会的规则进行仲裁。1991 年 6 月 24 日,Benetton 发出终止合同的通知,较原定时间提前三年。随后发生了仲裁。仲裁庭作出两份裁决:首先,部分终局裁决裁定 Benetton 须为此提前终止向 Eco Swiss 和 Bulova 承担损害赔偿的责任;其次,终局裁决命令 Benetton 向 Eco Swiss 支付 US $23,750,000,向 Bulova

---

[1] Decision of the Tribunal Fédéral, April 28, 1992 [1992] A. SA Bull. 368. The same court reaffirmed this position in its decision of November 13, 1998 [1999] A. SA Bull. 529 and 455.

[2] Case C-126/97, Eco Swiss China Time Ltd v. Benetton International NV, [1999] ECR I-3055.

支付 US $2,800,000作为补偿。1995年,Benetton向法院申请撤销两份裁决,理由之一是:该两份裁决与公共政策相悖,因此许可协议依欧共体《罗马条约》第85条是无效的,虽然在仲裁程序的进行之中,当事人和仲裁员均未提出许可协议与第85条相悖这一点。案件最后提交到荷兰最高法院。荷兰最高法院向欧洲法院提出一些问题:1."仲裁员和法官均不得自行提出当事人提交范围之外的问题"这条荷兰规则是否适用于撤销仲裁裁决? 2. 荷兰法院是否可以根据如下事实撤销裁决:(1)依荷兰法在某些理由下可以撤销,包括公共政策的理由;(2)依荷兰法荷兰的竞争法不被视为公共政策事项。欧洲法院认为:其国内程序规则要求在撤销申请基于未能遵守国内公共政策规则提出时同意撤销,则若受理撤销裁决申请的国内法院如果认为裁决事实上与《罗马条约》第85条相悖,其必须撤销裁决。

根据德国《反限制竞争法》第91条,包含降价卡特尔、产量限制等限制竞争的安排的仲裁协议,必须包括一个条款,允许将来选择审理地。学者认为,在执行具有反托拉斯事项的仲裁裁决时,该条应狭窄解释,以便不适用于普通的商业交易,并且,其适用应限制于涉及卡特尔组织的合同或决定。此外,在承认外国仲裁裁决上,第91条不应被认为是德国国际公共政策的一部分。[1]

英国的竞争法和欧盟竞争法在概念上是类似的,虽然其背景多少有些不同:英国的规则倾向于市场导向的方式,而欧盟(至少在一开始)是为了促进内部市场的发展。[2] 美国法院在三菱案中

---

[1] Kühn, Wolfgang, "Arbitrability of Antitrust Disputes in the Federal Republic of Germany", *Arbitration International*, 1987, 3(3), pp. 226—239.

[2] Dalhuisen Fciarb, J. H, "The Arbitrability of Competition Issues", *Arbitration International*, 1995, 11(2), pp. 151—168.

所采取的立场,也可以为英国的法院所采取。[1]

三、新西兰和澳大利亚

新西兰高等法院采用并扩展了美国法院关于竞争法争议可仲裁性所持的意见。

在 *Attorney-General of New Zealand v. Mobil Oil New Zealand Ltd.* 案[2]中,新西兰首席检察官申请高等法院宣布1982年签订的一份协议的实施与1986年修订的商业法相冲突,理由是协议具有在相关部分实质性减少竞争的效果。该协议包含解决投资争端国际中心(ICSID)仲裁的条款。法官被要求拒绝中止诉讼程序,理由是商业法的公共政策目的是促进新西兰的市场竞争。法官援引美国法院的判决后,认为:

> 此种态度自然是美国司法政策对国际投资和合同的态度。我认为,在我们这样一个小国家,这种原则也是适当的,因为国际贸易和商业关系具有重要的意义。在支持王室遵守其协议上,我看不出有什么理由可以背离该国际贸易礼让的原则。在我看来,该原则准确地反映了这种态度,即新西兰的法院应支持此种国际仲裁的规定。

这个案子强烈表明,在新西兰,存在支持竞争法争议具有可仲裁性的趋势。[3]

---

[1] Beechey, John,"Arbitrability of Anti-trust/Competition Law Issues", *Arbitration International*, 1996, 12(2), pp. 179—190.

[2] [1989] 2 NZLR 64d.

[3] Beechey, John,"Arbitrability of Anti-trust/Competition Law Issues", *Arbitration International*, 1996, 12(2): 179—190. 可参见 A. R. Williams, David,"Arbitrability: A—G for New Zealand v. Mobil",. *Arbitration International*, 1995, 11(1), pp. 96—97.

两年后,澳大利亚也遇到了这种案例。在 *IBM Australia Limited v. National Distribution Services PTY Limited* 案[1]中,遇到的问题是,依 1974 年《贸易惯例法》中消费者保护条款提出的救济请求,是否属于仲裁条款的范围。上诉时,Handley J. A. 认为:

> 依据赋予在一般法院执行救济或授予具有普通管辖权的法院权力的成文法提出请求,我看不出排除的理由……一旦形成这种意见,那么,我认为,排除依《贸易惯例法》提出的请求是没有依据的。有权决定争议或请求的仲裁员必须也可以行使该法授予普遍管辖权法院的权力,只要该权力是适当的。

四、中国

中国曾于 1993 年颁布并实施了《反不正当竞争法》,这是中国第一部规范市场竞争行为的法律。另外,在中国的《商标法》《广告法》和《价格法》等法律中也涉及不正当竞争和限制竞争的内容。近年来,中国涉及竞争法方面的争议日渐增多,而 1993 年《反不正当竞争法》在解决争议上过于依赖行政手段,没有规定仲裁解决。其第 20 条规定:"经营者违反本法规定,给被侵害的经营者造成损害的,应当承担损害赔偿责任,被侵害的经营者的损失难以计算的,赔偿额为侵权人在侵权期间因侵权所获得的利润;并应当承担被侵害的经营者因调查该经营者侵害其合法权益的不正当竞争行为所支付的合理费用。被侵害的经营者的合法权益受到不正当竞争行为损害的,可以向人民法院提起诉讼。"

《反垄断法》自 2008 年 8 月 1 日起施行,也同样没有对仲裁作

---

[1] [1991] 100 ALR 361.

特别规定(这也非常正常)。《反垄断法》在对反垄断行为处理问题上,实际上也是这样一种行政执法加民事赔偿机制。那么在中国,相关反垄断事项的争议,是否可以提起仲裁?

按照我国《反垄断法》,"垄断行为"包括经营者达成垄断协议、经营者滥用市场支配地位以及具有或者可能具有排除、限制竞争效果的经营者集中三种情形。[1] 因垄断行为而引起的争议主要有三种:一是主管机构与实施垄断行为的经营者之间因执法行为所致的行政争议,二是市场经营者之间因限制竞争行为所致的民事争议,三是签订有垄断协议的直接合同当事人之间产生的民事争议。其中第一种涉及的行政执法行为,就是当前反垄断执法机构正在采取的各项反垄断措施。被处罚的单位可以提出行政复议或诉讼。[2] 我们要讨论的,是后两种,即涉及民事诉求时的可仲裁性问题。

《仲裁法》对于可仲裁事项采取列举和概括的方式,从积极和消极两个方面作了规定。《仲裁法》第2条规定:"平等主体的公民、法人和其他组织之间发生的合同纠纷和其他财产权益纠纷,可以仲裁。"第3条规定:"下列纠纷不能仲裁:(一)婚姻、收养、监护、扶养、继承纠纷;(二)依法应当由行政机关处理的行政争议。"第77条规定:"劳动争议和农业集体经济组织内部的农业承包合同纠纷的仲裁,另行规定。"此外,根据我国加入该公约时所作的商事保留声明,我国仅对按照我国法律属于契约性和非契约性商事

---

〔1〕 见《反垄断法》第3条。
〔2〕 第53条规定:对反垄断执法机构依据本法第28条、第2条作出的决定不服的,可以先依法申请行政复议;对行政复议决定不服的,可以依法提起行政诉讼。对反垄断执法机构作出的前款规定以外的决定不服的,可以依法申请行政复议或者提起行政诉讼。

法律关系所引起的争议适用该公约。所谓"契约性和非契约性商事法律关系",具体的是指由于合同、侵权或者根据有关法律规定而产生的经济上的权利义务关系,例如货物买卖、财产租赁、工程承包、加工承揽、技术转让、合资经营、合作经营、勘探开发自然资源、保险、信贷、劳务、代理、咨询服务和海上、民用航空、铁路、公路的客货运输以及产品责任、环境污染、海上事故和所有权争议等,但不包括外国投资者与东道国政府之间的争端。[1] 单从条款分析,并未有明文规定反垄断争议不可仲裁,也无法得出相关争议必然属于依法应当由行政机关处理的行政争议的结论。

应当认为,市场经营者之间因限制竞争行为所致的民事争议,或是签订有垄断协议的直接合同(具有竞争关系的经营者达成的各种垄断协议)[2] 当事人之间产生的民事争议,例如,固定或者变更商品价格、限制商品的生产数量或者销售数量、分割销售市场或者原材料采购市场等,或者是,不正当竞争行为引致的赔偿,均不能被排除在仲裁范围之外,只要其中存有事先或者事后达成的仲裁条款。

☞ 本文涉及案例

- American Safety Equipment Corp. v. J. P. Maguire and Co.
- Coenen v. Pressprich and Co.
- 三菱公司诉索勒公司(1985)
- High Strength Steel, Inc. v. Svenkst Stal Aktiebola
- In re Hops Antitrust Litigation

---

〔1〕 最高人民法院关于执行我国加入的《承认及执行外国仲裁裁决公约》的通知(1987年4月10日)。
〔2〕 见《反垄断法》第13条。

- *Genesco, Inc. v. T. Kakiuchi and Co., Ltd.*
- *Shearson/American Express, Inc. v. McMaho*
- *Eco Swiss China Time Ltd. v Benetton International NV*
- *IBM Australia Limited v. National Distribution Services PTY Limited*

2.3 证券仲裁：证券争议的可仲裁性

> 资本市场繁荣的一个产物是出现各种各样的涉及证券的交易。于是证券争议不但产生了，而且争议类型也呈现多样性。作为解决商事争议的主要方式，仲裁是否可以用以解决产生于证券交易的各种争议？

证券仲裁指通过仲裁，由独立第三方作为仲裁员，对证券争议作出终局裁决的争议解决方式。除常见的自愿仲裁外，在证券仲裁领域，还可能存在强制仲裁。自愿仲裁是基于仲裁协议而进行的仲裁，而强制仲裁则或者是基于法律规定，或者是基于行业自律性组织成员身份。行业协会中的仲裁，实质上是通过行业资格的规定和要求，将仲裁协议内置进必须遵守的多方合同色彩的章程，从而规避国际通常要求的仲裁意思自治原则，是披着自愿仲裁外衣的强制仲裁。行业协会可能采取的这种强制仲裁的要求，与证券仲裁最初来源于解决会员之间争议的制度设计倒是一致的。

讨论证券仲裁,首先要解决证券争议是否具有可仲裁性的问题。只有证券争议可以提交仲裁,才可以在此基础上,进一步对仲裁程序、仲裁庭、仲裁裁决的执行以及一些创新性的做法进行设计和评价。但无论国际还是国内,对于证券争议通过现代商事仲裁的方式解决,均非一开始即如此。下文简要介绍。

一、我国有关证券法律规定中的仲裁依据

我国有关证券的法律规定,事实上一直在努力引进仲裁制度解决证券争议。

1990年,上海证券交易所颁布的《上海证券交易所市场业务试行规则》(下称《试行规则》),其中即有关于仲裁的规定,在我国证券市场上第一次引进了证券仲裁制度。其规定:

> 第252条 证券商对相互间发生的争议,在自行协商无效时,可提请本所仲裁,并承认本所仲裁为终局仲裁。
>
> 第253条 证券商在与委托人订立委托书时,应约定发生争议在自行协商无效时,由本所仲裁,并承认该所仲裁为终局仲裁;未有仲裁约定的争议,本所不受理仲裁。
>
> 第254条 上市证券的发行者在办理上市手续时,本所与其约定在发生争议自行协商无效时,报请证券主管部门仲裁。

1991年4月,上海证券交易所根据上述《试行规则》制定了《上海证券交易所仲裁实施细则》(下称《实施细则》)。《实施细则》共26条,对仲裁机构的设立、组成、仲裁事项、仲裁时效、仲裁程序、仲裁裁决的效力等均作出了比较详细的规定。

不过,这一阶段的仲裁,严格来说,并不能等同于现代商事仲

裁制度框架下的仲裁。《试行规则》与《实施细则》之间,字面似存在冲突的地方。《试行规则》原则上确定的自愿原则和一裁终局原则,《实施细则》中却有不一样的规定。《实施细则》第2条规定:"本规则所称仲裁,是指对投资者、上市公司、证券商以及上海证券交易所(以下简称本所)之间因交易引起的各种纠纷进行居中调解或裁决。"第6条规定:"仲裁委员会设首席仲裁委员一人,由本所的代表担任,负责召集主持仲裁会议。"第25条规定:"如对仲裁委员会的裁决结果持有异议,可提请证券主管机关进行复议或上诉法院。"详阅《实施细则》,可知此时的仲裁更多地应当被理解为仲裁委员会集体评议制度,而其决定书即是此种制度的产物。

1993年4月,国务院证券委颁布了《股票发行与交易管理暂行条例》,其第79、80条规定,第一次以行政法规的形式确立了证券仲裁制度在我国的法律地位。

> 第79条 与股票发行或者交易有关的争议,当事人可以按照协议的约定向仲裁机构申请调解、仲裁。
>
> 第80条 证券经营机构之间的及证券经营机构与证券交易所之间因股票的发行或者交易引起的争议,应当由证券委批准设立或者指定的仲裁机构调解、仲裁。

前两条事实上确定了两种证券争议的解决方式:一是自愿仲裁,适用于与股票发行或者交易有关的争议;二是强制仲裁,适用于证券经营机构之间的及证券经营机构与证券交易所之间因股票的发行或者交易引起的争议。

1994年8月26日,国务院证券委发布了(1994)20号文件。1994年10月11日,中国证监会发布了(1994)139号文件。上述两个文件也曾是证券争议强制仲裁的依据,但这两个通知已自 1999 年 12 月 21 日起失效。

《仲裁法》于 1995 年 9 月 1 日起施行,确立了中国仲裁符合现代商事仲裁的基本原则。其中,最重要的是自愿原则和一裁终局原则。而在《仲裁法》生效之前,我国原有的国内仲裁制度(包括证券仲裁制度)未能充分体现这两个原则。这也意味着,在此后有关证券仲裁制度的设计之中,不能偏离《仲裁法》的原则和规定。

二、证券争议和仲裁法

在现行《仲裁法》框架下,证券争议是否可以通过仲裁的方式进行解决?证券争议的类型多种多样。根据最高人民法院关于民事案件案由的相关规定,证券争议的类型涉及很多种,包括[1]:

证券权利确认纠纷、证券交易合同纠纷、金融衍生品种交易纠纷、证券承销合同纠纷、证券投资咨询纠纷、证券资信评级服务合同纠纷、证券回购合同纠纷、证券上市合同纠纷、证券交易代理合同纠纷、证券上市保荐合同纠纷、证券发行纠纷、证券返还纠纷、证券欺诈责任纠纷、证券托管纠纷、证券登记、存管、结算纠纷、融资融券交易纠纷、客户交易结算资金纠纷。

这些类型纠纷各种所包含的内容不详细阐述。因这些证券纠纷产生的案件,属于民商事案件,其中有合同纠纷,也有侵权纠纷。关于侵权纠纷总体上是否具有可仲裁性,已经进行了分析。无论是 1987 年中国加入的《纽约公约》(其中规定争议涉及的是"契约

---

[1] 详见《最高人民法院民事案件案由规定》,2007 年 10 月 29 日最高人民法院审判委员会第 1438 次会议通过,根据 2011 年 2 月 18 日《最高人民法院关于修改〈民事案件案由规定〉的决定》(法〔2011〕41 号)第一次修正。

性和非契约性商事法律关系"[1]），还是1986年最高人民法院《关于执行我国加入的〈承认及执行外国仲裁裁决公约〉的通知》（最高人民法院指出，这个表述"具体的是指由于合同、侵权或者根据有关法律规定而产生的经济上的权利义务关系……"），或是《仲裁法》（其中同样规定："平等主体的公民、法人和其他组织之间发生的合同纠纷和其他财产权益纠纷，可以仲裁。"以及"下列纠纷不能仲裁：一、婚姻、收养、监护、抚养、继承纠纷；二、依法应当由行政机关处理的行政争议。"）[2]，均可以判断中国有关仲裁的法律规定并不排除包含侵权在内的所有民商事证券争议通过仲裁解决。也就是说，举凡证券权利确认纠纷、证券交易合同纠纷、金融衍生品种交易纠纷直至客户交易结算资金纠纷在内的各类证券争议具有可仲裁性，并非专属于法院的管辖范围。

三、国际主流做法

证券仲裁最早产生于美国，其适用范围广泛、制度完善。但是，即便在证券仲裁最为发达的美国，对于证券争议是否可以通过仲裁解决，也同样有一个从否定到不太肯定到非常肯定的逐渐发展的过程。

美国1933年《证券法》和1934年《证券交易法》均要求证券争议必须在法庭上解决，禁止任何不符合法律规定的合同条款。[3]因此，当当事人双方同意通过仲裁解决证券争议时，《联邦仲裁法》

---

[1] 《纽约公约》第1条第3款。
[2] 《仲裁法》第2条、第3条。
[3] 15 U.S.C. S77n,78cc(a)。

(FAA)与《证券法》就出现了冲突。在 1954 年 *Wlko v. Swan*[1] 案中,美国联邦最高法院认为,考虑到证券经纪商与证券购买人之间交易能力的不平衡,国会在证券法中不想放弃司法审查。法院批评仲裁缺乏法院被证券法赋予的提供投资者必要程度保护的能力。因此,尽管当事方在证券争议中一致同意进行仲裁,但是联邦法院不应该执行基于联邦证券法提出的仲裁请求的协议。到 1974 年,法院认定,在国际商事仲裁中,此类争议是可以仲裁的。这是在 *Scherk v. Alberto-Culver* 案[2] 中作出的决定。

该案基本案情是:被上诉人 Alberto-Culver Co. 是在特拉华州设立的公司,其主营业地在伊利诺伊州,生产和销售化妆品。上诉人 Fritz Scherk 是一个诉讼进行时住在瑞士的德国人,是依据德国法和列支敦士登法设立的三个相互关联的商业实体的所有人。在 20 世纪 60 年代,Alberto-Culver 开始与 Fritz Scherk 商洽交易。双方在奥地利的维也纳签署了合同,合同规定 Scherk 将其拥有的企业和这些企业拥有的所有有关化妆产品的商标权转让给 Alberto-Culver。此外,合同中包含的仲裁条款规定:"任何因本合同或其中的违约引起的争议或请求"应提交法国巴黎的国际商会仲裁,"合同

---

[1] *Wilko v. Swan* 346 US 427 (1953). 可参见 Mccormack, "Recent US Legal Decisions on Arbitration Law", *Journal of International Arbitration*, 1994(11), p. 73. 基本案情如下:原告是一个证券投资者,被告是一家证券经纪公司的合伙人。原告依据 1933 年《证券法》第 12 条第 2 款在美国纽约南区联邦地区法院对被告提起损害赔偿之诉。原告声称,他经被告虚假陈述的诱导,购买了 1600 股航空公司的普通股。被告没有答辩,而是依据 FAA 第 3 条的规定,提议在根据保证金合同中的仲裁条款仲裁前中止诉讼程序。但联邦地区法院认为,该仲裁协议剥夺了 1933 年《证券法》赋予原告的有利的司法救济,因而拒绝了被告中止诉讼的请求。被告不服此判决,提起上诉。上诉法院认为《证券法》不禁止当事人订立仲裁协议将未来争议提交仲裁,因而推翻了联邦地区法院的判决。美国联邦最高法院又撤销上诉法院的判决,维持联邦地区法院的判决。

[2] *Scherk v. Alberto-Culver*, 417 US 506 (1974).

及对合同的解释和履行适用美国伊利诺伊州法"。交易完成约一年后，Alberto-Culver 声称发现其购买的合同下商标权存在第三方的权利请求。据此，Alberto-Culver 在伊利诺伊州北部管区联邦地区法院提起要求损害赔偿和其他救济的诉讼，主张 Scherk 对商标权状况的欺诈陈述违反 1934 年《证券交易法》的第 10 条 b) 款证券交易委员会的 10b-5 规则。Scherk 请求依当事人的协议于巴黎仲裁前中止诉讼。Alberto-Culver 对该项请求进行了反驳。地区法院以 Wilko v. Swan 案为依据，驳回 Scherk 中止诉讼的请求，并且作出禁止 Scherk 进行仲裁的初步禁令。Scherk 不服地区法院的裁决，向第七巡回上诉法院提起上诉。上诉法院基于 Wilko 案的先例作用，在一个法官反对的情况下，作出维持地区法院裁决的判决。联邦最高法院在审理本案时，对国际证券争议和国内证券争议作了区别，确认在国际领域，证券争议可以通过仲裁解决。在该案中，法院认为，"一国国家对于执行国际仲裁协议的狭隘拒绝"不仅会使协议的目的落空，而且会"损害国际商业和贸易的结构并危及商人签订国际商事协议的意愿和能力"[1]。在随后的案例中，法院接受了证券争议在美国国内仲裁中的可仲裁性[2]。

当事人可以采取协商、调解解决和法院诉讼方式，亦可由仲裁机构以仲裁方式解决。这是当前国际上的主流作法。目前，证券争议具有可仲裁性是大部分国家的共识。除非适用法有相反的明确规定，否则，以证券争议不具可仲裁性对裁决提出异议，无法得到支持。不过，有些国家，例如，加拿大、澳大利亚，仍对证券争议

---

[1] *Scherk v. Alberto-Culver*, 417 US 506 (1974).

[2] See, *e.g.*, *Shearson v. McMahon*, 482 US 220, 107 S. Ct. 2332 (1987). See also: Mccormack, op. cit.; Dillon, Ebenroth, "Arbitration Clauses in International Finance Agreements", *Journal of International Arbitration*, 1993(10), p. 5.

的仲裁不持支持态度,但也未明确禁止基于证券法提出请求的仲裁。[1]

☞ 本文涉及案例

- *Wlko v. Swan*
- *Scherk v. Alberto-Culver*

---

[1] J. Kerr, JR., John,"Arbitrability of Securities Law Claims in Common Law Nations",. *Arbitration International*, 1996,12(2),pp.171—178.

2.4 知识产权仲裁:知识产权争议的可仲裁性

涉及知识产权的争议既有知识产权有效性争议,也有合同争议和侵权争议。其中有些争议可以提交仲裁,也有些不能通过仲裁方式解决。下文简要介绍知识产权争议的可仲裁性。

对于知识产权争议,除了法院,仲裁也是一种非常合适的方式。曾经有一种看法认为知识产权争议和反垄断争议不可仲裁。前文已经阐述反垄断争议的可仲裁性。知识产权争议同样也并非完全不可仲裁。知识产权(intellectual property)指的是人们可以借其智力成果所依法享有的专有权利。一般认为,知识产权是专利权、商标权、版权(著作权)等专有权的统称;专利权与商标权又被称为工业产权。专利权一般要经过申请、审查、批准后,才能获得。专利权人所享有的权利包括制造权、使用权、销售权;在有些国家,还包括进口权。就是说,任何其他人要从事制造、使用、销售、进口等活动,必须经专利权人许可。但专利权人的权利并不是毫不受限制的,通常各国的专利法均会对专利权人行使权利规定限制。

商标权一般也是经过申请、审查及批准后产生的。[1]商标权人享有的权利包括自己(或许可他人)在某种商品上专用某个商标。版权在大多数国家是依法自动产生的,即只要作品是独创的、作者也符合权利主体的条件,即应受到保护;版权并不保护作品所表达的思想,只保护表达思想的形式。版权所有人有权禁止别人出版、翻译、翻印、广播或销售、进出口其著作。版权所有人享有的权利,也受到一定的限制,如合理使用限制[2]、版权穷竭原则[3]等。[4]

涉及知识产权的争议主要有三种:一是涉及知识产权的有效性和对该权利提出异议;二是因合同(如许可合同)而产生的争议,即合同争议;三是由于未经许可而擅自使用他人的知识产权的行为而构成对他人知识产权的侵犯,即侵权争议。这些争议,有些可以提交仲裁,有些并不能通过仲裁方式解决。

工业产权的有效性争议在很多国家不可仲裁,如法国、荷兰和德国认为专利的有效性不容仲裁,但美国、比利时、瑞典、瑞士等国则相反,专利的效力之争亦属可仲裁之列。[5]一般认为,专利或商标应否予以同意,这显然是相关国家公共管理机关考虑的事项;这些是仅有国家可以同意给予的垄断权利。有关其同意及有效性的

---

[1] 但在有些国家,如果通过实际使用某种商标建立起了信誉,那么,虽未经注册,也可以产生商标权。对于此种未注册商标的保护,存在不同途径,例如,普通法系国家主要通过仿冒之诉(passing off)进行保护,大陆法系主要通过不公平竞争法进行保护。参见林一飞:《英国商标保护中的仿冒之诉》,载梁慧星:《民商法论丛》2004年第31期,第291—292页。

[2] 为科研、教学或个人娱乐,均可以复制有限的享有版权的作品,而不必取得权利人的许可,这在版权法中叫作"合理使用"。

[3] 指版权附着物经版权所有人同意而投放市场后,对这些物品的再销售,不必经过版权所有人的许可。不过,并非所有建立版权制度的国家都承认此原则。

[4] 郑成思:《知识产权与国际贸易》,人民出版社1995年版,第7页。

[5] 宋连斌:《国际商事仲裁管辖权研究》,法律出版社2000年版,第125页。

任何争议均不在仲裁范围之内。[1]我国1992年《专利法》规定,宣告专利无效的权力应当属于专利复审委员会[2];对于注册商标有效性的争议,按照我国1993年《商标法》的规定,也应当由商标评审委员会裁定[3];我国1990年《著作权法》规定,对于著作权侵权纠纷,如果通过调解的方式不能解决或者调解达成协议后一方反悔的,可以向人民法院起诉。[4]此类规定中均无通过仲裁解决知识产权有效性争议的规定。只有涉及著作权合同纠纷时,才"可以依据合同中的仲裁条款或者事后达成的书面协议,向著作权仲裁机构申请仲裁"。[5]2000年8月和2001年10月,全国人民代表大会常务委员会分别于对我国《专利法》《商标法》和《著作权法》进行了修订。修订后的《专利法》(2008年第三次修正)、《商标法》(2013年第三次修正)均取消了行政主管部门对专利权和商标权有效性的最终认定权。[6]此外,修订的《著作权法》(2010年第二次修正)规定,著作权纠纷的解决方法,包括调解、仲裁、诉讼的方法,以及当事人对行政处罚不服时可诉诸人民法院等方式。但此种修订并未实质性扩大仲裁范围,将有效性也纳入了可仲裁的事项范围。

有关知识产权的合同争议[7]、侵权争议,具有可仲裁性。专

---

[1] 艾伦·雷德芬、马丁·亨特等:《国际商事仲裁法律与实践》,林一飞、宋连斌译,北京大学出版社2005年版,第148页;另见同上注。

[2] 我国1992年《专利法》第49条。

[3] 我国1993年《商标法》第27条第2款。

[4] 我国1990年《著作权法》第48条。

[5] 我国1990年《著作权法》第49条。

[6] 如2001年《专利法》第41条规定:专利申请人对专利复审委员会的复审决定不服的,可以自收到通知之日起三个月内向人民法院起诉。

[7] 知识产权问题产生的情况基本上有四类:一是许可协议;二是合营合同;三是商业并购协议;四是雇佣合同。Blessing, Marc, "Arbitrability of Intellectual Property Disputes", *Arbitration International*, 1996, 12(2), pp. 191—222.

利或商标所有人经常给予一个或多个公司或个人许可,以开发利用该专利或商标;许可人或受许可人之间的任何争议可以提交仲裁。事实上,关于此类知识产权的争议通常是提交国际仲裁。首先,这使得当事人有机会自己选择在这些事项上经验丰富的仲裁员组成仲裁庭;其次,也许更重要的是,仲裁程序是保密的,有助于保护商业秘密。[1]与专利或商标不同的是,版权作为一种知识产权,其存在独立于任何国内或国际的注册,并可以为当事人自由处分。因此,有关此类私权的争议可以提交国际仲裁,这一点,一般而言并无疑义。[2]

2008年《专利法》规定,对专利侵权行为,专利人或利害关系人可请求专利管理机关处理,也可以直接向人民法院起诉。[3] 2013年修正的《商标法》规定,对侵犯商标专用权的行为,当事人可请求工商行政管理部门处理或直接向法院起诉。[4]这种规定,并不能理解为排除了仲裁在解决这类纠纷中的作用。1999年《合同法》规

---

〔1〕 LEW,"Intellectual Property Disputes and Arbitration", Final Report of the Commission on International Arbitration, ICC Publication, 1997.7—15.

〔2〕 艾伦·雷德芬、马丁·亨特等:《国际商事仲裁法律与实践》,林一飞、宋连斌译,北京大学出版社2005年版,第148页。

〔3〕 我国《专利法》第60条、61条规定:未经专利权人许可,实施其专利,即侵犯其专利权,引起纠纷的,由当事人协商解决;不愿协商或者协商不成的,专利权人或者利害关系人可以向人民法院起诉,也可以请求管理专利工作的部门处理。管理专利工作的部门处理时,认定侵权行为成立的,可以责令侵权人立即停止侵权行为,当事人不服的,可以自收到处理通知之日起15日内依照《行政诉讼法》向人民法院起诉;侵权人期满不起诉又不停止侵权行为的,管理专利工作的部门可以申请人民法院强制执行。进行处理的管理专利工作的部门应当事人的请求,可以就侵犯专利权的赔偿数额进行调解;调解不成的,当事人可以依照《民事诉讼法》向人民法院起诉。

〔4〕 我国《商标法》第60条规定:有本法第57条所列侵犯注册商标专用权行为之一,引起纠纷的,由当事人协商解决;不愿协商或者协商不成的,商标注册人或者利害关系人可以向人民法院起诉,也可以请求工商行政管理部门处理。

定,技术合同纠纷的当事人可以根据仲裁协议申请仲裁。[1] 2010年《著作权法》规定,著作权纠纷可以调解,也可以根据当事人达成的书面仲裁协议或者著作权合同中的仲裁条款,向仲裁机构申请仲裁;当事人没有书面仲裁协议,也没有在著作权合同中订立仲裁条款的,可以直接向人民法院起诉。[2]《仲裁法》规定中国涉外仲裁制度"适用于涉外经济贸易、运输和海事中发生的纠纷"[3],这一概括性的范围足够包含知识产权争议。此外,中国加入《纽约公约》的声明看,不仅合同纠纷,侵权及所有权争议都可交付仲裁。据此,知识产权合同争议、侵犯知识产权而发生的损害赔偿纠纷在中国均属可仲裁之列。

从国际层面上看,事实上仲裁的方式也一直被使用来解决知识产权争议。例如,《与贸易有关的知识产权协议》(TRIPs)第64条(争端解决)第1款的规定:"1. 由争端解决谅解所详细阐释并运用的1994关贸总协定第22条和第23条的各项规定应运用于本协议下的争端磋商与解决,本协议中另有规定者除外。"而《关于争端解决规则和程序谅解书》第25条则对仲裁作了规定。[4]当然,该

---

[1] 我国《合同法》第128条。
[2] 我国《著作权法》第55条。
[3] 我国《仲裁法》第65条。
[4] 第25条 仲裁
1. 世界贸易组织范围内的应急仲裁作为争端解决的一项变通手段,能够便利于某些与由当事双方已明确予以定义的问题有关的争端之解决。
2. 除本谅解书另有规定者外,诉诸仲裁的前提应是就所遵循的程序达成一致意见的各当事方的共同协议。应在仲裁过程真正开始之前,有充分的时间向所有成员方通报诉诸仲裁的各项协议。
3. 只有根据业已同意诉诸仲裁的各当事方的协议,其他各成员方才可成为仲裁行动的当事方。接受仲裁的各当事方应同意遵守仲裁的裁决。仲裁裁决应通报给争端解决机构及任何有关协议的理事会或委员会,在那里任何成员方均可提出有关裁决的任何问题。
4. 本谅解书第21条和第22条在对细节作必要修改后可应用于仲裁的裁决。

机制仅限于解决成员间为执行的争端。但 1993 年 9 月，世界知识产权组织全体大会正式批准成立世界知识产权组织仲裁中心，则是负责解决私人主体之间的有关知识产权争议的专门机构。就中国目前情况下的知识产权仲裁实务看，部分仲裁机构中有相当一部分的仲裁案件涉及知识产权争议，例如许可合同争议、知识产权入股争议、商业秘密争议等。仲裁界人士可以进一步探讨建立更加有效的机制或者机构。

3　仲裁当事人

3.1 多方当事人仲裁

现代商业复杂多样。多种商业模式的设计,可能使得一项交易存在多方当事人。例如,并购重组中可能存在多个投资者,合作企业中可能存在多个合作者,跨境销售中可能存在多个买方卖方,其中有些可能从未见过面。为了便利争议的解决,仲裁上就相应出现了多方当事人仲裁(Multi-party Arbitration)的概念。

多方当事人仲裁也是一个单一的仲裁,与后文我们要谈到的合并仲裁涉及多个仲裁程序不一样,指的是申请人及/或被申请人方具有多个当事人的仲裁。仲裁自愿原则使其只能发生在仲裁协议的当事人之间。但该原则可能因多方当事人而变得更为复杂。[1]

---

[1] 见1996年《联合国国际贸易法委员会关于组织仲裁程序的说明》第87条;多方当事人仲裁中可能引致复杂性的环节有,例如,当事人之间及其与仲裁庭之间的通讯(参见第33、34项及第38—41项);如争议问题在不同时间作出决定,决定的次序(第44—45项);当事人参与聆讯证人的方式(第63项);专家的委任及当事人参与考虑其报告(第70—72项);开庭时间安排(第76项);当事人在开庭时提出主张和证据的次序(第80项)。

一、类型

多方当事人通常可以归纳为两种情形:垂直模式和平等模式。垂直模式的典型是连环(链式)合同。如 A 将货物买给卖,B 将货物再转售给 C,C 又将货物再销售给 D。国际贸易中这种情况最为常见。这种情况下,合同的标的物相同,一旦该标的物产生问题(例如质量不符),则将产生连环请求权。各个单独合同可能不一定均有仲裁条款。在均有仲裁条款的情况下,各直接当事人间进行单独的仲裁程序,也会使得整个救济过程显得缺乏效率,并且也隐藏着救济矛盾或矛盾裁决的风险。连环合同中,最明显的风险,在于不同的仲裁员可能作出不同事实认定,并且对合同条款作出不同的解释,即便合同条款的措辞是相同的。这种情况下,如果能够通过一个仲裁解决各方争议,则具有极大的优势。如欲通过一个仲裁解决问题,有两种途径:一是在各方的合同中,对争议发生之后的多方当事人仲裁作出规定;二是在仲裁程序提起之后,通过合并仲裁的方式,使各方一个仲裁程序中解决争议。由于保密性等原因,连环合同由一个仲裁解决的案例也不多见。晚近各仲裁机构,纷纷增加多方仲裁的内容,以便尽最大可能,解决多方交易引起的救济不便。

由于多份合同合并进一个仲裁程序,作为一个仲裁案件下的受理范围,需要满足一定的条件,实际上这种多方当事人仲裁的情形也不多见。常见的是单一合同中出现多方当事人的情况。例如多方合资合同、合伙合同、共同从事某些事业等。多方股东成立公司涉及多方当事人。如果一方股东拟对其他当事人提出请求(相同或不同),则可依据所涉合同中的仲裁条款,同时对其他当事人提出请求。在仲裁实务,经常遇见的是这种类型的多方当事人仲裁。这种类型,仲裁协议效力方面是一致的,但仲裁员委任、开庭程序方面,可能会产生一些与单一申请人和被申请人仲裁时不一样的情形。例如,一方股东针对其他多方股东提起仲裁,而其他多方股东可能并非利益共同体或一致方,甚至其他多方股东中的某一家可能与提起申请的一方股东是利益共同体或者是因仲裁申请涉及而必须介入仲裁的傀儡当事人,这样又可能导致对立方某些程序权利无法得到充分行使。例如,不少机构仲裁规则要求其他多方当事人作为被申请人方共同选择仲裁员,而其内部并非同一利益联盟的情况下,不可能共同选择仲裁员。

在另外一种特殊情况下,A 分别与 B、C、D……签订内容相同的合同,例如售楼合同,且该合同中有仲裁条款。此时,一旦争议发生,例如 B、C、D……均起诉 A 延期交楼,此时,如 B、C、D……欲通过同一仲裁解决争议,则仅在各方当事人(包括 A)均同意的情况下,方可进行单一仲裁,以 B、C、D……作为一方当事人。在当事人众多且各方均同意的情形下,采取这种集团仲裁的方式,当然是最优的方式,既杜绝矛盾裁决,又节省各种资源。

二、仲裁员委任

如前所述,多方当事人作为仲裁一方时,仲裁员的委任是一个问题,一般应共同委任仲裁员。在多方当事人未能共同委任仲裁员的情况下,常见的有两种作法:一是由仲裁机构或其他委任机构代该多方当事人委任仲裁员;二是在各方当事人就仲裁庭的组成方式没有书面一致意见时,由仲裁机构或其他委任机构委任仲裁庭全部成员,不考虑任何一方当事人的提名。此外,还有一些作法,采取多数决定及/或抽签决定的方式,如我国台湾地区 2002 年"仲裁法"规定,当事人之一方有二人以上,而对仲裁人之选定未达成协议者,依多数决定之;人数相等时,以抽签定之。[1]另外,有些国家法律规定,当事人未能就其共同指定的仲裁员达成协议,则相关法院应宣布废除仲裁协议。

实践中,在多方当事人未能共同选定或共同委任指定仲裁员时,有权指定者仅代为指定本应由该多方当事人选定的仲裁员。这与国际上许多仲裁机构的规则不同。这样做可能出现的问题是导致某一方自始不可能享有指定仲裁员的权力。例如,A、B、C三人共同成立合资公司,其中A、B两人为关联方。合资过程中,各方发生争议。A以B、C为被申请人提起仲裁,要求解除合同。B与C未能共同指定一名仲裁员。C称,未能共同指定的理由是因为B与A是关联方,B不愿与其共同指定。此时,若B确实是处于这样一个位置,则由于C未能享有指定仲裁员的权利,C的主张将可能在今后的程序中产生一些问题。当然,此时,机构可以为一方指定仲裁员。从机构的角度,其无从判断多方当事人不能指定仲裁员的真实原因,只能在尊重一方选定仲裁员权利的基础上,公正、中立地为多方当事人指定一名仲裁员。

2012年1月1日起生效的《国际商会仲裁规则》第12条(三人仲裁庭)规定,"(6)如果存在多方申请人或被申请人,且争议应由三人仲裁庭审理的,则应由多方申请人共同提名一名仲裁员,由多方被申请人共同提名一名仲裁员,以供按照第13条的规定进行确认。……(8)如果不能按照第12条第(6)款或第(7)款共同提名仲裁员,且各方当事人不能就仲裁庭的组成方式达成一致,则由仲裁院任命仲裁庭全部成员,并指定其中一人担任首席仲裁员。在这种情况下,仲裁院可自主选择其认为适当的人士担任仲裁员,并

---

[1] 第9(5)条。

在其认为适当的时候援用第13条的规定。"《伦敦国际仲裁院仲裁规则》[1]第8条(三方或多方当事人)也规定,"如仲裁协议授权各当事人提名一名仲裁员,而争议的当事人超过两方,且其没有书面同意,为组成仲裁庭,争议的当事人分别作为申请人和被申请人代表独立的双方,则仲裁院将不考虑当事人的提名而自行委任仲裁庭成员。在此种情形下,仲裁协议应被视为当事人同意由仲裁院提名仲裁员的书面协议。"此外,《德国仲裁协会仲裁规则》[2]第13条(多方申请人或被申请人)第2款规定,"如果仲裁申请书涉及两方或以上的被申请人,则除非当事人另有约定,被申请人应自收到仲裁申请书之日起30日内共同提名一名仲裁员。……如被申请人未在规定的时限内共同提名一名仲裁员,则德国仲裁协会委任委员会在征询当事人意见后委任两名仲裁员,除非当事人另有约定。申请人一方作出的提名因德国仲裁协会委任委员会作出委任而撤销。"这些机构规则均规定,如果多方当事人未能共同选定仲裁员,则除非当事人另有约定,仲裁机构将不考虑相对方当事人选定的仲裁员人选,而委任仲裁庭的全部成员。通过这种方式,上段所述例子产生的问题得以避免。《UNCITRAL仲裁规则》第10条规定,"1. 为第9条第1款之目的,在须指定三名仲裁员且申请人或被申请人为多方当事人的情况下,除非各方当事人约定采用其他方法指定仲裁员,否则多方当事人应分别作为共同申请人或共同被申请人,各指定一名仲裁员。……3. 未能根据本《规则》组成仲裁庭的,经任何一方当事人请求,指定机构应组成仲裁庭,并可为此撤销任何已作出的指定,然后指定或重新指定每一名仲裁员,

---

[1] 1998年1月1日起生效版本。
[2] 1998年7月1日起生效版本。

并指定其中一人担任首席仲裁员。"这种处理方式与仲裁的平等原则相关,隐藏的标准类似于"既然我不能,大家都不能"。从程序角度,保证大家都处于同样无权选择仲裁员的地位。

以上两种作法,均有其价值取向。

三、审理程序的进行

除了仲裁员委任之外,在多方当事人的情况下,还有一些仲裁程序,必然要涉及与双方简单对抗时不一样的处理方式。例如,A以B、C为被申请人提起仲裁,而B以A为被申请人提出反请求,这种情况常见,也是可以处理的。但是,若B以A或C为被申请人,拟提出反请求,那么程序上又该如何处理?事实上,在实务当中,这种情况也确实会碰到。因为B与C的利益并非总是一致,甚至B与C可能也处于对立之中。若接受此种反请求,势必使得仲裁程序复杂化,从仲裁庭的组成到各项文件的提交、对抗的对象等各个方面,都处于一片乱战之中。所以实务上以简明计,通常是使得该反请求作为独立的请求另行提出仲裁。

同时,多方当事人的情况下,程序的公开公平原则,也要求所有的仲裁文件、陈述,应当为每一方所知悉,而不仅局限于被反驳或主张权利的相关当事人。例如,A虽然针对B、C提出仲裁,但其中A仅针对B提出违约金请求。相关文件的送达,不能仅在A与B之间,而应送达至所有其他当事人。否则,有可能某一方以未能陈述等程序不当的理由对仲裁裁决提出抗辩。

仲裁庭在处理程序上,也应当秉持相同的原则。例如开庭,应当给予各方同等的陈述机会。A所得到的各项庭审权利,B与C应当分别得到。

小结

从上文中大致可以看出,多方当事人仲裁与普通仲裁有差异、有共性,多数情况下,需要处理好包括仲裁协议范围、仲裁员委任、审理程序进行等方面的问题。如未满足一定条件,例如交易相关性或仲裁管辖权统一等前提,涉及多方当事人的争议并不能由一个仲裁进行解决。所以这种多方当事人共同仲裁的便利性是有限的。甚至单单紧密的交易本身,也可能无法进行多方当事人仲裁。英国法官在 *Oxford Shipping Co. Ltd. v. Nippon Yusen Kaisha*(1984)一案中评述同时开庭时提及[1]:"没有当事人的同意,仲裁员不享有命令同时开庭或类似举措的权力。非公开仲裁的概念源自于当事人已经同意仅将他们之间产生的特定争议提交仲裁。这就暗含着陌生人应被排除在庭审以及仲裁程序之外的意思,并且仲裁庭及当事人都不能坚持争议应同另一争议同时甚或一起开庭,无论其对当事人来说有多方便且争议的关系如何密切。"同时开庭如此,作为单一仲裁中的多方当事人仲裁,就更是如此。

☞ **本文涉及案例**

- *Oxford Shipping Co. Ltd. v. Nippon Yusen Kaisha*(1984)

---

[1] See Mark Huleatt-james & Micholas Gould, International Commercial Arbitration: A Handbook (1996), p.39.

3.2 刺破蒙在仲裁协议上的公司面纱

> 公司股东滥用公司法人独立地位和股东权利的行为,将会承担实体上的责任。在公司与他方签订有仲裁协议书的情况下,是否会因为仲裁协议独立性而无法适用于公司股东,从而无法针对其或由其提出仲裁?

现代企业制度下,有限公司具有独立的法人人格,以自己的财产对其债务承担责任,而股东仅以其出资额为限承担有限责任。但在某一特定具体法律关系下,为了防止公司独立人格的滥用,保护债权人的利益和社会公共利益,公司的独立人格可以被否认,公司的股东应直接承担相应的责任,这被称为公司人格否认制度(disregard of corporate personality),又称为"刺破公司的面纱"(piercing the corpration's veil)或"揭开公司面纱"(lifting the veil of the corporation),或"直索责任"。2013年修订通过的《中华人民共和国公司法》(以下简称《公司法》)第20条规定:公司股东应当遵守法律、行政法规和公司章程,依法行使股东权利,不得滥用股东权利损害公司或者其他股东的利益;不得滥用公司法人独立地位和股东有限责任损害公司债权人的利益。公司股东滥用股东权利给公司或者其他股东造成损失的，应当依法承担赔偿责任。公司股东滥用公司法人独立地位和股东有限责任，逃避债务，严重损害公司债权人利益的，应当对公司债务承担连带责任。第63条规定:一人有限责任公司的股东不能证明公司财产独立于股东自己财产的，应当对公司债务承担连带责任。我国2008年5月5日出台的《公司法》司法解释(二)规定，在某些情形下，为保护公司债权人的利益，法院可以揭开公司面纱，否定股东与公司分别独立之人格，令股东直接清偿公司债务。在我国的司法实践中，不仅股东与公司独立人格混同的情形存在公司法人人格否认，而且针对同一股东控制下的兄弟公司之间滥用公司独立性的情形，也已经有相应的案例将兄弟公司也纳入了承担债务连带责任的范畴。[1]

成立空壳公司、虚假出资、利用公司被吊销逃避债务或者利用破产或子公司逃避债务等，均是公司法人人格被滥用的表现形式，一方当事人因而蒙上了一层"面纱"。公司股东滥用公司法人独立地位和股东权利的行为，各个国家的法律会进行相应的规范，使其承担实体上的责任。那么，在仲裁中，情形又是如何？仲裁协议的独立性原则对此会有哪些影响？

在商事仲裁仲裁协议的认定上，也存在刺破公司面纱的问题，从而使得仲裁协议独立性不因为面纱的原因而无法适用于滥用面纱的一方当事人。非缔约方可能被认定是缔约一方的"另一自

---

[1] 最高人民法院于2013年1月31日发布的指导案例15号"徐工集团工程机械股份有限公司诉成都川交工贸有限责任公司等买卖合同纠纷案"首次打破了我国"刺破公司面纱"制度仅就股东与公司之间混同适用的情形，兄弟公司也被纳入了承担债务连带责任的范畴。

我",从而适用原仲裁协议。*Altain Khuder LLC. v. IMC Mining Inc.*[1]案即是如此。2009年,Altain Khuder在蒙古对IMC Mining Inc.提起仲裁。IMC Mining Solutions并非仲裁协议缔约方。仲裁庭裁决IMC Mining Inc.和IMC Mining Solutions向Altain Khuder承担责任。仲裁庭认定,IMC Mining Solutions是IMC Mining Inc.的"另一自我",经营场地、董事均相同。在执行程序中,IMC Mining Solutions根据1974年《国际仲裁法》第8(1)条和第9条,主张虽然其在仲裁裁决上被列为一方当事人,但不应针对其执行裁决。澳大利亚维克多利亚最高法院认为,Altain Khuder满足了申请执行的条件,而IMC Mining Solutions未提出可信的拒绝执行的抗辩理由。IMC Mining Solutions不得再对仲裁事项要求重新司法审理,裁决根据蒙古法律是有效的、有约束力的,可以依据1958年《纽约公约》进行执行。因而IMC Mining Solutions虽非仲裁协议签字方,但其异议申请仍被驳回。

然而,刺破公司面纱理论事实上存在适用上的解释困境,导致不同的人得出不同的结论。例如,*Langostinera Caleta Dorada SAC & Others v. TGS Peru SAC*[2]案。TGS Peru SAC(TGS)和Harinas Especiales SAC(Harinas Especiales)及Pesquera Industrial Chicama SAC(Chicama)签订的合同中包括仲裁条款。发生争议后,各方进行仲裁。仲裁庭在审理案件的过程中,认定在当事人及Langostinera Caleta Dorada SAC等之间存在欺诈证据,涉及关联公司之间转移资产,遂决定依刺破公司面纱理论,将Langostinera Caleta Dorada SAC等合并进仲裁程序。裁决作出之后,Langostinera Caleta Dorada

---

[1] 见《最新商事仲裁与司法实务专题案例》第十二卷。
[2] 见《最新商事仲裁与司法实务专题案例》第十卷。

SAC等申请撤销仲裁裁决,理由是其不受仲裁协议约束,正当程序权利受到侵犯。秘鲁利马高等法院认为,Langostinera Caleta Dorada SAC等是第三人,未签订仲裁协议,不受仲裁协议约束。因此,裁决应当予以撤销。

另外一种情况是前面提到的兄弟公司。仲裁协议是否及于同一集团下其他公司,或者同一股东控制的其他公司呢?在葡萄牙里斯本上诉法院审理的 *No. 3539/08.6TVLSB. L1-7* [1] 案中,原告以同一集团的三个公司作为被告提起诉讼,被告声称原告与三公司之一签订的仲裁协议,也适用于其他两家,因为他们同属于一公司集团。法院同意被告的主张,驳回起诉。原告遂提起上诉,称仲裁协议无法约束其他的公司,仅仅只有一家公司签订仲裁协议,其他两家不受其约束。里斯本上诉法院推翻一审法院的决定。法院认为,通常,仲裁协议仅能在双方当事人之间生效,这是合同相对性原则的体现。本案当中,只有一家公司是仲裁协议的当事人,另外两家公司并未入该协议。仲裁协议签订之后,另两家公司并未随之签订协议约定他们成为仲裁协议的一方。被告同属一集团公司,不足以将仲裁协议扩展至非仲裁协议当事人的其他公司。因此,上诉法院认为,由于其他两家公司并非仲裁协议的当事人,针对他们的诉讼程序不能以其违反仲裁协议为由被驳回。

前案涉及的集团公司中,法院不认为仲裁协议可以扩展。如果同属一集团公司,而且上级集团签订的框架协议,则在一定情况下,法院可能认定该框架协议约束其下的各集团公司。例如,上海A巴士公共交通有限公司与中国B化工股份有限公司上海石油分

---

[1] 见《最新商事仲裁与司法实务专题案例》第七卷。

公司因买卖合同纠纷案[1]即是这种情况。上海市第二中级人民法院认为，本案所涉《购销协议》虽然是被上诉人与 D 集团公司签订，但是该协议系 D 集团公司为包括上诉人在内的 32 家下属公交单位向被上诉人集中采购成品油而签订的框架协议，并且上诉人实际向被上诉人采购的油品也与《购销协议》的约定相一致，加之本案纠纷涉及的又是上诉人改制前与被上诉人发生的业务，在上诉人不能进一步举证其与被上诉人之间存在其他书面协议的情况下，原审法院认定上诉人与被上诉人的纠纷受《购销协议》约束并无不当。基于《购销协议》中已经明确载明双方在协议履行中发生争议，协商不成的，由上海仲裁委员会仲裁，原审法院据此裁定驳回上诉人的起诉正确，法院予以支持。

公司面纱可否刺破以及刺破到何种程度，是否会因此影响到面纱两边当事人所签订仲裁协议的效力，应根据具体情况进行分析。在分析过程中，诚信原则和权利不得滥用，应当被充分考虑和尊重。从这种价值角度判断，仲裁协议独立性原则也不应被滥用，否则，这项原则也可能成为一层似是而非的面纱。

☞ 本文涉及案例

- Altain Khuder LLC. v. IMC Mining Inc.
- Langostinera Caleta Dorada SAC & Others v. TGS Peru SAC
- 葡萄牙里斯本上诉法院审理的 No. 3539/08.6TVLSB.L1-7
- 上海 A 巴士公共交通有限公司与中国 B 化工股份有限公司上海石油分公司买卖合同纠纷案

---

[1] 见《最新商事仲裁与司法实务专题案例》第十二卷。

3.3 仲裁程序中的第三人

仲裁实务中,经常可以遇到一方当事人希望将非仲裁协议缔约人的案外人作为仲裁当事人的情形。在某些特殊情况下,仲裁协议的范围确可以扩展到未签字的一方当事人。但是,由于仲裁区别与诉讼的特殊性,仲裁程序中,不应当存在非仲裁协议一方的其他案外人,即所谓的第三人。

第三人是一个常见的诉讼法律概念。但在仲裁上,大部分国家的仲裁法都没有像民事诉讼法一样规定第三人制度,不过在仲裁实务中,由于交易的性质或者是出于解决争议的便利或是当事人的误解,第三人一词经常被提起。一般所说的仲裁第三人大致可能涉及以下几种情形:仲裁协议的第三人、裁决执行当中的第三人以及仲裁程序进行过程中的第三人。仲裁协议的第三人是指非仲裁协议的表面签订者(但可能因扩展、继受、援引或其他某种形式而成为仲裁协议的当事人[1]),或者也可指不具有任何形式的仲裁协议关系的第三人。执行裁决过程中的第三人是指仲裁裁决作出后,裁决所涉及的仲裁当事人以外的人。仲裁程序进行过程中的第三人是指非仲裁程序的当事人申请参加到,或者被仲裁当事人要求追加到,或者被仲裁庭通知加入到已经开始的仲裁程序中。本文主要探讨最后这一种情况。

一、概述

国际上,除了不多见的例外,"只有合同的当事人才能成为仲裁的当事人"(Only a party to the contract can be a party to the arbitration)[2],是广为接受的原则。我国《仲裁法》也没有规定所谓的仲裁第三人,但受诉讼和过去行政仲裁、劳动仲裁及其他一些因素的影响,国内一些学者主张建立仲裁第三人制度。一些国内的仲裁机构,在仲裁规则中新增加了关于追加第三人的规定。[3]这一观点及作法值得探究。实际上,不论是国内还是国外,实行真正意义上仲裁第三人的法律制度非常罕见。正因为这个缘故,有关仲裁第三人的案例不多。法院在前文援引轻纺公司案中所阐述的观点可以说也同时代表了国际上关于这个问题的态度。

提出仲裁第三人,应主要是受民事诉讼第三人制度的影响。在民事诉讼中,第三人是指对当事人之间争议的诉讼标的有独立的请求权,或者没有独立的请求权,但案件的结果与他有法律上的

---

[1] 这种情形事实上已经不属于"第三人"的本来含义之内,成为了仲裁协议的当事人。

[2] See Michael P. Reynolds, *Arbitration* (1993), p. 51;同见刘振江:《国际民事诉讼法原理》,法律出版社1985年第1版,第149页。

[3] 见张竹生:《设立仲裁第三人的难点与风险探析》,载于《仲裁与法律通讯》1999年第3期,第13页。

利害关系,因而参加到当事人已经开始的民事诉讼中来进行诉讼的人。[1]第三人可分为两类:有独立请求权的第三人和无独立请求权的第三人。第三人参加诉讼的时间在民事诉讼开始以后、案件审理终结以前,其目的在于维护自己的利益。有独立请求权的第三人参加诉讼,实际上是提起了一个新的诉,在这个诉中,原告是该第三人,被告是原诉中的原告和被告,诉讼标的是本诉中的诉讼标的全部或部分,诉讼理由是在独立请求权的第三人主张的事实和理由。有独立请求权的第三人参加诉讼以后,承受原告的诉讼权利和义务。有独立请求权的第三人参加诉讼的方式只能是以起诉的方式参加。法院在审理案件的过程中发现存在有独立请求权的第三人,如没有提出诉讼请求的,应通知其诉讼发生的情况,但不能主动追加其为当事人。有独立请求权的第三人提起的诉讼虽与本诉有联系,可以合并审理,也可以分开。有独立请求权的第三人有权决定或者参加他人已经开始的诉讼程序,或者自己另行起诉,或者放弃权利不提出任何请求,或者在本诉终结之后另行起诉。无独立请求权的第三人是指对当事人之间争议的诉讼标的虽然没有独立的请求权,但案件的处理结果,可能同他有法律上的利害关系,为了维护自己的利益而参加到已经开始的诉讼中来的人。他可以自己申请参加诉讼,法院也可以通知其参加诉讼。

民事诉讼第三人制度的产生是社会经济、司法实践和法学理论探索的共同产物。民事诉讼法中设立第三人制度,有利于彻底解决彼此有联系的各种争议,保证法院在审理案件时不割断相互之间有内在联系的法律关系,保护当事人的合法权益,同时也是为了简化程序,减少讼累,提高审判效率,防止法院对同一问题作出

---

[1] 可参见自2013年1月1日起施行的我国《民事诉讼法》第56条。

互相矛盾的判决。

　　设立诉讼第三人制度的必要性，事实上，对于同样作为一种争议解决方式的仲裁而言，似乎也是存在的。在仲裁程序中，同样也存在案外第三人对当事人之间争议的仲裁标的有独立的请求权或案件的处理结果与其有法律上利害关系的情形。正因为诉讼第三人制度的优越性以及诉讼程序与仲裁程序的相似性，可否在仲裁法上确立类似于诉讼第三人的制度引起人们的注意，并在实务和理论上不断被提起。

　　仲裁法实施后，中国法律界对这个问题也展开了讨论，赞同者认为，所谓仲裁第三人就是指对仲裁当事人的争议标的有独立的请求权，或虽无独立的请求权，但案件的处理结果同他有法律上的利害关系，为保护自己的合法权益而参加到仲裁程序中的人。根据这个定义，仲裁第三人亦包括有独立请求权的第三人和无独立请求权的第三人两种。[1]认为仲裁程序中应设第三人制度的理由，基本上可以归纳为准司法说和区别对待说。

　　持这一观点的人把仲裁的准司法性作扩大解释，认为仲裁协议的效力、仲裁员的权力、仲裁裁决的承认和执行等方面的依据，均来源于国家法律，换言之，以仲裁方式处理合同和财产权益纠纷是国家认可的一种法律制度，仲裁具有准司法性，因此仲裁员可像法官一样，依案件情况追加第三人参加仲裁。根据第三人在仲裁活动中所处地位和利害关系的不同，可分为两种情况：有独立请求权的第三人参加仲裁是为了维护自己的合法权益，以独立的实体权利人的资格，向仲裁机构提起了一个新的诉求。而无独立请求

---

〔1〕　参见谭兵主编：《中国仲裁制度研究》，法律出版社1995年版，第128—129页；刘传慕：《对仲裁庭追加第三人的法律分析》，载《人民司法》1998年第9期，第27页。

权的第三人参加仲裁,是因为案件的处理结果可能使他负有法律义务,因此参加到一方当事人进行仲裁活动。虽然整个仲裁程序因第三人的加入而面临两种法律关系,但是仲裁机构应把两个方面的争议合并审理,以便彻底解决全部争议。[1]也有人认为,有独立请求权的第三人以提出仲裁申请的方式参加仲裁,其可能与已开始仲裁程序的当事人之间有仲裁协议,也可能没有。在没有仲裁协议的情况下,有独立请求权的第三人之所以能获得仲裁当事人的资格,是因为仲裁协议的效力有一定的扩张性。而无独立请求权的第三人参加仲裁程序并不以该第三人与其支持或反对的一方有仲裁协议为前提,而且其参加仲裁程序的方式或者是自己申请参加,或者是由仲裁庭通知参加。[2]

而按照区别对待的观点,仲裁和民事诉讼是解决民商事争议的重要方式,都属于解决民商事纠纷的法律制度,两者均可设立第三人制度,但应有所区别。不加区别地设立仲裁第三人制度,势必会影响仲裁法律关系的整体性和仲裁制度的发展;不加限制地允许仲裁庭追加第三人参加仲裁,会引起仲裁程序的混乱,损害了仲裁的优越性,从而损害了当事人的合法权益。具体说来,对于有独立请求权的第三人,因其对双方争议的标的享有实体权利,仲裁庭应依其申请允许其参加仲裁活动,无论其与仲裁当事人是否订有仲裁协议,都不影响其以第三人的身份参加到仲裁程序中来;对于无独立请求权的第三人,凡其与仲裁当事人一方订有仲裁协议且

---

[1] 参见《仲裁员手册》,山西人民出版社1995年版,第115—118页。
[2] 参见谭兵主编:《中国仲裁制度研究》,法律出版社1995年版,第128—132页。

符合第三人条件的,仲裁庭均可追加;没有仲裁协议的,则不可追加。[1]

上述关于第三人的看法,有一个共同的不足,那就是基本照搬诉讼法上的第三人制度,只看到仲裁程序与诉讼程序的共同点,没有看到仲裁与诉讼的区别。诉讼是以国家强制力为后盾的,法院行使的是国家审判权,其管辖权的取得不以当事人的同意为必要条件。而仲裁作为一种解决民商事争议的非司法方式,仲裁机构以及临时仲裁庭都具有民间性,其管辖权的取得必须是出自当事人的合意。关于仲裁的性质,国内外不少学者进行过深入的研究,形成了司法权说、契约说、混合说、自治说等主要观点。[2]但无论哪种学说,都承认,仲裁的最大特点是尊重当事人意思自治,而认为第三人可以不经已开始仲裁程序的当事人同意,通过自己申请或者依据仲裁庭通知而参加仲裁程序,必然使仲裁管辖蒙上诉讼化的色彩,具有非契约性和强制性,从而与仲裁的本质相悖。仲裁协议是仲裁争议的基础和依据,仲裁员不能处理该协议范围之外的争议。[3]因此,如果第三人与仲裁当事人之间不存在仲裁协议,第三人参加仲裁无从谈起。

另一方面,即使当事人与第三人之间有仲裁协议,如果申请人只向某个人即被申请人主张权利,而没有向其他的仲裁协议当事人主张权利,仲裁庭只能尊重当事人的意愿,不能越俎代庖追加第三人,即便第三人得知仲裁程序开始后主动要求参加仲裁,仲裁庭

---

[1] 参见刘传慕:《对仲裁庭追加第三人的法律分析》,载《人民司法》1998年第9期,第27页。

[2] 参见韩健:《现代国际商事仲裁法的理论与实践》,法律出版社1993年第1版,第27—33页。

[3] See Michael P. Reynolds, *Arbitration* (1993), p.4.

也不能超越当事人的意愿而同意其参加仲裁,第三人也完全不必担心自己的利益没有保障。如果当事人的请求与第三人有法律上的利害冲突,那么其请求可能不能或至少不能全部成立并得到仲裁庭的支持;第三人如认为自己的利益受到仲裁程序的威胁,可以依据仲裁协议另行申请仲裁,如没有仲裁协议可直接向有管辖权的法院起诉。[1]

当然,如果已开始仲裁程序的当事人与第三人达成一致意见,第三人因而参加仲裁程序,此时三方实质上是形成了一个新的仲裁协议,新的仲裁程序实质上取代了原仲裁程序(虽然可能仍由原仲裁庭审理继续审理),第三人也就演变为一方仲裁当事人。在这种情况下,仲裁第三人与诉讼第三人无任何相似之处。国际上也大多认为,仲裁条款是当事人意思表示一致的结果,不允许将未签约的第三方纳入[2],除非第三方也是同一仲裁协议的签订者,否则它就不能介入另外两方当事人的仲裁中去;第三方仅与参与仲裁的一方当事人订有仲裁协议,也不能介入另外两方当事人的仲裁。[3]"仲裁庭的权力是有限的,当事人不能授予仲裁庭超越适用于仲裁协议或仲裁程序的法律所允许的权力。对于那些并非仲裁的当事人来说,这尤其重要"。[4]

---

[1] 参见黄进、徐前权、宋连斌:《仲裁法学》,中国政法大学出版社1997年第1版,第104页。

[2] 参见比烈兴:《论仲裁协议》,载《国际商事仲裁文集》,中国国际商会仲裁研究所编译,中国对外经济贸易出版社1998年第1版,第57页。

[3] 参见谷口安平:《仲裁程序中的一些问题》,载《国际商事仲裁文集》,中国国际商会仲裁研究所编译,中国对外经济贸易出版社1998年第1版,第101页。

[4] See Mark Huleatt-james & Nicholas Gould, *International Commercial Arbitration: A Handbook* (1996), p. 70.

二、国外法律与实践

如前所述,大部分国家不存在仲裁第三人的概念。但有一些国家的仲裁法或者商事仲裁机构仲裁规则,对仲裁第三人作出规定,虽然这种规定并不是很普遍。比如《荷兰仲裁法》规定了三种第三人参加仲裁的情况[1]:一是第三人与仲裁程序的结果有利害关系的,可以自行申请并经仲裁庭同意,参与仲裁;二是一方当事人向第三人索赔,可以申请第三人参与仲裁;三是第三人根据与仲裁协议当事人之间的书面协议,可以参与仲裁。在上述三种情况下,一旦仲裁庭准许第三人参与仲裁程序,第三人即成为仲裁程序的一方当事人。比利时于1999年5月19日修改、1998年8月17日开始生效的《仲裁法》规定:仲裁的一方当事人可以要求第三方参加仲裁程序。第三方也可以自动请求加入仲裁程序。仲裁庭必须一致接受第三者的加入。而且,原先的当事人和新加入的当事人必须签订一份仲裁协议。[2]

由于第三人在实务中屡屡被提及,不少仲裁机构的仲裁规则开始对此作出规定,但其实质仍是基于意思自治。有些机构仲裁规则中会规定第三人的情况。例如2004年《日本商事仲裁协会商事仲裁规则》之规则26、40。规则40(加入仲裁程序)规定了第三人参加仲裁的条件:1. 第三人同意;2. 当事人同意;3. 仲裁庭同意。只有同时满足这三个条件,按照该仲裁协会的规则,第三人才可能参与仲裁。而规则26则规定第三人参加仲裁时的程序上相应的变动。2004年《瑞士国际仲裁》规则第4条第2款规定:当第

---

[1] See Mark Huleatt-james & Nicholas Gould, *International Commercial Arbitration: A Handbook* (1996),第1045条。

[2] 参见《仲裁与法律通讯》,1999年2月第1期,第3页。

三方请求加入依据本规则正在进行的仲裁程序或者依据本规则正在进行仲裁的当事人意图促使第三方加入仲裁时,仲裁庭应在与所有各方当事人协商,并且综合考虑所有其认为有关的与适当的情形后,对该等请求作出决定。一般地,仲裁规则中有关第三人的规定与合并仲裁、追加当事人等密切相关。

第三人参加仲裁主要有以下几种情形:

1. 当事人和第三方的同意。经当事人或第三方要求,在达成仲裁协议的基础上,第三人参与仲裁。国际体育仲裁委员会与《体育仲裁院章程及规则》R41.4(合并仲裁和参加仲裁的共同规定)规定,第三人仅在受仲裁协议约束或与其他当事人达成书面协议的情况下,方可参加仲裁程序。此种同意不仅仅是加入仲裁的同意,还应是对诸如仲裁庭组成等的所有程序问题的同意,否则不能构成一致同意。因此,在这种情况下,其实是开始了一个新的仲裁程序。

2. 仲裁庭同意和决定。仲裁庭的允许,是在第三方的主动请求,或者当事人的申请,或者是当事人和第三方均同意的基础上,例外情况下也能由仲裁庭主动追加。仲裁庭对于此类情形,有权决定是否允许第三人参加。这主要是《荷兰仲裁法》和《日本商事仲裁协会仲裁规则》的规定。《比利时司法法典》第1696b条也规定:(1)任何受影响之第三人得向仲裁庭申请加入程序。此项申请应向仲裁庭书面提出并由其发送各当事人。(2)一方当事人得向第三人送达合并审理通知。(3)在任何情况下,为获接纳,第三人之加入要求其与争议之各当事人之间订有仲裁协议,而且,还必须经仲裁庭一致同意。此外,依据2004年《瑞士国际仲裁规则》,第4(2)条规定,当第三方请求加入依据本规则正在进行的仲裁程序或者依据本规则正在进行仲裁的当事人意图促使第三方加入仲裁时,仲裁庭应在与所有各方当事人协商,并且综合考虑所有其认为有关的与适当的情形后,对该等请求作出决定。

3. 法院同意。美国为典型,在支持第三人仲裁的州里,通过法院中止诉讼程序来达到第三人参与仲裁的目的。因此,带有一定的强制性。实际上是法院对其职能的部分让与。

即使明确规定了仲裁第三人制度的国家,仲裁第三人与诉讼第三人也不可同日而语。对于第三人参与仲裁,各国一般给予严格限制,需要该第三人与仲裁当事人达成一致意见,甚至还需要仲裁庭同意。《荷兰仲裁法》的规定实际上赋予仲裁庭过大的自由裁量权,该权力甚至超过仲裁自愿性和仲裁协议的效力,可以仅凭当事人或第三人的申请而同意第三人参加。这是一种理念和价值判断上的取舍。虽然现在国际上的趋势是支持仲裁,给予仲裁更大的空间,但荷兰的做法,实际上对于大部分国家而言并不可取,也不宜直接借鉴。它虽然可能有利于仲裁的效率,却无形中强调了仲裁的司法性或诉讼化特性,反过来又可能影响仲裁的若干固有优势,如保密性、自主性。虽然有些规则,可能赋予仲裁庭一些额外的权力,如《伦敦国际仲裁院 1998 年仲裁规则》第 22 条第一款 h 项规定,在并仅在一方当事人申请时,仲裁庭可以允许第三人作为一方当事人参与仲裁,假设第三人和提出该申请的当事人书面同意并且此后就因此涉及的所有仲裁当事人作出单一的或分开的终局裁决。但是,如上所述,在 *Oxford Shipping Co. Ltd. v. Nippon Yusen Kaisha*(1984)案中,英国的法官认为,陌生人应被排除在仲裁审理和程序之外,仲裁庭或任一方当事人都不能坚持该争议与另一争议同时甚至一致审理,不管对他们来说这可能多么方便或争议的关系多么密切。[1]因此,伦敦仲裁院上述规则的实效,取决于仲裁程序准据法是否允许仲裁第三人的存在。

美国法院对仲裁协议的一方当事人针对仲裁协议的另一方当事人和不受仲裁协议约束的第三方提起诉讼产生的程序性问题有不同的作法。在某些类型的案件中,法院可能试图使有利害关系的第三方和仲裁协议的双方同意进行多方仲裁。在 *Dale Metals Corporation v. KIWA Chemical Industry Co.* 一案中,其中一个被告在已经于日本开始的仲裁程序终结之前请求中止法院程序,考虑到拒绝中止联邦诉讼程序"将损害大力支持仲裁的联邦政策",在所有的被告书面同意参加未决的仲裁程序并受其裁决结果约束的条件下,法院中止了诉讼程序。[2]法院有可能采取另一种作法,即在仲裁庭作出裁决之前停止针对第三人的诉讼程序,其目的也是为了避免支持仲裁的联邦政策受损。[3]

美国第三巡回上诉法院 2010 年判决的 *Invista S. À. R. L. & Others v. Rhodia, S. A.*[4]案也涉及追加第三人的情形。20 世纪 60 年代末期,Invista 的前身与 Rhône-Poulenc 签订一份合资合同,其中包括仲裁条款。1997 年,Rhône-Poulenc 将其权益转让给 Rhodia 的附属公司。2007 年,Rhodia 的附属公司针对 Invista 提起仲裁,并随后将 Rhodia 追加为当事人。随后,Invista 在特拉华州的法院针对 Rhodia 提起诉讼。Rhodia 要求将案例移送至特拉华州地区法院,并申请将案件驳回,或根据《联邦仲裁法》第 3 条或法院裁量权命

---

[1] 见《仲裁与法律通讯》,1999 年 2 月第 1 期,第 3 页。
[2] See Gerald Aksen and Wendy S. Dorman, *Application of the New York Convention by United States Courts: A twenty-Year Review*, in 1 (1991) *The American Review of International Arbitration*, vol. 2, p. 76.
[3] See Ibid.
[4] 见《最新商事仲裁与司法实务专题案例》第十二卷。

令停止程序进行仲裁。2009年5月20日,地区法院驳回Rhodia的申请,认定Invista不受合资合同中的仲裁条款管辖,因为Invista并非合资合同的当事人。地区法院也认为,Rhodia并未有证据存在需要法院裁量权救济的特别情形。Rhodia随后提起上诉。2010年1月13日,仲裁庭作出部分裁决,认定其缺乏对Rhodia的管辖权,理由是Rhodia在合资公司的利益不足以推断出其同意了合资合同中的仲裁条款。美国第三巡回上诉法院驳回上诉,认为仲裁庭作出的无管辖权决定使得上诉使去了意义。法院认定,Rhodia无法得到其寻求的救济,根据仲裁庭的决定,Rhodia无法与Invista通过仲裁解决争议。

三、中国法律与实践

按照中国仲裁法的规定,"当事人采用仲裁方式解决纠纷,应当双方自愿,达成仲裁协议。没有仲裁协议,一方申请仲裁的,仲裁委员会不予受理"。"当事人申请仲裁应当符合下列条件:(一)有仲裁协议……"。"仲裁协议包括合同中订立的仲裁条款和以其他书面方式在纠纷发生前或者纠纷发生后达成的请求仲裁的协议"。[1]这里就明确了参加仲裁所具备的实质要件(自愿,意思一致)和形式要件(书面仲裁协议)。没有仲裁协议而申请提起或参加仲裁,只是单方面的自愿,必然有悖于相对方的意愿。

实务中时常遇到申请人或被申请人出于种理由要求仲裁庭追加第三人,或者案外人要求以第三人身份参与仲裁的情况。如在1998年香港某地产公司诉澳门某地产公司关于解除合作协议书争

---

[1] 见1995年我国《仲裁法》第4、16、21条。

议案中[1],因系争地产在祖国内地,且涉及澳方将其与内地当事人的合同项下权利义务转让给港方的行为,因此,澳门当事人申请追加内地的某公司为第三人,以便在仲裁庭主持之下进行调解。但是,仲裁庭认为,内地方并没有签订仲裁协议,不能追加到本案当中,即使是为了调解的方便。有关各方可在仲裁庭外进行和解,如需参加仲裁,则必须以仲裁协议为基础。

在这一点上,诉讼程序与仲裁程序虽泾渭分明,但标准一致。仲裁程序不能将无仲裁协议的第三方拉进仲裁程序,同样,诉讼程序也不能将有仲裁协议的第三方拉进诉讼。最高人民法院《关于在经济审判工作中严格执行〈中华人民共和国民事诉讼法〉的若干问题规定》第9条规定:"……与原告或被告约定仲裁或有约定管辖的案外人……均不得作为无独立请求权的第三人通知其参加诉讼。"例如,郭某某等与河南某某保险代理有限公司保险合同纠纷案[2]中,第三人中国某某财产保险股份有限公司洛阳分公司在首次开庭前对管辖权提出异议,第三人认为:原告郭某某与其在保险合同中约定争议解决方式是提交洛阳仲裁委员会处理,因此提出异议认为洛龙区人民法院不应受理此案,应有洛阳仲裁委员会受理。经审查,法院认为:原告郭某某与第三人中国某某财产保险股份有限公司洛阳分公司签订的保险合同中,明确约定争议解决的方式是提交洛阳仲裁委员会处理。既然双方当事人在保险合同中明确约定了争议解决的方式是提交洛阳仲裁委员会处理,另根据《关于在经济审判工作中严格执行〈中华人民共和国民事诉讼法〉的若干问题规定》,与原告约定仲裁的案外人受诉人民法院不得作

---

[1] 该案系华南国仲受理,未公开。
[2] 见《最新商事仲裁与司法实务专题案例》第十卷。

为无独立请求权的第三人通知其参加诉讼。故本案不应直接由法院审理。

事实上,关于仲裁第三人,正如轻纺公司案中最高人民法院所明确指出的:"本案当事人均应受该合同条款的约束;即使本案涉及第三人,在仲裁庭不能追究第三人责任的情况下,轻纺公司可以以第三人为被告向人民法院另行提起诉讼,当事人的合法权益仍然可以得到维护。"该案当中轻纺公司正是提出此种答辩,即认为"本案涉及第三人……只有人民法院审理此案,才能查清事实,保护当事人的合法权益"。本案的焦点不在于第三人是否能参加仲裁,但是最高人民法院的这个裁定从另一个侧面却表明了,(1)仲裁庭在没有仲裁协议的情况下不能追究第三人的责任;(2)第三人的利益并不会因为没有参加仲裁而不能得到保护;(3)因第三人而主张由法院一并审理的抗辩无效。最高人民法院在此处并没有认为此案可允许第三人参加仲裁,也没有认为使仲裁协议的当事人及第三人一起受诉讼的约束从而达到保护当事各方利益的目的。在另一个案件中,最高人民法院也表达了同样的意思,认为仲裁裁决不能涉及仲裁协议之外的当事人[1],即使第三人是主债务的保证人;仲裁当事人有权以第三人为被告,单独在法院提起诉讼。晚近关于担保人不受主合同仲裁条款约束的不少司法案例,已经很明确地表明了最高人民法院在利益相关的第三人是否参加仲裁上的观点。

法院对仲裁中第三人的态度无论是支持或者是反对,都是基于国家强制力,是由司法性质决定的。一方面暴露了各国司法对

---

[1] 东方国际集团上海市对外贸易有限公司与兰州金城旅游服务(集团)有限责任公司保证合同关系确认纠纷上诉案。参见《中华人民共和国最高人民法院公报》1999年第3期,第102—104页。

仲裁的态度,另一方面也揭示出仲裁在其性质和价值取向上遇到了一些冲击。单纯从效益角度考虑,仲裁庭追加第三人或者同意第三人参与仲裁,可能有利于当事人的一方或者多方利益。但是,效益的最大化不是赋予仲裁庭管辖仲裁协议外第三方的原因。相反,因此导致的仲裁员权力过大不能完全排除对弱方当事人或持异议的少数当事人的利益的侵害。当然,所涉当事人再签订仲裁协议,或者已开始仲裁程序的当事人一致同意扩大当事人的数目并就仲裁程序作出新的安排,则除外。不过,实践中当事人很少能够重新达成协议或者同意合并仲裁或追加当事人的。因为并不是所有的当事人都愿意使争议得到迅速解决,有时候他们正好是争议的始作俑者,争议的解决就意味着对他们不利。而且,如果重新达成仲裁协议进行仲裁,也不是以所谓第三人的形式参加仲裁,而是加入某一方。仲裁程序的设定,是基于对等和平等原则考量,在很多情况下,只有双方,才可能存在对等,一旦加入第三方,则无法形成平衡,并会破坏既定的程序安排,例如,在当事人自行选择仲裁员上,以第三方名义加入和存在,势必影响程序稳定性。在上述案例中,仲裁庭的处理方式并不影响败诉一方向法院起诉第三人的权利,虽然这存在一个风险,即两头败诉。[1]

根据我国《仲裁法》的规定,没有仲裁协议的,或者裁决的事项不属于仲裁协议的范围或者仲裁委员会无权仲裁的,经当事人的申请,裁决可被撤销或者不予执行。1958年《纽约公约》规定,无仲裁协议或裁决的事项超出仲裁协议所规定的范围的,被请求执行

---

〔1〕 参见杨良宜:《国际商务仲裁》,中国政法大学出版社1997年第1版,第451—452页。为避免法院和仲裁庭作出的不一致的裁决,有人提出几种解决方式,如:由法院促成有利益关系的第三方当事人和原来的两当事人之间同意一个多方当事人的,或由法院中止针对第三方而进行的法院诉讼程序直至仲裁员作出裁决。

的法院可以依据被申请人的请求,拒绝承认和执行裁决。不难看出,仲裁裁决作出后,败诉方如果不能自动履行的话(情况经常是这样),胜诉方申请法院强制执行裁决,必然会遇到抗辩。败诉一方的抗辩如果是基于没有仲裁协议的理由,而该裁决的当事人之间确实是不存在仲裁协议,那么根据中国法律和《纽约公约》的规定,则该裁决或被撤销(内国裁决),或不予执行。区别对待说认为第三人可以有条件地参加仲裁,就使这种风险无限制存在,因此,和主张第三人可以参加仲裁的观点一样是不可取的。

仲裁中不应存在所谓的第三人,正是基于仲裁的几个原则和优点:首先是自愿原则。仲裁的自愿原则体现于仲裁的整个仲裁程序中,是其区别于诉讼的最首要之处。审理仲裁案件的最主要依据是当事人自愿达成的仲裁协议,而作为非仲裁协议的第三人,并没有与仲裁当事人自愿达成这种意思表示,因而没有参与仲裁的权利或义务。因此,从这个角度来度,契约不约束第三人原则也是阻却第三人参与仲裁的理由。从另一个方面来讲,自愿原则也体现在申请人对被请求对象和请求事项的自愿选择上。其次是保密性。保密是国际商事仲裁的重要特点之一。[1]仲裁当事人出于某种理由,或是商业秘密,或是商业信誉,或是其他别的理由,可能不大愿意把这种争议的实体或程序甚至是产生争议这种事实公之于世,而如果有第三方当事人参与仲裁,仲裁的这种优点显然就要失去,也有违当事人采取仲裁解决争议的初衷。第三是民间性。处理仲裁案件的仲裁机构是非官方的民间机构,进行仲裁的权力来源于当事人的授权,而不像诉讼具有国家强制力作为后盾。赋

---

[1] See Mark Huleatt-james & Micholas Gould, *International Commercial Arbitration: A Handbook* (1996), p.36.

予仲裁机构追加第三人的权力,有可能损害仲裁机构的民间性。同时,允许第三人参与仲裁可能扩大法院对仲裁的干预。第四是经济性。一般来说,第三人的加入会导致仲裁程序的拖延,使仲裁程序更为繁琐,也会增加当事人的仲裁费用,因此,从经济的角度考虑,也有悖于仲裁的快速和便捷的优点。第五是法定性。法律允许当事人双方约定采取仲裁方式解决争议,以此排除法院的管辖权。但是对于第三人,法律没有作规定,司法的强制性并没有放弃对第三人的效力,因此,第三人和仲裁一方或双方当事人之间的争议解决方式及其效力不受法律保护。

从仲裁的概念看,"仲裁即指以司法方式进行的一致程序或合意程序(consensual process),通过该程序双方或多方间的争议为仲裁员的决定最终解决。仲裁员的决定对双方当事人有约束力且在法律上可以执行"[1];"从广义上讲,仲裁指依当事人将既存的或潜在的争议提交独任或多人仲裁庭作出决定的协议开始的非公开程序(private process)"[2]。显然,无论是一致或合意程序还是非公开程序,仲裁本质上是双方合意的体现,双方当事人必须以仲裁协议的方式确定同意仲裁,这是仲裁的原则和出发点。在某些特殊情况,仲裁协议的范围可以扩展到未签字的一方当事人。但只有在有效扩展的前提下,才可能导致存在一有效仲裁协议,从而当事人才能成为仲裁协议的主体和仲裁程序的主体。

☞ **本文涉及案例**

- *Oxford Shipping Co. Ltd. v. Nippon Yusen Kaisha*

---

〔1〕 See Michael P. Reynolds, *Arbitration* (1993), p. 3.
〔2〕 See Mark Huleatt-james & Micholas Gould, *International Commercial Arbitration: A Handbook* (1996), p. 3.

- *Dale Metals Corporation v. KIWA Chemical Industry Co.*
- *Invista S. À. R. L. & Others v. Rhodia, S. A.*
- 郭某某等与河南某某保险代理有限公司保险合同纠纷案
- 香港某地产公司诉澳门某地产公司关于解除合作协议书争议案

4　仲裁员

들어가며

4.1 仲裁员的身份冲突

仲裁员通常不是全职的。来源于各行各业的专业人士都可能担任仲裁员。此外,由于制度设计的原因,仲裁员还可能同时从事其他程序。冲突因而就可能产生。下文简要论述常见的几种类型的冲突,以及可能产生的影响,并对解决措施提出建议。

前言

所谓仲裁员的身份冲突,或称角色冲突,是指作为仲裁员的身份[1]与其他身份之间存在重合或接替,因而影响了仲裁程序以及争议的解决。冲突分两种,一种是同时存在的冲突,例如法官和仲裁员身份、律师和仲裁员身份同时具备,即身份重合引起的冲突。

---

[1] 原则上,只要是具有法律行为能力的自然人均可以担任仲裁员。不过,根据适用的法律或规则,作为仲裁员,通常需要满足一定的资格条件。参见林一飞著:《国际商事仲裁法律与实务》,第178—181页。

另外一种是先后存在的,例如先作为调解员再作为仲裁员、先作为仲裁员再作为代理人等,即身份接替引起的冲突。身份重合有其存在的必然性,身份接替也具有存在的可能性。前者是因为通常情况下,仲裁员是由各个相关行业的专业人员担任,例如法律、贸易、工程等[1];此时潜在仲裁员不可能为了担任仲裁员,而辞去原来的职位或不再从事原来的职业。后者是因为,仲裁程序是一种灵活的程序,同时也只是诸多争议解决程序的一种,因此,仲裁员可能以其他身份,出现在相关的争议解决程序中。但有些重合或接替可能导致某种问题的产生,即产生冲突。本文简要论述常见的几种类型的冲突,以及可能产生的影响,并对解决措施提出建议。

一、仲裁员和调解员

身份冲突或角色冲突中较重要的一点是仲裁员和调解员身份的冲突。一般情况下,如果当事人同意调解员可以作为仲裁员或者仲裁员可以作为调解员,则调解员和仲裁员身份冲突不存在。许多仲裁或调解法律或规则(包括程序规则和行为规范)均对身份冲突问题作出规定。例如1980年《UNCITRAL调解规则》第19条(调解员在其他程序中的作用)规定,双方当事人和调解员应保证调解员在涉及调解程序主题的争端的任何仲裁或司法程序中不得担仲裁员或一方的代表或律师。2002年《UNCITRAL国际商事调解示范法》[2]第12条(调解员担任仲裁员)规定,除非当事人另有约定,调解员不应当担任对于曾经是或目前是调解程序标的事项

---

[1] 例如我国《仲裁法》第13条对仲裁员资格条件的要求,以及《重新组建仲裁机构方案》中不存在专职仲裁员的规定。

[2] 联合国2002年11月19日第52次全体会议通过。

的争议或者由于同一合同或法律关系或任何与其有关的合同或法律关系引起的另一争议的仲裁员。调解员和仲裁员身份冲突的问题可以分成两种情况:一是先调解后仲裁;二是在仲裁的过程中进行调解。有必要指出,此处有关调解员和仲裁员角色冲突问题的讨论也同样适用于其他 ADR 程序[1]中的中间人与仲裁员的角色冲突。应当强调,无论是哪种方式,均应保证仲裁员公正独立。如果因为两种身份的混合导致当事人的权利受到侵害或者可能受到侵害,那么,这种程序就不是一种合适的程序。

(一)先调解后仲裁

这种作法通常被称为 Med-Arb,即双方先进行调解程序,如果调解不成,再进行仲裁程序;如果调解成功,也可以通过仲裁程序作出裁决。[2]除非当事人另有约定,调解不成的,调解员不应当再担任相关争议的仲裁员。其依据是,调解和仲裁虽然同样是因自愿而启动的程序,但二者在操作上存在差别。调解员与当事人可以单方面接受或采取其他灵活的方式,而双方当事人在调解程序和仲裁程序中的策略可能完全不一样。如果调解员作为仲裁员,就可能存在前入为主的印象,从而可能损害仲裁的公正性。

各国/地区的争议解决立法和规则(仲裁规则和调解规则)对此作了大致类似的规定。例如,1996 年《印度仲裁和调解法》第 80 条(调解员在其他程序中的作用)(a)项规定,调解员不应当在与该调解程序管辖下的一项争议有关的任何仲裁或司法程序中作为仲裁员,或作为一方当事人的代表或律师。《澳门核准仲裁制度》第 12(3)条规定,仲裁协议或当事人随后之书面协议订定在设立仲裁

---

[1] 例如调停、中间人评估、微型审判、专家鉴定等。
[2] 调解成功的,当事人可以通过仲裁作出和解裁决。

庭前应预先进行调解时,曾担任调解人职务之人不得担任仲裁员之职务;但当事人另有约定者,不在此限。《尼日利亚仲裁和调解法》[1]、哥斯达黎加有关仲裁的法律[2]也有类似规定。许多机构的调解规则均作出相应规定。一般情况下,规则均规定调解员不应担任仲裁员,但也有其他作法,规定调解员可以担任仲裁员。例如,在仲裁的规则中,可以增加当事人同意即可担任仲裁员的相应规定。

(二) 仲裁中调解

在仲裁进行过程中,可以视情况进行调解程序。这种作法通常被称为 Arb-Med,或者 Arb-Med-Arb。仲裁与调解相结合主要指的就是这种情况。在这种情况下,如当事人同意,仲裁员也可以作为调解员调解案件。调解成功,则通过仲裁庭作出和解裁决或当事人请求撤案的形式解决争议。如果争议未能通过调解解决,则仲裁庭继续进行仲裁程序。仲裁中进行调解应当基于当事人自愿原则。由于国际上对于两种身份冲突的问题,通常实践上认为不宜由调解员再担任仲裁员,因此,对于中国的这种作法,存在争议。不过,目前,这种被称为东方实践的做法,已经得到相当程度的接受。由于其依据是当事人的意愿,因此,此时,仲裁员与调解员身份上并不存在法律上的冲突。为了避免当事人将来提出异议,机构的规则可以增加相应的排除规定,例如规定当事人不同意即不

---

[1] 1988年尼日利亚联邦共和国仲裁和调解法令(1988年第11号法令,1988年3月14日)第19条:当事人和调解员保证调解员在任何与作为调解程序事项的争议相关的任何仲裁或司法程序中不应担任仲裁或一方当事人的代表或律师。调解员不应在任何此等程序中作为证人。

[2] 1997年哥斯达黎加替代性争议解决及社会安定促进法(1997年12月9日发布并生效)第16条规定,除非当事人达成相反协议,司法外调停员或调解员不应在任何嗣后的与争议相关的司法或仲裁程序中作为中立第三方进行参与。

应进行调解。

二、法官作为仲裁员

法官作为仲裁员具有一定的优势。因为法官本身即是争议裁判者,对于争议解决有丰富的经验。而且法官仲裁员的态度也体现了司法对于仲裁的态度。不过,各仲裁法对于法官担任仲裁员有不同的规定。例如1996年《英国仲裁法第》93条(委任法官为仲裁员)规定,仅在合适或首席大法官许可的情况下,商事法院的法官或正式调停人才可以担任独任仲裁员或公断人,且有关报酬应在法院领取。《香港仲裁条例》第13A条(法官着手仲裁的权力)亦有相应的规定。据此规定,法官应为特定法院的法官,其所担任的也应为特定职位的仲裁员。有些国家规定,法官在任期内不得担任仲裁员,例如《奥地利民事诉讼法典》第578条规定,司法官员在其司法职务的任期内不得接受指定作为仲裁员。

《仲裁法》生效后的很长一段时期内,中国未对此作特殊规定,而实践中,仲裁员既有现任法官,也有离任法官。《仲裁法》第13条对于仲裁员资格规定的条件之一即是:曾任审判员满8年的。不过,实践中的这种情况在最高人民法院于2004年7月13日发出《关于现职法官不得担任仲裁员的通知》得到了改变。在该通知中,最高人民法院指出:根据《法官法》《仲裁法》的有关规定,法官担任仲裁员,从事案件的仲裁工作,不符合有关法律规定,超出了人民法院和法官的职权范围,不利于依法公正保护诉讼当事人的合法权益。因此,法官不得担任仲裁员;已经被仲裁委员会聘任,担任仲裁员的法官应当在本通知下发后一个月内辞去仲裁员职务,解除聘任关系。按照该司法解释,中国各仲裁委员会的仲裁员名册中不应当再出现现职法官的名字。在当事人约定名册外的人士担任仲裁员且该人士为现职法官的,该人士也不应接受当事人的委任。

不过,离任法官仍然可以作为仲裁员。事实上,离任法官作为仲裁员,可以充分发挥其自身经验优势,也是社会争议解决资源配置的需要。离任法官在许多国家的 ADR 方式中都发挥着重要的作用。

三、仲裁机构人员与仲裁员

仲裁机构人员与仲裁员角色冲突是仲裁机构管理职能和仲裁员裁判职能的冲突。此问题涉及两个方面:一是驻会仲裁员,二是机构管理人员。

关于中国的驻会仲裁员,即同时在仲裁机构任职的仲裁员,有学者曾指出过弊端。[1]应当看到,目前,许多仲裁机构均有驻会仲裁员。[2]但是,也有一些新组建的机构未设有驻会仲裁员。驻会仲裁员通常对于仲裁程序较为熟悉,能够从程序上促动仲裁案件的快速解决,减少可能存在的拖延。从目前中国的实际情况来看,驻会仲裁员的问题应从度上进行把握,不应当操之过急,全盘否定,但也不应当无限泛滥。例如,如双方当事人共同约定仲裁员人选为驻会人员,则从尊重当事人意志以及争议解决效率的角度而

---

[1] 有学者认为,驻会仲裁员可能影响程序公正、妨碍宏观仲裁效益:第一,驻会仲裁员谋求委任机会的事例并不罕见。某些当事人企图利用驻会仲裁员的地位可或明或暗地干预审理,也乐于指定他们。第二,在仲裁庭观点有分歧的情况下,驻会仲裁员的身份可能使其他仲裁员不便充分表达意见。第三,驻会仲裁员是导致仲裁机构人员扩张的内在冲动因素之一。第四,驻会仲裁员妨碍了仲裁监督机制的完善。参见宋连斌:《中国仲裁员制度改革初探》,载《中国国际私法和比较法年刊》,2001 年第 4 期。

[2] 驻会仲裁员不同于专职仲裁员。依《重新组建仲裁机构方案》第 3 条,仲裁委员会不设专职仲裁员。

言,驻会人员应当可以被选定担任个案仲裁员。但对于当事人一方选定的驻会仲裁员,该仲裁员不应当接受,以免对同庭其他仲裁员以及案件管理程序造成不应有的影响。无论是名册制下的仲裁员,或者是双方合意约定的仲裁员,仲裁员质量对仲裁质量和公正质量具有至关重要的作用。

另外一个问题是管理层问题。这个问题与驻会仲裁员存在交叉,但也不尽然。管理层包括仲裁委员会的主任、副主任、委员以及秘书长、副秘书长、各部门主管。管理层通常都是驻会人员,但是,有些管理层人员并非仲裁机构专职人员。根据我国《仲裁法》第12条的规定,仲裁委员会的主任、副主任和委员由法律、经济贸易专家和有实际工作经验的人员担任。仲裁委员会的组成中员中,法律、经济贸易专家不得少于2/3。这就使得仲裁委员会的组成人员必然要涉及外聘人员。事实上,细查国内逾二百家仲裁机构仲裁委员会的组成,几乎没有一个机构不涉及外聘委员。问题是,如果此类人员作为一方当事人选定的仲裁员,会从表面上造成一种假象,即该方当事人选定的仲裁员似乎更有可能在案件中有话语权:虽然仲裁员应当独立公正是一个原则问题。这样会有损仲裁的公信力。不过,由当事人双方约定的首席仲裁员或独任仲裁员,如若是管理层人员,则如上所述,从尊重当事人意志以及争议解决效率的角度而言,并无不当。

四、仲裁员与律师

仲裁员通常都是不同行业的专业人士,例如律师、工程师、会计师等。律师作为仲裁员是此种身份冲突问题的重点。多数情况下,仲裁员都是律师。[1]尤其是在国际商事仲裁中,独任仲裁员通常由律师担任。有人认为,如果仲裁庭由三名仲裁员组成,至少仲裁庭的一名成员(最好是首席仲裁员)应当是律师。[2]

仲裁程序是争议解决过程中的一个独立程序。其前置程序可能是协商、调解程序或其他 ADR 程序,其后置程序可能是法院执行程序。而在这个过程中,通常都有律师介入。前已述及调解员的问题。而就一方当事人聘请的律师(或者其他代理人、顾问)而言,其不得在随后的仲裁程序中作为一方的仲裁员,与此相应,仲裁员也不得在随后的法律程序中作为一方当事人的律师(或者代理人、顾问等)。二者存在角色冲突。仲裁员的独立公正性不仅应体现在仲裁程序进行之中,而且应体现在有关仲裁程序的其他方面。这不但属于仲裁员道德规范的要求,而且在某些时候,影响案件的实体结果,甚至使裁决得不到执行。例如,在一个申请执行仲裁裁决的案件[3]中,法院认为,起草合同的人又作为仲裁员作出有约束力的解释完全无法接受,特别是本案仲裁员还曾作一方律师多年,而且在起草的合同中将其作为仲裁员且不可撤换。因此,法院拒绝承认"违反根本公平原则的某个私人的行为",从而以此理由拒绝执行裁决。中国的实践中,在一方当事人的律师被当事人选定为仲裁员的情况下,该仲裁员应当回避。

另外容易产生问题的是,仲裁员名册中的仲裁员作为案件代

---

[1] 例如,国际商会出版物指出:"由于国际仲裁所具有的法律性,许多(国际商会的仲裁员)均是律师或大学教授。"See ICC Arbitration: the International Solution to International Business Disputes, ICC Publication No. 301 (1977), p. 20.

[2] 见艾伦·雷德芬、马丁·亨特等:《国际商事仲裁法律与实践》(第四版),林一飞、宋连斌译,北京大学出版社 2005 年版,第 4-43 和 4-44 节。

[3] Bezirksgericht [Court of First Instance], Affoltern am Albis, 26 May 1994. 英文译本载于 ICCA Yearbook, Vol. XXIII, 1998, pp. 754—763.

理人的情形。此时,由于该代理人为仲裁员,容易使得一方产生与管理层人员作为当事人选定仲裁员情况下相同的联想,即该仲裁员与仲裁委员会有更密切的关系,或者可能对案件的程序或实体产生影响。这种名册仲裁员担任代理人的情况很常见,也是采取名册制的情况下无法避免的,毕竟,律师是仲裁作为一种法律程序存续的支柱之一。没有他们的参与,仲裁制度也没有今天的繁荣。关键是,应当牢记住一点,即对于名册中的仲裁员作为代理人,无论是审理其所代理案件的仲裁员,还是仲裁机构,均应当一视同仁,不应当出现任何偏颇。而且,要牢记一点的是,"正义不仅应得到实现,而且要以人们看得见的方式加以实现。"

2010年4月8日,司法部修订并重新发布了《律师和律师事务所违法行为处罚办法》(司法部令第122号,自2010年6月1日起施行)。该办法第7条第5项规定:"曾经担任仲裁员或者仍在担任仲裁员的律师,以代理人身份承办本人原任职或者现任职的仲裁机构办理的案件的。"依此规定,该种情形属于《律师法》第47条第3项规定的律师"在同一案件中为双方当事人担任代理人,或者代理与本人及其近亲属有利益冲突的法律事务的"违法行为。该规定的字面意义理解,似是将曾任或现任某仲裁机构仲裁员的律师列入了所任仲裁机构的永久禁入名单(辞去仲裁员都不能改变这一点)。这个规定,虽不属于一方当事人对仲裁程序或仲裁裁决提出异议的情形之内,也未闻实际上已经有律师或仲裁员因此受到处罚,但是,已经在业界引起很大的困惑。根据仲裁的性质以及仲裁员作为名册备选人员而非机构人员的特点,应当尽早将此条规定予以进一步澄清、明确或修改。

五、仲裁员与公务员

此外，仲裁员还可能与其他职位存在冲突，例如公务员。国际上，公务员是否可以作为仲裁员，应由适用的法律或规则确定。在中国，《重新组建仲裁机构方案》规定，国家公务员及参照实行国家公务员制度的机关工作人员符合《仲裁法》第13条规定的条件，并经所在单位同意，可以受聘为仲裁员，但是不得因从事仲裁工作影响本职工作。目前的中国仲裁实践中，公务员作为仲裁员的情况较为常见。对于公务员从事仲裁工作既无限制也无其他规定。不过，应当注意，公务员，特别是公务员系某个机关或部门的领导时，不应当利用职权，影响同案仲裁员或仲裁机构。

公务员和仲裁员身份存在冲突的一个重要方面是兼职和报酬问题。我国《公务员法》第53条第14项规定，公务员不得从事或者参与营利性活动，在企业或者其他营利性组织中兼任职务。此外，按照该法第42条规定，公务员因工作需要在机关外兼职，应当经有关机关批准，并不得领取兼职报酬。那么，公务员在仲裁机构中担任仲裁员是否属于兼职，是否能提供服务并取得报酬？目前来看，中国的仲裁机构中，公务员若作为仲裁员审理案件的，仍领取报酬，但在严格规范和管理公务员行为的大趋势情况下，公务员已经自我抑制参与仲裁活动。这对有相当数量公务员作为仲裁员参与的中国的大部分仲裁机构而言，会造成一定的冲击。

结语

由于仲裁员职业资格的多种可能性，以及争议解决的特殊性，仲裁员身份还可能与其他身份出现重合或交替，并导致冲突，例如仲裁裁员在随后的法律程序中作为证人。[1]在处理身份冲突问题上,需要明确的一点是,在包括国际商事仲裁在内的商事仲裁中,仲裁员应当公正独立,并应当保持公正独立,这是一个根本的原则。[2]因此,构成身份冲突的身份重合或接替应当避免、戒绝,有可能构成身份冲突的则要适当引导、规范,其他不会产生冲突、不会在某种程度上影响仲裁的,则应当允许。和文化一样,适当的融合,会创造出新的契机。

---

[1] 仲裁员不作为随后程序中的证人,通常属于责任豁免的内容。
[2] 见艾伦·雷德芬、马丁·亨特等:《国际商事仲裁法律与实践》(第四版),林一飞、宋连斌译,北京大学出版社2005年版,第4-52节。

4.2 仲裁员的责任:绊马绳还是长鸣钟

> 仲裁员是否要承担责任以及承担何种形式的责任,有不同的观点。仲裁法学界有三种有关仲裁员责任的理论:一是完全豁免论;二是承担责任论;三是有限豁免论。中国应当采取何种方式?中国存在的枉法仲裁罪影响几何?

仲裁员是仲裁程序的主宰。与此相应的一个非常重要的问题是仲裁员的责任问题。在巨大的权力和利益面前,不是所有人都能达到"本来无一物,何处染尘埃"的境界,是故不妨摆正一下姿态,时时拂尘拭,勿使惹尘埃。仲裁同样如此。个案可能涉及巨额交易,对于当事人而言,个案之败可能倾家荡产。所以仲裁员除了专业素养之外,更要时刻警醒。仲裁员的责任指仲裁员违反约定或法定义务应当付出的代价,主要指仲裁员的法律责任,包括民事和刑事责任,但也包括道德责任和行业责任。一段时间以来,中国的理论界和实务界对于仲裁员承担责任问题存在不同的观点,尤其是枉法裁决罪出台以后,仲裁员承担责任问题,引起了越来越多的争论。仲裁员承担责任,是制约仲裁制度和仲裁事业的发展,成为阻碍其前进的绊马绳,还是警钟长鸣,有利于仲裁规范发展和正义的实现?事实上,从国际立法上来看,由于仲裁理念及其他种种原因,各国对于仲裁员承担责任问题,也存在不同的规定。

一、各国有关仲裁员责任的规定与做法

在仲裁制度的国际发展过程中,仲裁立法或其他文件形式规定仲裁员责任,和仲裁理论界讨论这个问题一样,也是经常可以见到。自20世纪末开始,国际上仲裁较为发达的国家或地区均颁布或修订立了仲裁立法,如英国、德国、瑞典、比利时、新加坡等。这些国家的立法,对于相同法系的其他国家仲裁立法,起着重要的参考作用。

较近的仲裁立法中,1996年《英国仲裁法》具有典型性,对于普通法系其他国家的立法具有标杆的价值。1996年《英国仲裁法》第29条(仲裁员免责)规定:(1) 仲裁员不对其在履行或试图履行其职权过程中的任何作为或不作为承担责任,除非该作为或不作为表明其违反了诚信原则。(2) 本条第1款之规定如同适用于仲裁员自身一样适用于其雇员或代理人。(3) 本条不影响因仲裁员辞职而产生的责任(除外情况见第25条)。依第25条规定,因仲裁员辞职而产生的责任,可由当事人与仲裁员自由约定,如无约定,则可由辞职之仲裁员(经通知所有当事人后)向法院申请免除其由此所引致的责任。依据1996年《仲裁法》的规定,仲裁员仅在违反诚信原则的情况下,才需承担责任,而对于在履行职责过程中的作为或不作为,则享有豁免权,不承担责任。案例法确定了仲裁员所

享有的如同法官的豁免权。在 *Sutcliffe v. Thackrah* 案[1]中,法官 Reid 认为:"法官不对履行其司法职责过程中因过失引起的损害承担责任,这个规则是基于公共政策。接下来,被雇佣来履行具有司法性质的职责的人也不对其雇主就过失承担责任。这一规则一直以来就适用于仲裁员。"法官 Salmon 认为:"由于仲裁员与法官在履行相同的职能上地位相同,法律一直承认,公共政策要求二者应具有我所述及的豁免权。"该项豁免依 1996 年《仲裁法》也适用于仲裁员的雇员或代理人。

《美国联邦仲裁法》未对免责作出明确规定。2000 年《美国统一仲裁法》[2]第 14 条明文规定:仲裁员或仲裁机构在履行其职能时,如同本州法院法官行使其司法职能时一样享有相同的豁免,不负民事责任。在美国许多州,如加利福尼亚州、科罗拉多州和佐治亚州,其相关仲裁立法中,也有关于仲裁员免责的规定。《美国仲裁协会(AAA)国际仲裁规则》第 35 条(免责)规定,仲裁庭的成员和 AAA 不对任何当事人就与按照本规则进行仲裁有关的任何行为或疏忽承担责任,但对因其有意或故意的不当行为而造成的后果可能承担责任。

我国《仲裁法》第 38 条规定,仲裁员私自会见当事人、代理人或接受其请客送礼,情节严重,或者索贿受贿、徇私舞弊、枉法裁决,应承担法律责任,被仲裁机构除名。[3]虽然该条未明确规定仲裁员应承担何种法律责任,但仲裁员在发生这种情况时,有关责任应依其他相应的法律确定,因此,不能排除其承担刑事责任、行政性责任或民事责任的可能。

---

[1] [1974] A. C. 727.
[2] 《美国统一仲裁法》系示范法,供各州自由采用。
[3] 见第 38、34(4)、58(6)条。

2004年3月1日,新《日本仲裁法》(2003年138号)生效。日本原先施行的1890年《仲裁法》没有对仲裁责任作出规定。日本2004年《仲裁法》对于刑事责任的规定主要在受贿和行贿两个方面。依据第50条,仲裁员就其职责,接受、索取或应允接受贿赂,应判五年以下的劳役监禁。此时,如仲裁员同意作为对某项要求的回应,采取某项行为,则应判处七年以下劳役监禁。当拟被委任为仲裁员者有关其将承担之职责上,接受、索取或应允接受贿赂,同意采取某行为作为对某项要求的回应,则在委任的情况下,应判处五年以下劳役监禁。其他条款,如第51条、第52条、第53条、第54条等,均有非常明确的刑事方面的规定。此种明确规定刑事责任的立法例,对于原本仲裁就不甚发达的日本来说,相信不会取得多大的促进作用。当然,倘若威慑是促进某种制度发展的一种方式,则另当别论。对于具有专业操守的国内仲裁或国际仲裁从业人员而言,如自己从事的某一项工作可能需要接受立法明确强调的刑事调查,即便自己清如水,也得考虑是否接受这种带风险的任命。在原系私力救济的争议解决机制中,过分强调公力补救,本身就是一种偏差。从这个角度,日本新仲裁法之新,显属矫枉过正。

2006年新《意大利仲裁法》第813条之三(仲裁员的责任)规定:如仲裁员有下列情形,应对给当事人造成的损失承担责任:1. 疏忽或拖延应进行的行为系故意或重大过失引起,并因此而被撤销职务,或者没有正当理由辞去职务的;2. 疏忽或拖延在第820和826条规定的期限内作出裁决系故意或重大过失引起的。除这些情形外,仲裁员仅对1988年4月13日第117号法令第2条第2—3款规定项下的故意欺诈或重大过失承担责任。该条同时对提起承担责任诉讼做了限制:仅在发生第1款第1项所述情形时,方可在仲裁程序进行的过程中提起承担责任的诉讼。如裁决业已作出,则仅在针对裁决提起的上诉已经为终局判决所支持时,方可依上诉得到支持的理由提起承担责任的诉讼。如果责任并非由仲裁员的故意欺诈所引起的,则损害赔偿的数额不得超过约定报酬的三倍,或无此约定时,依所适用费率确定的报酬的三倍。在仲裁员须承担责任的情况下,仲裁员不应得到报酬或费用补偿。如果裁决部分无效,此类报酬或费用补偿应予减少。每个仲裁员仅对其自己的行为承担责任。从条文上看,新《仲裁法》仅对民事责任的承担做了规定,即规定了在一定条件下承担一定的损害赔偿责任。

二、仲裁员责任的理论依据

一般认为,仲裁员与当事人之间的法律关系是仲裁员承担责任的法理依据,决定了仲裁员是否应当承担法律责任、承担何种程度的法律责任。关于仲裁员与当事人之间的法律关系,学理上主要存在两种观点:合同关系说和特定身份关系说。合同关系说认为,仲裁员与当事人之间的关系是基于其人格而被当事人选定,且进行仲裁是有偿的,因此一般以合同关系来界定仲裁员与当事人之间的关系,认为仲裁员理所当然应依争议当事人的期待提供与当事人在合同中约定的品质相符合的服务。特定身份关系说则认为,仲裁员所执行的职务具有准司法性,仲裁具有疏导诉讼、社会公益等社会性。[1] 合同关系说的例子如以色列。瑞典也认为,当事人与仲裁员之间是一种特殊的合同,这种合同不需要特定的格式,实践中通常以默示的形式存在;仲裁员没有义务必须与当事人

---

[1] 参见郭寿康、赵秀文主编:《国际经济贸易仲裁法》,中国法制出版社1999年版,第193—200页。

达成合同,法院可以裁决仲裁员赔偿损失等。[1]特定身份关系的例子如英美法系国家所采取的态度。

相对应于仲裁员与当事人之间的关系,仲裁法学界提出三种有关仲裁员责任的理论:一是完全豁免论;二是承担责任论;三是有限豁免论。[2]

完全豁免论实际上是指豁免民事责任,确切讲应为民事责任完全豁免论。这种理论主要见于英美法系国家,其主要内容是:仲裁员的仲裁行为豁免于民事责任,仲裁员对仲裁过程中因其过失或其他情况而导致的不公正裁决及给一方当事人带来的损失不承担任何个人责任。[3]

承担责任论主要见于大陆法系。该派观点基于合同关系说,认为,当事人直接或间接地指定仲裁员,让仲裁员为解决其争议服务,同时为此仲裁服务支付费用,双方之间实际上形成了自成一类的契约关系。仲裁员身份具有合同性,而不是准法官性质。仲裁员所实施的仲裁行为是一种专业行为,应同医生、建筑师、审计师和工程师等专业人员一样,在从事其专业时,要小心地履行其职责;如果因为不小心给当事人造成损失,则要承担民事责任,这就是所谓专业谨慎(professional care)责任。而且,仲裁员应当公正地履行职责,平等地对待各方当事人,不得接受贿赂,不得欺诈和滥用职权,否则可以撤销裁决或对裁决提出异议,并且可以要求仲

---

[1] The Stockholm Chamber of Commerce (ed), Arbitration in Sweden, 1984, p.78.

[2] 见黄进、宋连斌、徐前权:《仲裁法学》,中国政法大学出版社2002年修订版,第68—70页。

[3] 参阅刘卫翔:《论仲裁责任》,载黄进主编:《国际私法与国际商事仲裁》,武汉大学出版社1994年第1版,第108页。

员个人承担责任,这就是所谓公正责任。[1] 随着仲裁从一种替代性解决方式日益向着主流解决方式上的发展,日益法律化、正式化,完全的承担合同上的民事责任的观点,也日渐式微。仲裁员依多数国家的法律规定都会得到某种有别于合同当事人而类似于法官的特权。

仲裁员应承担适度的责任。其依据是:(1)仲裁是替代法院解决争议的一种方式,仲裁员履行的是一种准司法职能,不能完全等同于法院。(2)仲裁权起源于当事人之间的合同,而其行使则由法律加以保证。(2)争议解决方式应当具有适当的监督机制,这种机构不仅应当针对程序本身,而其应当针对控制程序的人。仲裁是仲裁员的仲裁。实际上,现在大多数国家均持有限豁免论,对于过失等行为无须承担责任,而对故意行为、非诚信行为、欺诈等恶意行为,不排除仲裁员承担相应的责任。

仲裁具有司法性质,确切地说,准司法的性质。应当认为,当事人通过合同选择了仲裁这种方式甚至仲裁员本身,但仲裁权力的行使是一种司法权的行使,并且最终体现在法律的执行上(仲裁协议和裁决依法执行)。仲裁员为了保证仲裁程序的有效,需要依法进行程序;当事人约定的程序不能与所适用的法律相抵触;法院对仲裁进行适度的监督和协助;仲裁排除了法院的管辖等。在这种混合的关系中,仲裁员需符合合同的约定,承担契约上的责任,但更重要的是需要依照法律的规定的责任,承担法律上的责任。与这种责任相适应的,就是仲裁员豁免权的范围。完全按照合同关系,则仲裁员自然不享有豁免权;完全按照司法权主张,则仲裁

---

[1] 参阅刘卫翔:《论仲裁责任》,载黄进主编:《国际私法与国际商事仲裁》,武汉大学出版社1994年第1版,第108页。

员享有与法官相同的豁免权。在这二者中间,各国根据本国不同情况制定相应仲裁员责任制度。

关于仲裁员责任,要解决的问题主要可分成两个方面:一是是否需承担责任,二是承担何种形式的责任。事实上,除了日本以外,通常立法在仲裁员承担责任问题上,均是举重若轻,一笔带过。即便需要着点笔墨的,也是规定其民事责任。像日本这样大张旗鼓在单独的仲裁立法中明确规定刑事责任的,从国际上看,较为罕见。[1]

综观各国的立法例,可以大体看出,有关仲裁员责任的字面表述主要有以下几种:1、对过失不负责,对欺诈或故意等行为负责。如澳大利亚、斯里兰卡[2]仲裁法的规定。2. 对过失不负责,对仲裁案件本身的错误行为负责。如新加坡。3. 不承担责任。如荷兰、ICC。4. 不承担责任,但违反诚信除外。如英国。5. 承担责任。如中国、日本。从各国的立法规定可以看出,仲裁员责任涉及仲裁员的以下几种行为:1. 过失。对于仲裁员在履行其职责时的过失,多数国家均规定仲裁员不对过失承担责任。但在完全支持仲裁员与当事人之间属合同关系的国家,可能仲裁员仍须承担过失合同上的责任,如赔偿当事人损失、不能取得报酬等。以色列、阿根廷的仲裁法即为此种类型。2. 故意的不端行为或不当行为。3. 欺诈。4. 受贿。日本是典型的仲裁法中规定刑事责任的国家。其他国家虽然没有明文规定,但似应认为是言内之意。不过,在国际仲裁之中,由于涉及跨法域行为,刑事责任如何适用还需研究。

---

[1] 有些国家可能在刑法典中规定仲裁员受贿问题。
[2] 见1995年《斯里兰卡仲裁法》第45条"仲裁员的责任"。

三、中国的仲裁员责任制度

国际上对于仲裁员责任的实践和理论均不一,这也就决定了统一的仲裁员责任的标准不可能出现。从多数国家的仲裁立法来看,仲裁员应当需要承担一定的责任。但就实践而言,仲裁员承担责任的例子似不多见。这与仲裁员都是专业人士、仲裁制度本身带有的"愿赌服输"性有相当的关系。各国根据自身的利益,决定采取哪种责任形式和豁免方式。例如有些学者从使本地成为活跃仲裁地的角度出发,考虑采纳豁免论。如前所述,我国《仲裁法》规定了仲裁责任,但是,第38条只是规定了仲裁员应当承担法律责任的两种行为,即私自会见当事人、代理人或者接受当事人、代理人的请客送礼,情节严重的行为和在仲裁案件时有索贿受贿、徇私舞弊、枉法裁判的行为,而并未对具体的责任形式作出规定。并且,对于其他一些行为影响仲裁程序进行或者影响公正的行为,如仲裁员故意不披露应披露情形从而未回避的、无故拖延程序、无故辞职等,《仲裁法》并未作出规定。

一般认为,仲裁员的责任可从道德、行业、法律等几方面,综合考虑仲裁责任应当具有的形式。仲裁员首先承担道德责任。仲裁员道德规范虽然一般不具有约束力,但仲裁员不当行为(包括需承担其他责任和无需承担其他责任的行为)一旦公开,则仲裁员必然被置于道德的审判台上,不但其在社会上的形象和声誉会受到损害,而且,其在仲裁行业甚至法律行业的发展都受到很大的影响。仲裁员通常都是具有一定行业名声或社会地位的人,通常都爱惜羽毛,不愿毁坏自己已经取得的成绩。从道德上进行约束,由其自身进行约束,虽无约束力,但却是治本之术。仲裁员还承担着行业上的责任,一般情况者,可能会被决定回避,或者将被批评、通报或停业一段时间;情节严重者,将被仲裁委员会除名。较之道德责任,行业责任是仲裁行业有约束力的责任承担形式。

仲裁员承担的法律责任是有关仲裁员责任争论的核心。法律规定仲裁员应承担有限度的民事责任的必要性体现在权力制约和权利义务一致性上。[1]对于行使职权中过失行为(作为或不作为),仲裁员不应承担民事责任。而对于其他故意行为导致的损失,仲裁员应当承担民事责任。这是司法性和合同性二者结合的结果:司法性使其可以豁免部分责任;而合同性则使其承担相应的契约责任。承担民事责任的形式包括退还仲裁酬金(及可能的利息)、直接造成的经济损失等。在瑞典,对于仲裁员阻碍程序的行为,例如拒绝行事或采取其他方式,或者不遵守规则,均可提起损害赔偿之诉。损害赔偿限于因此增加的费用。因过失引起的诸如证据适用错误、法律适用错误等,并不使当事人有权获得损害赔偿。[2]《UNCITRAL仲裁示范法》未对责任作出明确规定。这留由国内法律自行规定。例如,在采用了示范法的苏格兰,如果仲裁因仲裁员违反义务而产生额外的费用,则仲裁员也应当就该费用承担责任。

---

[1] 有学者认为,仲裁员在仲裁案件的过程中,居于主持人和裁决者的地位,直接决定着仲裁程序的进程和裁决结果,因而享有最大和最集中的权力。这种权力如缺少必要的制约,就有可能滋生与仲裁制度本质相悖之情事。此外,国家法律对仲裁员的仲裁权、对仲裁裁决的终局性和强制执行的效力予以认可和保证,仲裁员应当在行使当事人授予的得到国家法律认可的仲裁权的时候,遵守其行为规范,勤勉、独立、公正地完成仲裁任务。否则,就应当依法承担法律责任。并且,仲裁员接受了当事人直接或间接的指定,也领取了或者即将领取报酬,应当提供当事人合理期望的适当的仲裁服务。参见黄进、宋连斌、徐前权:《仲裁法学》,中国政法大学出版社2002年修订版,第73—74页。

[2] The Stockholm Chamber of Commerce (ed), Arbitration in Sweden, 1984, p.79.

应当指出,仲裁员行使权力的行为具有司法权性质。在此基础上,仲裁员如果违反刑事法律,则刑事责任也应适用于仲裁员。可能涉及刑事责任的行为主要在于受贿、行贿方面。此类刑事责任应依据相应的刑事法律确定。日本关于仲裁员的刑事责任直接规定在仲裁法中。在瑞典,如果仲裁员的行为构成犯罪(如受贿),除可依刑法进行惩罚外,如造成经济损失的,还可要求其承担损害赔偿责任。[1] 仲裁员由于故意行为出现索贿受贿的情况,应当依法承担法律责任。但是,在仲裁员承担刑事责任方面,至少在目前,应当极其谨慎,不应扩大。

2006年,我国刑法正式增加了一条罪名:枉法裁决罪。[2]《刑法修正案(六)》规定:在《刑法》第399条后增加一条,作为第399条之一:"依法承担仲裁职责的人员,在仲裁活动中故意违背事实和法律作枉法裁决,情节严重的,处三年以下有期徒刑或者拘役;情节特别严重的,处三年以上七年以下有期徒刑。"此次修正前,关于枉法裁决罪是否当立就引起大量争论。修正案虽已尘埃落定,但各种批评意见却愈发热烈,且直指该罪存废问题。该罪对于何谓枉法未做特别说明。但可以预知,倘若未加限制,将本该通过其他仲裁审查程序监督的法律适用错误归入枉法,直接干预裁决实体,则枉法裁决罪极有可能成为法律错误审查之门,从而对仲裁制度的发展造成不可估量的负面影响。至今,已经有数例涉及枉法仲裁罪的案件。例如,2011年8月30日,衡阳市仲裁委员会仲

---

[1] The Stockholm Chamber of Commerce (ed), Arbitration in Sweden, 1984, p. 79.

[2] 目前学界与实务部门均将本罪称为"枉法仲裁罪",这一叫法不准确且易导致误解,从法条来看,显然此罪针对的只是仲裁裁决,因此,本文采"枉法裁决罪"这一名称。

员刘某及秘书处书记员张某因涉嫌枉法仲裁案被法院作出了有罪判决。[1] 这是自 2006 年《刑法修正案(六)》实施以来,湖南省首例枉法仲裁案,刘、张二人也成为湖南省因枉法仲裁而获刑的第一批人。

☞ 本文涉及案例

- 湖南省法院判决的刘某、张某涉及枉法仲裁案

---

[1] 参见:《湖南省首例枉法仲裁案件一审判决 两被告人获刑》,网址:http://news.jcrb.com/Biglaw/CaseFile/Criminal/201109/t20110926_724512.html,访问于 2016 年 1 月 4 日。

4.3 指定仲裁员的方式与实践

如何指定仲裁员以组成仲裁庭,是仲裁程序中的重点。指定仲裁员的方式主要包括:由当事人自己选定、由当事人自己选定并经委任机构确认、由约定的委任机构委任、由法院指定仲裁员、由受案机构委任仲裁员、由已经委任的仲裁员委任首席仲裁员等。

仲裁员是仲裁程序的主宰者。从实务中来看,对于大多数的当事人和代理人而言,首先关注的是仲裁员是谁,而不是诸如仲裁程序如何、法律适用如何等同样非常重要的问题。无论是三人仲裁庭或是一人仲裁庭,任何一名仲裁员的意见,都可能改变,并且终局性的改变案件结论。所以组庭问题,在仲裁程序实际操作过程中,历来是重中之重。国际仲裁界对于中国仲裁的一个意见之一,即是认为,在首席仲裁员的指定上,中国的作法有欠公允。

组成仲裁庭的个案仲裁员,其产生可能采取不同的方式,但主要的也不外乎本文归纳的这些。最主要的是由当事人约定产生的方式。不过,实行机构仲裁时,不同机构对仲裁员的委任可能施加一定的审查或需要仲裁机构的确认。在当事人未能委任仲裁员的时候,可能由第三方进行委任。仲裁员主要的委任方式包括由当事人自己选定、由当事人自己选定并经委任机构确认、由约定的委任机构委任、由法院指定仲裁员、由受案机构委任仲裁员、由已经委任的仲裁员委任首席仲裁员等。大多数仲裁法或规则都对仲裁员的委任作了或繁或简的规定。

一、当事人指定

作为仲裁自愿性的一种体现,当事人选定仲裁员的权利是一项重要的权利,也是当事人约定仲裁员产生的主要方式。当事人未得到委任仲裁员的通知,可能使得裁决无法执行。[1]当事人可以按照自己的意志,选定仲裁员。通过这种方式选定的仲裁员是大部分仲裁案件中的惯常方式。但是,这种意思自治的行使受到一定程度上的限制,例如,实行强制名册制的国家,当事人选定的仲裁员不得超出仲裁员名册。此外,在多方当事人仲裁案件中,如多方当事人未能共同选定仲裁员,则该多方当事人不一致的意思表示可能不被考虑。并且,应当考虑仲裁员自己的意志。任何人均无接受担任仲裁员的义务。[2]相当大量的仲裁法和仲裁规则都确认当事人自己选定仲裁员的原则。

当事人除了约定自己选定仲裁员之外,还可能约定其他的产生方式,例如约定第三方来指定仲裁员。应当指出,即使双方在仲

---

[1] 见《纽约公约》第5(1)(2)条。
[2] 例如《奥地利民事诉讼法典》(1983年2月2日修订)第579条规定,任何人没有接受指定作为仲裁员的义务。如有合理理由仲裁员即使在接受指定后也可辞职。

裁协议中对仲裁员委任作了约定，但如该约定给予另一方当事人特权地位，该约定也可能无效。《荷兰民事诉讼法典》第1028条规定，如果仲裁协议给予一方当事人在指定仲裁员方面的特权地位，另一方当事人可以不顾协议规定的指定方式，请求地方法院院长在仲裁开始后的一个月内指定仲裁员。另一方当事人应给予机会倾听意见。依据该条，当事人不能以意思自治提出抗辩，要求享有该特权。

当事人可以在仲裁条款中约定仲裁员，也可以在争议发生后，于仲裁协议中约定仲裁员，还可以在仲裁程序开始后，经仲裁庭或对方当事人通知后选定仲裁员。当事人除了选定自己一方的仲裁员外，可以协商确定首席仲裁员或独任仲裁员的人选。当事人也可以就仲裁员的资格以及其他条件作出约定，或者约定选定仲裁员的方式。仲裁机构在通知当事人指定仲裁员时，可以采取诸如"名单程序"[1]的方式，向当事人发出一份名单，要求当事人在该名单上划去其有强烈异议者，并将剩余者按其确定之优先顺序排列。

如果当事人由于自身的原因未能行使选定仲裁员的权利，构成弃权。大多数仲裁规则均对当事人的弃权行为作出规定。如《美国国际仲裁协会国际仲裁规则》第25条的规定。[2]如果当事人放弃了选任仲裁员的权利，而其后又以其未享有该项权利为由提出撤销或不予执行申请，法院不应予以支持。当事人放弃选定仲裁员的权利，则由其他委任主体委任仲裁员。

有些机构规定，仲裁员选定仲裁员后，应经机构确认，被提名

---

[1] 如可参见《荷兰仲裁协会仲裁规则》第14条。
[2] 第25条规定，当事人一方明知本规则的任何条款或要求未被遵守，而未立即提出书面异议，仍继续进行仲裁，应视为已放弃提出异议的权利。

的仲裁员并不当然作为审理案件的仲裁员。在这种情况下,选定仲裁员和确认委任是两个程序。例如,《伦敦国际仲裁院仲裁规则》第7.1条规定,如当事人已同意仲裁员由一方或多方当事人委任或任何第三人委任,该同意应被视为提名仲裁员的协议。在其符合第5.3条的条件下,该候选人只可被仲裁院委任为仲裁员。如果仲裁院认为该候选人不合适、不独立或不公正,则可以拒绝委任其为仲裁员。依该规则,伦敦国际仲裁院可以拒绝委任某候选人为仲裁员。2004年《瑞士国际仲裁规则》第5条规定,当事人对独任仲裁员的所有指定,或者,当事人或仲裁员对三人仲裁庭的仲裁员的所有指定,须由商会加以确认后方可生效;商会无义务说明某一仲裁员人选没有得到确认的理由。再如2012年版《国际商会仲裁规则》第13条(仲裁员的委任与确认)中对确认和委任程序也做了规定。[1]

当事人指定仲裁员一般是在提交仲裁之后。目前在实务中出现一种预先指定仲裁员的情形,即在双方签订仲裁条款时,就指定了某某作为仲裁员。一俟争议发生提交仲裁,就由该被指定人士作为仲裁员。这里的风险,一是该被指定人士事实上或法律上有可能无法接受;二是在无争议时候约定的事项,一旦出现争议,则可能出现反悔从而一方会对预先共同指定的仲裁员提出回避。

二、第三方指定

如果当事人未能选定仲裁员,但是双方约定或仲裁规则规定

---

[1] 该条规定:仲裁院在确认或委任仲裁员时,应考虑各位仲裁员的国籍、住址、与当事人或其他仲裁员国籍国的其他关系,以及该仲裁员是否有时间和能力在本仲裁规则下进行仲裁。如果秘书长认为不应确认某仲裁员、独任仲裁员或首席仲裁员,则应提交仲裁院决定。

了委任仲裁员的机构,则仲裁庭可由该委任机构委任。委任机构可以委任包括一方仲裁员、独任仲裁员和首席仲裁员在内的仲裁员,但应满足双方的约定或仲裁规则规定。如当事人既未约定仲裁员,也未约定进行委任的机构,仲裁员一般可由受理案件的仲裁机构直接委任。中国仲裁法规定,当事人没有在仲裁规则规定的期限内约定仲裁庭的组成方式或者选定仲裁员的,由仲裁委员会主任指定。[1]

有时候可能存在指定的委任机构拒绝委任仲裁员的情况。例如,2010年德国慕尼黑高等地区法院审理的 No. 34 SchH 11/09 案[2]。在该案中,仲裁协议约定,争议由三名仲裁员组成,当事人的仲裁员由两家医疗协会委任。争议发生后,医疗协会拒绝根据当事人的仲裁协议委任仲裁员。申请人遂要求替代委任。被申请人拒绝此种请求,称仲裁协议无效,因其是以医疗协会委任仲裁员作为条件的。法院驳回被申请人的主张。法院认为,指定的委任机关拒绝委任仲裁员并不影响仲裁协议的效力。为了使仲裁协议有效,法院应行使"保留职能",作出替代委任。当事人的仲裁协议并未包含当事人拟排除法院根据第1035(4)条作出替代委任的任何意思表示。[3]

有些国家的法律规定,如果一方当事人未进行委任,则另一方当事人可以申请法院进行委任。例如,1996年《英国仲裁法》规定,如委任协议未进行,则在当事人未另有规定的情况下,仲裁协

---

[1] 第32条。
[2] 案例详见《最新商事仲裁与司法实务专题案例》第十一卷。
[3] 1998年《德国仲裁法》第1035(4)条规定:当事人如已约定委任程序而一方当事人不按照约定的程序要求行事,或者如果当事人或两名仲裁员无法如该程序所预期达成一致,或者第三者不行使该程序赋予其的职能,任何一方当事人可以请求法院采取必要的措施,除非关于委任程序的约定提供其他保证委任的方式。

议的任一方当事人(经通知另一方当事人后)申请法院根据本条行使权力诸如指令作出任何必要之委任、指令仲裁庭应由已经委任的仲裁员(或其中之一或多名)组成、撤销任何已经作出的委任或自行作出必要之委任的权力。1998年《德国仲裁法》第1035(4)条规定,当事人如已约定委任程序而一方当事人不按照该程序的要求行事,或者如果当事人或两名仲裁员无法如该程序所预期的达成一致,或者第三者不行使该程序赋予其的职能,任何一方当事人可以请求法院采取必要的措施,除非关于委任程序的约定提供其他保证委任的方式。奥地利[1]、荷兰[2]、瑞士[3]、美国[4]等国也作如是规定。我国《仲裁法》未规定法院的此项权力。

在存在多方申请人或者多方被申请人,即出现多方当事人的情形时,仲裁员的委任有其特殊性,详见本书前文谈多方当事人一文。

三、首席仲裁员的指定

在整个仲裁活动中,首席仲裁员的作用主要体现在:在仲裁程

---

[1] 《奥地利民事诉讼法典》第582(1)条规定,如果指定未在适当的时间内进行或者如果仲裁员不能就首席仲裁员达成协议,法院应根据申请作出指定。

[2] 《荷兰民事诉讼法典》(自1986年12月1日生效)第1027(1)条规定,仲裁员应按照当事人协议的方式指定。当事人可以委托第三人指定仲裁员。如果指定方式未达成协议,仲裁员应按照当事人的共同意愿指定。第1027(3)条规定,如果仲裁员的指定未在前款规定的期限内完成,根据任何一方当事人的请求,仲裁员应由地方法院院长指定。另一方当事人应给予机会倾听意见。

[3] 《瑞士国际私法法案》(1989年1月1日起生效)第179条规定,仲裁员的指定、解职或替换应依当事人之间的协议;如无此协议,该事项应提交仲裁庭所在地的法院;法院应比照适用州法中关于仲裁员的指定、解职或替换的规定。

[4] 《美国联邦仲裁法案》第5条规定,如果协议中没有规定委任仲裁员的方式,或者有规定而当事人不履行,或者由于任何原因拖延指定或者拖延补充缺额,法院根据任何一方当事人的请求,应当依照需要进行委任。

序的进展上,他起到主持人的角色,需要非常熟悉仲裁程序,并且一旦出现程序上的无效率情形,应当及时和仲裁庭其他成员共同研究,把控程序;关于实体意见的决定上,在发表独立意见的同时,应当归纳其他仲裁员的意见,形成裁决文件。在未能形成仲裁庭多数意见的情形下,首席仲裁员的意见起到决定性作用。

仲裁的意思自治原则决定,当事人可以自主选定首席仲裁员。他们可以通过直接提名某人的方式,来选定某人作为首席仲裁员。例如,双方分别或共同提名A作为首席仲裁员。这种方式能够最大限度体现当事人的意思自治。这种方式的实践困难是,由于是在争议发生之后,任何一方对于对方的动议都可能存在不信任,故而共同选定某人作为仲裁员的可能性很小。退而求其次,在无法共同选定的情况下,双方可能采取共同委托某机构或某人指定首席仲裁员的方式。例如在我国,共同委托仲裁机构指定首席仲裁员。事实上,我国《仲裁法》对于首席仲裁员的产生正是明确规定了这样两种方式:"当事人约定由三名仲裁员组成仲裁庭的,应当各自选定或者各自委托仲裁委员会主任指定一名仲裁员,第三名仲裁员由当事人共同选定或者共同委托仲裁委员会主任指定。第三名仲裁员是首席仲裁员。"[1]当然,共同委托实际上在实务中也不算常见,因为争议的发生,可能使得任何"共同"的行为,都不易实现。

有些法律或机构规则并不直接规定由当事人共同选定,而是规定首席仲裁员由其他两名仲裁员在被选定之后共同选定。例如,1996年《英国仲裁法》第16条第5款规定:"如仲裁庭由三名仲裁员组成,则:(a)自任一方当事人向另一方当事人送达委任仲裁

---

[1] 我国《仲裁法》第31条。

员的书面请求之日起14日内,各方应分别委任一名仲裁员;且(b)按上述方式委任之两名仲裁员应立即委任第三名仲裁员作为仲裁庭首席仲裁员。"按照1996年《英国仲裁法》,首席仲裁员由双方当事人各自选定的仲裁员来委任。《德国仲裁协会仲裁规则》第12.2条中规定,两名仲裁员应不迟延地提名首席仲裁庭员并将此情况通知德国仲裁协会秘书处;作出此种提名时,仲裁员应考虑当事人一致的建议。《体育仲裁院体育仲裁规范》第R40.2条中规定,当事人或处主席代当事人委任的两名仲员应在仲裁院办公室确定的时限内共同选定一名仲裁庭主席。《新加坡国际仲裁中心仲裁规则》第8.1条规定,如委任三名仲裁员,各方当事人应各委任一名仲裁员,由此委任之两名仲裁员应选定第三名仲裁员作为仲裁庭的首席仲裁员。

在各方未能共同选定或共同委托指定仲裁员的情形下,我国的作法一般是由仲裁机构主任代为指定。这种作法与共同委托指定仲裁员具有同样的效果,都是主任行使指定首席仲裁员的权力。仲裁机构代为指定的具体作法,一种是直接代为指定某人作为首席仲裁员,另外一种是采取列名单方式。列名单还可细分为两种:一种是由仲裁机构就首席仲裁员的人选推荐若干名候选人名单,供双方当事人选择。双方若在该名单中有共同选定的某人,则仲裁机构代指定其为首席仲裁员;若有共同选定的多人,则仲裁机构代指定其中一人为首席仲裁员。另外一种是由双方各自提出一份首席仲裁员名单,其中若有重合,则仲裁机构代指定其中一人为首席仲裁员。

无论是哪种方式导致他方代为行使指定首席仲裁员的权力,人们关心的是,在首席非由当事人直接共同选定而由他方选定或指定的情况下,哪些因素会得到考虑?一般而言,专业、声誉、仲裁经验、效率、可用时间、资历、工作语言、居住地、国籍、年龄、教育程度、性格特点等,都可能在确定首席仲裁员时需要考虑、得到考虑。而最终具体到首席人选的确定,需要综合考量各种因素。

☞ **本文涉及案例**

- 德国慕尼黑高等地区法院审理的 *No. 34 SchH 11/09* 案

4.4 仲裁员的回避事由

对仲裁员不满,能否要求更换?仲裁的优势之一是当事人可以选择仲裁员,同样,当事人也可以要求更换仲裁员。仲裁员的回避即是更换仲裁员的一种方式。仲裁员的回避指仲裁员在具有某些可能影响案件的公正审理和裁决的情况下,主动或被动退出仲裁程序,不再行使仲裁员的职权。

一般而言,广义上的回避有三种情况:一是当事人未提出请求,但仲裁员发觉自身具有应当回避的情况,自行退出仲裁;二是当事人提出仲裁员具有可能影响仲裁的情形之后,仲裁机构/仲裁庭(或法院)作出回避决定,使仲裁员退出仲裁;三是当事人提出回避请求后,仲裁员经过考虑,自行回避。最后一种回避并不等于承认存在回避情形,而往往是由于所涉仲裁员在一方当事人不愿意其担任仲裁员时,考虑各种情况后自己所做的一种选择。因此,并非严格意义上的回避,而可以认为是一种自行辞职的方式。回避制度是保证仲裁程序公平公正的重要制度。仲裁员在具有回避事由时应当回避,仲裁当事人在认为仲裁员具有回避事由时有权申请回避。仲裁员应当回避而不回避的,其作出的裁决可能被以仲裁庭组成不当为由不予执行。[1]

回避通常应披露而主动或被动引起。仲裁员应当对可能使其回避的事由进行披露。这包括在被委任时的披露义务和持续披露的义务。如2003年《日本仲裁法》,在就可能的委任仲裁员联系某人时,该人应充分披露任何可能对其公正性或独立性产生合理怀疑的情事;在仲裁程序进行过程中,仲裁员应毫不迟延地披露任何可能对其公正性或独立性产生合理怀疑的情事(除非该名仲裁员已经通知当事人)。[2]多数仲裁立法均规定了这两种披露义务。披露的持续性,依《德国仲裁法》,从其获委任起并且在整个仲裁过程中,仲裁员应及时地向当事人披露任何可能影响其公正独立性的事由。[3]

各国法律关于回避事由的法律不同,有的规定得比较原则,如德国、日本、比利时。1998年《德国仲裁法》第1036条对仲裁员的回避作出规定。依该款规定,回避事由为"所有可能对其公正性和独立性产生怀疑的事由"或"仲裁员不具有当事人约定的资格"。仅在这两种情况下,《德国仲裁法》才允许要求仲裁员回避。2003年《日本仲裁法》有与《德国仲裁法》类似的规定。[4]有些则规定得比较具体,如我国、瑞典。我国《仲裁法》第34条规定了仲裁员必

---

[1] 参见《纽约公约》第5(1)(4)条。
[2] 第18(3)—(4)条。
[3] 1998年《德国仲裁法》第1036(1)条。
[4] 第18(1)条规定,一方当事人可以对仲裁员提出异议:(i)如仲裁员未拥有当事人约定的资格;或者(ii)如果存在对仲裁员的独立性或公正性产生合理怀疑的情事。

须回避的四种理由,即是本案当事人或者当事人、代理人的近亲属;与本案有利害关系;与本案当事人、代理人有其他关系,可能影响公正仲裁的;私自会见当事人、代理人,或者接受当事人、代理人的请客送礼。前三种理由类似于我国《民事诉讼法》关于审判人员回避的理由[1],而第四种是为保证仲裁员公正地仲裁案件而专门作出的规定。1999年《瑞典仲裁法》第8条规定了回避的事由:(1)仲裁员或与其密切联系者是一方当事人,或争议的结果可能对其产生一定的利益或损失。(2)仲裁员或与其密切联系者是作为一方当事人的公司或其他组织的负责人,或代表一方当事人,或争议的结果可能对其产生一定的利益或损失。(3)仲裁员曾经在争议中担任专家或者其他身份,或曾经协助一方当事人在争议案中作准备或指导案件的工作。(4)仲裁员已接受或者要求报酬。

当然,除了立法之外,很多仲裁机构也会对在本机构进行仲裁的仲裁员规定回避的义务。例如,2010年《新加坡国际仲裁中心仲裁规则》第11.1条规定:当事人可以在下列情形下申请仲裁员回避:仲裁员存在中立性或者独立性可产生合理怀疑的情况,或者仲裁员未具备当事人约定的资格要求。回避情形通常较易判断。下文我们通过一些案例了解一些特殊的回避申请事由。

---

[1]《最高人民法院关于审判人员严格执行回避制度的若干规定》(2000年2月1日)中规定:"审判人员具有下列情形之一的,当事人及其法定代理人有权要求回避:(一)未经批准,私下会见本案一方当事人及其代理人、辩护人的;(二)为本案当事人推荐、介绍代理人、辩护人,或者为律师、其他人员介绍办理该案件的;(三)接受本案当事人及其委托的人的财物、其他利益,或者要求当事人及其委托的人报销费用的;(四)接受本案当事人及其委托的人的宴请,或者参加由其支付费用的各项活动的;(五)向本案当事人及其委托的人借款、借用交通工具、通讯工具或者其他物品,或者接受当事人及其委托的人在购买商品、装修住房以及其他方面给予的好处的。"

1. 仲裁员的专业活动和观点

仲裁员有自己的专业圈子,会参与某些专业活动,这对于某些当事人而言,可能会形成一种不公正的担忧,并进而提出异议。

仲裁员与律师共同参加研讨会或其他各类会议,不能认为仲裁员由此就不公正。在2010年德国柏林高等地方法院审理的 *No. 20 SchH 2/10* 案[1]中,一方提出仲裁员不公正的抗辩。柏林高等地方法院认为,首席仲裁员与一方律师共同参与法律课程、小组讨论,不足以就首席仲裁员的公正性,依《德国民事诉讼法典》第1036条关于撤换仲裁员的规定提出合理怀疑。而且,也不足以表明首席仲裁员未能披露此种关系。只有客观的理由才能据以撤换仲裁员。甚至仲裁员与律师之间存在友谊或密切关系,也并不必然推论出存在不公正。

赞助是各类专业会议常用的一种方式,机构或个人可能提供各种形式的赞助、支持、协助或合作。一方当事人可能将仲裁员的赞助行为视为可申请回避的事由。例如,在2009年俄罗斯莫斯科联邦仲裁法院审理的 *Erick van Egeraat Associated Architects v. Capital Group* 案[2]中,裁决作出后,俄罗斯一方对仲裁员的公正性提出异议,认为仲裁员在接受委任时未能披露曾参与代理申请人的律师事务所赞助的会议,故其公正性是可质疑的。上诉法院驳回

---

[1] 案例详见《最新商事仲裁与司法实务专题案例》第十卷。
[2] 《意大利民事诉讼法典》第809条(仲裁庭的人数及组庭方式)。
仲裁庭可以是一人或若干人组成,但必须是奇数。
仲裁协议或仲裁条款应写明指定的仲裁员或规定仲裁员的人数及仲裁员的指定方式。
双方当事人选定的仲裁员人数为偶数时,第三名仲裁员应由仲裁法院院长根据第810条的规定任命;双方当事人另有约定的除外。仲裁员人数未予说明或者当事人未取得一致意见时,仲裁庭应由三名仲裁员组成;如果仲裁员不同意这种任命,仲裁法院院长应依据第810条的规定;当事人另有规定的除外。

被申请人的主张,因为代表申请人的律师事务所没有在财务上赞助所述会议,而仅仅是作为所谓的"信息赞助方"。

仲裁员对于某一个问题的观点,可能已经以学术文章的形式发表。当事人可能已经对其学术观点有所了解,甚至选择该仲裁员正是因为这种学术观点。但是,这也不构成仲裁员不公正或存有偏见。在 *No. 26 Sch 8/07*[1] 案中,德国法兰克福高等地区法院认为,关于仲裁以及仲裁员与律师之间合同的学术文章,并不会影响仲裁员的独立性,不被认为构成应当取消仲裁员资格的"存有偏见"的理由。

2. 特殊身份关系

仲裁员与当事人或其代理人之间存在的特殊身份关系可能导致一方对仲裁员提出异议。例如,师生关系、同事、上下级关系等。特殊的身份关系,存在影响仲裁员判断的可能性,从公正的角度而言,是需要避免的。当然,实务中当事人提出的异议理由,并不一定必然影响仲裁的公正性,因而从效率的角度考虑,并非一定要采取仲裁员回避的方式来解决。

上海 A 文化传媒有限公司与上海 B 文化传播有限公司申请撤销仲裁裁决纠纷案[2]中,申请人 A 公司要求撤销裁决书的理由是一名仲裁员与 B 公司同属于一个高校系统,存在利害关系。法院认为,关于申请人认为仲裁员与被申请人同属于一个高校系统存在利害关系之观点,申请人在仲裁审理中对于双方共同选定的仲裁员并没有申请回避,且也未提供证据证明其所谓的利害关系真实存在,故法院对于申请人的该项观点不予采纳。

---

[1] 案例详见《最新商事仲裁与司法实务专题案例》第八卷。
[2] 案例详见《最新商事仲裁与司法实务专题案例》第十卷。

类似上述案中的身份关系属于大胆假设的情形,没有具体的证据。但即便确实存在同事关系,也并非一定构成仲裁庭组成上存在瑕疵。贺某某与郴州市扬生房地产开发有限公司请求撤销仲裁裁决案[1]中,申请人贺某某请求依法撤销裁决书的依据是本案的代理人与仲裁员同在一个办公室办公,且是领导与被领导关系,属于仲裁法规定的其他关系、可能影响公正裁决的情形。法院认为:本案中,仲裁庭的组成人员之一是申请人贺某某自己选定的,申请人及其代理人对此事均已明知,且在仲裁过程中一直未提出回避申请,双方对仲裁庭的组成均无异议。现申请人以自己选定的仲裁员与自己的代理人是同事为由请求撤销仲裁,其理由不能成立,法院不予支持。

Crobu v. Soc. Elci 案[2]也涉及同事的问题。原告对对方任命的仲裁员提出质疑,理由是该仲裁员是任命方律师同一律师事务所的律师。原告声称仲裁员和律师在同一地点共事原告认为由于律师与仲裁员关系密切已符合《意大利民事诉讼法》第815条规定回避仲裁员的理由。原告认为根据《意大利民事诉讼法》第51(2)条规定这种关系被认为是导致"法官回避"的一项非常严重的理由。法院同意了回避申请。法院认为,律师与仲裁员在同一场所共事很长时间,他们间有密切的私人关系是肯定的。法院认为这种关系会损害仲裁员的独立性,也将影响其公正性。

仲裁员可能具有律师身份,这样可能存在的情形是,在不同的案件中,互为仲裁员,或者是,在一案中同为仲裁员审理案件,在另一案中,同庭仲裁员却是代理人。这种情形也容易引起当事人的

---

[1] 案例详见《最新商事仲裁与司法实务专题案例》第七卷。
[2] 案例详见《最新商事仲裁与司法实务专题案例》第五卷。

异议。*No. 4P. 105/2006* 案[1]涉及两个同时进行的体育仲裁院的仲裁。其中一案原告的辩护律师与一名仲裁员担任了同时进行的另一仲裁的仲裁员。瑞士最高法院认为这种情形本身并不影响仲裁员的公正性。最高法院并且认为当仲裁员有两个仲裁程序同时进行时,他没有义务对当事人披露这一事实。

怀集县 A 矿业采选经营部与海南 B 实业发展有限公司申请撤销仲裁裁决纠纷案[2]涉及师生关系。本案中,B 公司于 2009 年 7 月 7 日委托符某某为该仲裁案件的代理人,当时符某某是海南 C 律师事务所实习律师,仲裁员陈某某是符某某在该所实习期间唯一的指导老师。仲裁委于同年 7 月 13 日受理该仲裁案件后,B 公司选定其代理人符某某的实习指导老师陈某某为该案的仲裁员,符某某与陈某某之间同事加师生的特殊关系,可能会影响案件的公正裁决。陈某某存在应当回避而未回避的情形,属于《仲裁法》第 58 条第 1 款第(3)项规定的可撤销的情形。虽然 B 公司随后于同年 8 月 20 日撤销了对符某某的委托,但陈某某系 B 公司选定的仲裁员,由于符某某与陈某某之间存在的特殊关系,不排除 B 公司与陈某某之间建立特殊关系的可能,符某某的退出并不能摆脱该嫌疑,只有陈某某主动回避才能彻底摆脱该嫌疑。故 B 公司关于该司撤销了对符某某的委托,与陈某某之间不存在利害关系的抗辩理由不成立,法院不予采信。当然,本案中的仲裁员如果在接受指定时进行了披露,而各方未提出异议,结果可能就迥异。

无论是短暂或长期的、曾经或现在的同事关系、师生关系或其他可能影响案件公正审理的特殊身份关系,为了避免造成程序和

---

[1] 案例详见《最新商事仲裁与司法实务专题案例》第五卷。
[2] 案例详见《最新商事仲裁与司法实务专题案例》第十二卷。

结果上的不公正,均应当将其作为披露的事项。是否构成回避,应当由各方提出意见后再由决定机关作出决定。

3. 一方常任仲裁员

经常作为同一公司仲裁员,或者连续担任某一公司案件的仲裁员,或者经常作为一系列案件的仲裁员,一方面可能反映了该仲裁员得到该公司或其代理人或业界的认可,但对对方当事人而言,则可能担心因此对己方造成的事先偏见。*Trustmark Insurance Company v. John Hancock Life Insurance Company* 案[1]涉及一仲裁员在两个案件中作为仲裁员的情形。一方提出的异议是,对方选择的仲裁员并非合同中所要求的"无利害关系的"仲裁员,其已经在第一个案件中作为仲裁员。上诉法院认为,在仲裁中,"无利害关系"一词意味着"对于结果没有财务或其他个人关系",在前一程序中知悉到争议,不能成为不合格的因素。但存在其他情形则可能使得仲裁员被回避。*No. R. G. 99/11732/A* 案[2]涉及客户与银行间的一份资产管理协议产生的争议仲裁。银行依据《比利时司法典》第 1691 条向布鲁塞尔一审法院就客户任命的仲裁员提出了异议,认为其已经在此前的十一个仲裁程序中担任了仲裁员,并都是处理的与银行有关的类似事务,且均不利于银行,故其作为仲裁员并不满足独立和公正的要求。该名仲裁员认为,因为他已经接受了该任命,故依据《比利时司法典》第 1689 条[3]他不会辞去仲裁员的职务。一审法院作出裁定,解除该名仲裁员的职责,理由是在他

---

[1] 案例详见《最新商事仲裁与司法实务专题案例》第十二卷。
[2] 案例详见《最新商事仲裁与司法实务专题案例》第七卷。
[3] 《比利时司法法典》第 1689 条:已接受委任之仲裁员不得辞职,除非第一审法院依其请求允许其辞职。法院应在当事人已被聆讯或由法院书记官以司法通知传唤后作出决定。法院之决定不得诉诸其他救济方式。

参加的先前的六个仲裁程序中,都涉及指责同一银行不当行为的类似情形,因此导致产生对该仲裁员公正性和独立性的怀疑。

经常担任某一方仲裁员的人,应当进行披露,异议方亦应当及时提出异议。Somoclest Bâtiment v. DV Construction AS[1]中,Somoclest Bâtimen 和 DV Construction(法国 Bouygues Group 下属公司)双方签订的合同中包含有一仲裁条款,仲裁条款中列明了四名仲裁员,其中一名将在发生争议时被指定为独任仲裁员。争议发生后,某人被指定为独任仲裁员,将于 2008 年 2 月 10 日作出仲裁裁决。随后,Somoclest 依据《法国民事诉讼法典》向凡尔赛上诉法院提出异议,称该独任仲裁员在接受指定时未能披露其曾经被 Bouygues Group 下属不同公司指定过五十一次。凡尔赛上诉法院以下述理由驳回异议:独任仲裁员接受指定时已经表明其经常被 Bouygues Group 指定为仲裁员,Somoclest 其时并未要求进一步解释,亦未在仲裁程序中作出保留;Somoclest 对于合同和其中条款的同意是有效的;Somoclest 参与了程序,未作出保留。这意味着 Somoclest 无保留地放弃了异议权。法国最高法院推翻了上诉法院的判决,认为属于相同集团的公司一直指定某人作为仲裁员,构成仲裁员和该公司集团之间的 courant d'affaires,仲裁员有义务向另一方当事人披露完整的情况,以便后者行使申请回避权。

有时候,当事人并不会因为所披露的这种一方常任仲裁员的情形提出异议。假如提出,该种情形是否构成回避,宜根据具体情况进行分析。

---

[1] 案例详见《最新商事仲裁与司法实务专题案例》第十二卷。

☞ 本文涉及案例

- *No. 20 SchH 2/10*
- *Erick van Egeraat Associated Architects v. Capital Group*
- *No. 26 Sch 8/07*
- 上海A文化传媒有限公司与上海B文化传播有限公司申请撤销仲裁裁决纠纷案
- 贺某某与郴州市扬生房地产开发有限公司请求撤销仲裁裁决案
- *Crobu v. Soc. Elci*
- *No. 4P. 105/2006*
- 怀集县A矿业采选经营部与海南B实业发展有限公司申请撤销仲裁裁决纠纷案
- *Trustmark Insurance Company v. John Hancock Life Insurance Company*
- *No. R. G. 99/11732/A*
- *Somoclest Bâtiment v. DV Construction AS*

5 仲裁程序

5.1 仲裁程序中的机会主义与异议权放弃

> 经常可以遇见这种情况:一方当事人觉得仲裁程序有问题了,但不想马上提出来,想看看裁决的结果再决定。如果胜诉,就不提了;反之,就马上启动异议程序。于是他就憋着。但是这是很冒险的。因为他忘了,利用仲裁程序瑕疵的机会成本太高,风险太大:憋,是会憋伤的。

在仲裁程序进行过程中,一方当事人可能不行使其本来可以行使的异议权利,此时,在已经进行了适当通知的情况下,仲裁程序通常不受影响,即该方当事人会被认为构成权利放弃。广义的权利放弃涉及当事人所有的消极行为,不仅限于仲裁程序,而且涉及启动仲裁程序所依据的仲裁协议以及今后的仲裁裁决执行程序等。例如,存在仲裁协议而一方当事人向法院起诉、无仲裁协议但一方提起仲裁而对方不做反对表示、被申请人未在规定期限内提交答辩书、没有在规定的期限内约定组庭方式或选定仲裁员[1]、未提出管辖权抗辩[2]、当事人经书面通知无正当理由不到庭或未经许可中途退庭、未提出撤销对裁决效力的影响等。简言之,可以归纳为管辖权异议权利的放弃和仲裁程序异议权利的放弃。本文限于仲裁程序中的异议权放弃。

一、异议权放弃的含义和条件

仲裁程序中的异议权放弃,即指在商事仲裁进行的过程中,一方当事人知道或者理应知道仲裁规则或仲裁协议中规定的任何条款或情事未被遵守,但仍参加仲裁程序或继续进行仲裁程序而且不对此不遵守情况及时地提出书面异议的,视为放弃其提出异议的权利。异议权放弃是国际商事仲裁界的普遍做法,一些国家的仲裁立法和多数仲裁机构仲的仲裁规则中规定有"放弃异议条款"。

从仲裁裁决进行的角度来看,异议权放弃条款有利于仲裁庭或仲裁机构顺利进行仲裁程序,不会因为一方的消极而中止或拖延程序的进行。但是,同样也应当看到,异议权放弃条款的另外一个重要的作用,是为法院对仲裁进行司法审查作出决定提供法律或规则依据。

当事人选择仲裁之后,即应当诚信履行其应当履行的义务,行使其享有的权利。如果当事人在争议诉诸仲裁之后,明知应当采

---

[1] 如《伦敦国际仲裁院仲裁规则》第2.3条规定,未能提交答辩书并不妨碍被申请人否认申请人的请求或在仲裁过程中提出反请求。但是,如果仲裁协议要求当事人选定仲裁员,没有在期限内或根本就没有提交答辩书或者提名仲裁员,构成该当事人对其提名仲裁员机会的不可撤销的放弃。

[2] 如《伦敦国际仲裁院仲裁规则》第23.2条规定,除非其至迟在答辩书中提出,被申请人被视为不可撤回地放弃了抗辩仲裁庭没有管辖权的权利。

取某些行为而不采取,明知可以提出对当事人、仲裁庭的异议而不及时提出,却指望在万一获得不利的结果之后,再以此为由提出异议,违背了民商事交往中的诚实信用原则,也损害了仲裁作为争议解决方式的功能。任何一方当事人均不能从自己的前后不一致中获利,这应当成为争议解决的一个原则。

构成仲裁程序中的异议权放弃一般要满足如下条件:一是所涉及的行为当事人可以对其放弃提出异议的权利。二是当事人知悉该类行为。仲裁程序中存在的不当行为已经为当事人所知悉,当事人有对此类行为提出异议的机会。三是继续参加仲裁程序。在知悉存在这种行为的情况下,当事人仍然进行仲裁程序。四是未提出异议或未在合理期限内提出异议。当事人虽然有提出异议的机会,但因为自己的原因,没有提出异议或没能及时提出异议。

二、关于异议权放弃的相关规定

是否所有的程序权利,在当事人未提出异议时,都可以视为放弃?一种观点从诚信原则、禁止反言和经济效率出发,认为未在仲裁程序中提出异议,则不得在今后的程序中以此为由提出。另外一种观点则认为,并非所有的权利,都是当事人可以放弃的。异议权放弃条款所针对的对象,应当是当事人可以放弃的权利。例如,《UNCITRAL 仲裁示范法》第 4 条规定:"当事一方如知道本法中当事各方可以背离的任何规定或仲裁协议规定的任何要求未得到遵守,但仍继续进行仲裁而没有不过分迟延地、或在为此有时限的情况下没有在此时限以内对此种不遵守情事提出异议,则应视为已放弃其提出异议权利。"这里限定的是"可以背离的"规定或要求。《德国民事诉讼法》第 1027 条规定为:"本编任何可被当事人放弃的规定或仲裁程序的任何被约定的条件没有被遵守而继续进行仲裁,当事人一方对此不及时或不在规定期限内提出异议,则不得在其后对此提出异议。此前未知悉前述不符点的除外。"同样,此处涉及的,亦是"可被当事人放弃的"的规定或条件。但是,对于哪些属于即便不提异议也不应视为放弃的权利,很少见明确的规定。

一般认为,除非明确表明不可放弃,否则,当事人对于其他任何不遵守情事不提出异议,均可以构成异议权放弃。例如,2003年《日本仲裁法》规定,除非当事人另有约定,有关仲裁程序,若一方当事人知悉本法任何规定或当事人约定的仲裁程序规则未被遵守,却未对此及时提出异议(如果规定了提出异议的期限,则在此期限内),则该方当事人应被视为放弃其异议权。[1] 1999年《瑞典仲裁法》规定,当事人参加仲裁程序且未对不当情况提出异议或者采取其他措施,则应被认为对不当情况放弃了异议,因此其无权主张不当情况的存在。[2] 1996年《英国仲裁法》第73(1)条也规定,如仲裁程序的一方当事人继续参与仲裁程序,而没有立即或在仲裁协议约定或仲裁庭允许或本编规定的时间内就仲裁程序不适当进行或不符合仲裁协议约定等情形提出异议,则其后不得向仲裁庭或法院提出异议。[3]

---

[1] 《日本仲裁法》第27条。日本仲裁协会仲裁规则第46条规定,当事人知道或应当知道仲裁程序没有适当进行,但并未及时提出异议,则应视其放弃了提出异议的权利。

[2] 《瑞典仲裁法》第34条。

[3] 1996年《英国仲裁法》第73(1)条规定:73.(异议权之丧失)

(1)如仲裁程序的一方当事人参与或继续参与仲裁程序,而没有立即或在仲裁协议约定或仲裁庭允许或本编规定的时间内提出下列异议:

(a)仲裁庭缺乏实体管辖权;
(b)仲裁程序不适当进行;
(c)存在不符合仲裁协议约定或本编规定之情事,或者
(d)存在其他影响仲裁庭或仲裁程序的不当行为,

则其后不得向仲裁庭或法院提出异议,除非证据表明在其参与或继续参与仲裁程序时并不知晓且以合理谨慎无法发现得以提出异议的理由。

许多机构的仲裁规则也作类似规定。《国际商会仲裁规则》规定,当事人对本规则或适用于程序的其他规则,仲裁庭的任何指令,或者仲裁协议中有关仲裁庭组成或进行程序的任何要求未被遵循的情事没有表示异议,而继续进行仲裁程序的,视为已经放弃异议权。[1]《伦敦国际仲裁院仲裁规则》规定,如果当事人知晓仲裁协议的任何规定未被遵守而未立即就此提出异议且仍继续进行仲裁程序,则应被视为已经不可撤销地放弃了提出异议的权利。[2] 2010 年《斯德哥尔摩商会仲裁院仲裁规则》第 31 条规定,如果一方当事人在仲裁程序进行期间未能毫不迟延地就不符合仲裁协议、本规则或仲裁程序应予适用的其他规则之情事提出异议,则应当视为业已放弃就此等不符提出异议的权利。《新加坡国际仲裁中心仲裁规则》[3]《印度仲裁委员会仲裁规则》[4]《UNCITRAL 仲裁规则》[5]等均有类似规定。

仲裁程序中可能存在很多种程序异议,例如,对仲裁员申请回避。不及时行使,将视为放弃。《斯德哥尔摩商会仲裁院仲裁规则》规定,当事人提请仲裁员回避,应以书面方式向仲裁院提出并陈述理由。回避申请须于当事人知晓所谓不称职事由之日起 15 日内

---

[1] 2012 年 1 月 1 日生效的《国际商会国际仲裁院仲裁规则》第 39 条。
[2] 2014 年 10 月 1 日生效的《伦敦国际仲裁院仲裁规则》第 32 条。
[3] 2010 年 7 月 1 日生效的《新加坡国际仲裁中心仲裁规则》第 36.1 条规定:当事人明知本规则的任何规定或者要求未被遵守,却未及时提出异议,仍继续进行仲裁的,应当视为当事人已放弃提出异议的权利。
[4] 第 58 条规定,当事人如知悉本规则任何规定或要求未被遵守而未就此提出书面异议、仍然进行仲裁程序的,应视为放弃提出异议的权利。
[5] 2010 年修订的《联合国国际贸易法委员会仲裁规则》第 30 条规定,任何一方当事人未能迅速对不遵守本《规则》或仲裁协议任何要求的任何情形提出异议,应视为该当事人放弃提出此种异议的权利,除非该当事人能够证明,其在当时情况下未提出异议有正当理由。

提出。当事人未能在规定期限内提出的,视为其放弃此项权利。[1]

我国的仲裁立法没有对仲裁程序中的异议权放弃作规定,但对于仲裁协议的异议权放弃,通过《仲裁法》及最高人民法院司法解释的结合,有相对完整的规定。《仲裁法》规定,当事人对仲裁协议效力有异议,应当在仲裁庭首次开庭前提出。但仲裁法没有明确规定未在仲裁庭首次开庭前提出异议的后果。2006年《仲裁法解释》第13条明确规定:"依照《仲裁法》第20条第2款的规定,当事人在仲裁庭首次开庭前没有对仲裁协议的效力提出异议,而后向人民法院申请确认仲裁协议无效的,人民法院不予受理。"第27条规定:"当事人在仲裁程序中未对仲裁协议的效力提出异议,在仲裁裁决作出后以仲裁协议无效为由主张撤销仲裁裁决或者提出不予执行抗辩的,人民法院不予支持。"据此,即使仲裁协议本身确实存在效力瑕疵,也应视为当事人放弃对仲裁协议效力向法院提出异议或以此为由在仲裁裁决司法审查阶段提出异议的权利。

我国关于仲裁程序异议放弃的规定,常见于各仲裁机构仲裁规则。一般仲裁规则中对于异议权放弃的规定,均涉及前文讨论到的几个要件。

三、异议权放弃的实践案例

在仲裁程序中,仲裁庭或仲裁机构会根据仲裁规则判断一方当事人的消极行为是否构成异议权放弃。假如构成,则仲裁程序会继续进行。对于所有这些仲裁程序中被认为已经放弃的异议权,所涉当事人仍可能在仲裁裁决作出之后,据以向法院提出异议。各国法院都有不少实践。法院的处理原则通常是基于前文提

---

[1] 2010年版《斯德哥尔摩商会仲裁规则》第15(2)条。

到的诚信以及争议解决效率原则作出决定。以下列举几例。

对于仲裁程序中的不当行为,甚至是严重不当,当事人放弃异议,一般不得以此为由对仲裁裁决提出抗辩,即便提出也得不到支持。例如,在美国联邦第二巡回上诉法院 Techno v. IDTS 一案中,IDTS 以违反公共政策为由反对对其不利的两个裁决的执行,声称仲裁庭有受贿行为。法院认定 IDTS 已经放弃了在执行程序中提出这一主张的权利,因为它在明知有关受贿的事实的情况下,仍完全参与了仲裁程序,且在裁决作出前未披露这些相关事实。[1]

其他弃权行为也将导致类似的结果,弃权方当事人不能在今后援引此类权利,提出请求或作为抗辩。例如,弃权方当事人不能在日后可能的撤销或不予执行程序中,声称存在其曾经放弃过的行为,损害了其权益或正当程序。提出这种主张无法得到法院的支持。在 Minmetals v. Ferco 公司案[2]中,当事人提出不予执行的

---

〔1〕 转引自曹丽军编译:《根据〈纽约公约〉执行外国仲裁裁决的最新发展》,网址:http://www.com-law.net/wenku/susong/newyork.htm,访问于 2015 年 12 月 14 日。

〔2〕 *Minmetals Germany Cmbh v. Ferco*,[1999] 1 All ER (Comm) 315。该案基本案情如下:Ferco 公司向 Minmetals 出售钢产品,Minmetals 又向下一家出售。但该产品不符合规定,这样,Ferco 公司与 Minmetals 以及 Minmetals 与其下家买方之间发生仲裁。案件由 CIETAC 审理。两个案件的仲裁员相同。在 Minmetals 与其下家买方之间的仲裁案件中,下家买方胜诉。仲裁庭依据该裁决(下称下家裁决),并且在未要求 Ferco 公司就此作出陈述的情况下,在 Ferco 公司在其与 Minmetals 之间的仲裁案中,裁决 Ferco 公司应当承担相当数额的赔偿。Ferco 公司向北京中院提起撤销。北京二中院将案件发回重审。但是,在 Ferco 公司与 Minmetals 间的仲裁案件继续的情况下,Ferco 公司仍未能对下家裁决提出意见。仲裁庭经重新审理,作出第二份裁决,维持原裁决。Ferco 公司再一次向法院提起撤销。法院驳回 Ferco 公司的申请,认定 Ferco 公司已经得到对下家裁决发出意见的机会。Minmetals 于是向英国法院申请执行,并取得英国法院的同意。Ferco 公司申请法院撤销该同意,理由是其无法陈述案件、违反 CIETAC 的程序、执行违反英国公共政策等。英国法院驳回其申请。英国法院认为,在作出下家裁决时,未让 Ferco 公司在对其进行评论而作出裁决,仲裁员违反了《CIETAC 仲裁规则》。北京二中院第一份裁定后,Ferco 公司有机会陈述其案件,但没有陈述。依《CIETAC 仲裁规则》第 45 条,Ferco 公司未能在此后对将下家裁决作为证据提出异议,已经放弃其异议权。通过约定仲裁地在中国,当事人已经同意仲裁的进行应依服从中国法院的监管管辖权。法院并分析了在一方当事人认为执行纽约公司裁决会导致违反公共政策的情况下一般应考虑的因素。

理由之一是违反规则。法官认为，"……《英国仲裁法》第103(2)(c)条规定的当事人不能向仲裁庭进行陈述的情况主要是指被执行人由于不受其控制的原因而不能进行陈述。这自然涉及程序违背自然公正原则的案件。但是，如果被执行人由于自身的原因而未能抓住机会提出主张，那么他无权依据本条拒绝执行裁决。"同样的，在 Juan Pedro v. Metrovacesa S. A. 案[1]中，申请人申请撤销裁决，其中一项理由是仲裁员的委任和仲裁程序不符合仲裁协议。西班牙马德里上诉法院认为，知道非强制性规定被违反，但在仲裁程序中，未在规定的时间，或在无规定时限时，未尽快提出异议，应视为已经放弃在之后提出异议的权利。

在 No. 4P. 96/200 案[2]中，瑞士最高法院确认了放弃异议权原则，即在程序性规则未被遵守时双方当事人必须及时地提出异议，否则将被视为放弃异议的权利。本案的原告辩称仲裁庭拒绝将两个程序合并的决定从形式上而言是无效的，因为这是在首席仲裁员单独签署而非仲裁庭所有成员共同签署的信函中作出的。瑞士最高法院认为，仲裁庭其他仲裁员未对首席仲裁员的信件作出反应，且在签署仲裁裁决时也未对此提出异议，至少表明他们认可了首席仲裁员的决定。最高法院同样认为原告未及时对该信件提出异议，因此他们已经放弃了该权利。尽管原告可以在早先就提出异议，但原告却在上诉程序中对该信函提出异议，这违反了诚信原则。

不知情将构成对异议权放弃的抗辩。在 Somoclest Bâtiment v. DV Construction AS[3] 案中情况即是如此，涉及前文提到的对仲裁

---

[1]《最新商事仲裁与司法实践专题案例》第十二卷。
[2]《最新商事仲裁与司法实践专题案例》第五卷。
[3]《最新商事仲裁与司法实践专题案例》第十二卷。

员申请回避权利的放弃。Somoclest Bâtimen 和 DV Construction（法国 Bouygues Group 下属公司）双方签订的合同中包含有一仲裁条款，仲裁条款中列明了四名仲裁员，其中一名将在发生争议时被指定为独任仲裁员。争议发生后，某人被指定为独任仲裁员，将于 2008 年 2 月 10 日作出仲裁裁决。随后，Somoclest 依据《法国民事诉讼法典》向凡尔赛上诉法院提出异议，称该独任仲裁员在接受指定时未能披露其曾经被 Bouygues Group 下属不同公司指定过五十一次。凡尔赛上诉法院以下述理由驳回异议：独任仲裁员接受指定时已经表明其经常为 Bouygues Group 指定为仲裁员，Somoclest 其时并未要求进一步解释，亦未在仲裁程序中作出保留；Somoclest 对于合同和其中条款的同意是有效的；Somoclest 参与了程序，未作出保留。这意味着 Somoclest 无保留地放弃了异议权。但法国最高法院推翻了上诉法院的判决，认为属于相同集团的公司一直指定某人作为仲裁员，构成仲裁员和该公司集团之间的 courant d'affaires，仲裁员有义务向另一方当事人披露完整的情况，以便后者行使申请回避权。

小结

从诚信原则和争议解决的角度出发，今后的仲裁实践和仲裁司法审查实践（尤其是后者）应当继续强调仲裁程序的异议权放弃。一般情况下，一方当事人无异议地参加仲裁程序，即视为异议权放弃，不能支持今后以各项应提出而未提出的理由对抗仲裁程序。一种特殊的情形是当事人缺席，此时是否可被认为是异议权放弃。当事人缺席的原因有多种，例如，缺席方认为仲裁协议无效，或者单纯就不愿意积极配合参加仲裁程序，或者没有实际收到仲裁通知（如实践中常遇到的公司未正常营业而无法实际送达）。

由于无法区分缺席的情形,故不能一概视为异议权放弃,其仍然具有在今后程序中的抗辩权力。惟法院应当区分不同情形判断理由正当与否。例如,对于仲裁协议有效情况下仍恶意不参加仲裁的当事人,即可从管辖源头认定其构成异议权放弃。

☞ 本文涉及案例

- *Techno v. IDTS*
- *Minmetals v. Ferco*
- *Juan Pedro v. Metrovacesa S. A.*
- *No. 4P. 96/200*
- *Somoclest Bâtiment v. DV Construction AS*

5.2 合并仲裁的决定者与意思自治的偏离

与多方当事人相关的概念是合并仲裁。通常,仲裁中的合并审理涉及的是多方当事人的问题。当然,并非所有的合并仲裁都涉及多方当事人,有时候也有可能是相同当事人涉及的不同或类似的法律关系,或者是互为主张所针对的对象,例如一案中的申请人和被申请人分别是另一案中的被申请人和申请人。

一、概述

主张合并仲裁主要也是从便利、经济和避免矛盾裁决的角度出发。各国有关仲裁合并的规定或实践不一。根据启动合并仲裁方的不同,可以发现合并仲裁通常通过下述几种情况发生:一是特定法院享有合并仲裁的权力,如荷兰;二是仲裁机构享有合并仲裁的权力,如比利时、意大利;三是仲裁庭允许;四是当事人约定合并。通常情况下,关于合并仲裁,仲裁规则并不仅规定一种需要的因素，而是会同时规定数种因素。例如，当事人意思表示即是大多数规则需要考虑到的情况，可能与仲裁庭允许或仲裁机构允许一并规定在规则里。从当事人意思表示角度，基本上可以将合并仲裁分为两种：一种是当事人同意方可进行的合并，如英国、印度等的做法；另一种是无需当事人同意即可进行的合并，如下述荷兰的司法权合并、日本同一仲裁协议情况下的合并。但是，应当看到，当事人同意方可进行合并仲裁，体现仲裁的自愿原则，是目前国际商事仲裁界的主流作法。

　　国际上对合并仲裁持明显支持态度的国家，最典型的就是荷兰。《荷兰仲裁法》规定，如果在荷兰境内开始的两个仲裁程序的标的有联系，任何当事人可以请求阿姆斯特丹的地方法院院长发布合并程序的命令。因此，按照《荷兰仲裁法》，只要两个仲裁程序都发生在荷兰境内，并且标的有联系，阿姆斯特丹的地方法院院长就可以并且只允许其决定是否合并以及合并哪些争议，甚至决定适用于合并程序的程序规则，除非当事人另有协议。他的决定应以书面送达给所有有关的当事人和仲裁庭。院长在给予所有当事人和仲裁员陈述意见的机会后，可以全部或部分地准许或拒绝请求。[1] 而在实践当中，当事人于争议发生前拟定仲裁条款时或者在争议发生后就合并达成任何一致都是比较困难的，因此，荷兰实际上就是认为特定法院可以通过司法权合并仲裁程序，此时，仲裁的自愿原则并没有处于首要的位置。

二、法院

　　《美国联邦仲裁法》(FAA) 没有对合并仲裁加以规定，但美国

---

[1] 见1986年《荷兰民事诉讼法典》第1046条。

统一州法委员会于2000年修订的《美国统一仲裁法》(UAA)第10条规定:"a. 除非本条第c款另有规定,一旦仲裁协议或仲裁程序的一方当事人提出动议,则法院可以就所有的或部分的仲裁请求命令独立的仲裁程序合并,如果:(1)相同的当事人之间存在独立的仲裁协议或独立的仲裁程序,或其中一方是与第三人的独立仲裁协议或仲裁程序的一方当事人;(2)受仲裁协议约束之请求产生于相同交易或系列相关交易的实质性部分;(3)存在共同的法律或事实问题使不同仲裁程序中作出相互冲突的决定成为可能;且(4)未合并引起的损害大于不正当的拖延风险或反对合并的当事人的权利或努力的损害。b. 就某些请求,法院可以命令独立仲裁程序的合并;对其他请求,仍然可通过独立的仲裁程序解决。c. 如仲裁协议禁止合并,法院不得命令对仲裁协议当事人的请求合并审理。"依照该示范法性质的文件,法院有权命令合并仲裁。

以上涉及法院命令的合并仲裁。但在某些国家,法院一般不会介入合并仲裁程序。例如,2004年加拿大阿尔伯塔省高等法院判决的 *Western Oil Sands Inc. v. Allianz Insurance Co. of Canada*[1] 一案表达了这种意见。该案中,一方要求中止新仲裁程序或合并两个仲裁程序的案件。法院认定,依《国际商事仲裁法》第8(1)(a)条和8(1)(c)条申请合并两个仲裁程序或在另一个程序结束之前中止其中的一个,需要仲裁程序所有当事人的同意。这种解释与《示范法》在国际商事仲裁中尽量减少司法介入的目的是一

---

[1] 参见《最新商事仲裁与司法实务专题案例》第一卷。争议产生于一家加拿大公司和英国的一个保险代理之家。双方签订了一份保险合同。英国保险代理取消了合同,声称加拿大公司存在重大不披露或误述。英国保险代理加入了其他几家保险人针对加拿大公司提起的仲裁程序,但随后声称退回原仲裁程序,并针对加拿大公司启动了新的仲裁程序。

致的。

三、仲裁机构

依某些仲裁规则的规定,仲裁机构有权合并仲裁程序,但通常对于机构合并设定一些条件。《比利时国内及国际仲裁研究与实务中心(CEPANI)规则》[1]第13条(合并仲裁)规定,一个或数个包含Cepani仲裁条款的合同发生密切相关或不可分开的仲裁时,委任委员会或Cepani主席有权命令仲裁程序的合并。此种决定系根据一个或几个仲裁员的要求,或者,在采取其他任何措施之前,根据当事人或最早的申请人的要求,或者依据职权作出。如果要求被许可,委任委员会或Cepani主席应委任一位仲裁员或数位仲裁员裁定因合并决定发生的争议。委任委员会或主席根据征询当事人和仲裁庭的意见后,作出决定。如之前已对争议作出决定、或已对争议的可受理性或请求实体作出决定,则前述委员会或主席不可命令争议合并审理,除非当事人对合并的原则和方式另有规定。按照该条规定,Cepani的主席在多方当事人仲裁的情况下,也可以命令合并仲裁程序。比利时的作法实际上较之荷兰的做法更进一步,仲裁机构本身即可在一定情况下命令程序合并,而荷兰则是由特定法院行使这种权力。《意大利仲裁协会国际仲裁规则》[2]第16条(关联争议)也规定,如在仲裁庭组成之前,相关联的争议被提交仲裁,仲裁院在考虑争议的特点及所适用的程序法的基础上,可以决定将争议提交给同一个仲裁庭,或在当事人同意的情况下,允许合并审理,以便在同一个裁决中决解决争议。据该

---

[1] 2013年1月1日起施行文本。
[2] 1994年4月15日通过,1994年9月30日生效。

条,仲裁院可以在受案之时,即将相关联的争议提交同一个仲裁庭,或者在此后当事人同意时合并仲裁程序。

再如国际商会2012年1月1日起生效的仲裁规则,其第10条(合并仲裁)规定,在当事人要求并符合以下某一项条件的情况下,仲裁院有权决定合并仲裁:当事人已经同意进行合并,或各仲裁案的所有仲裁请求基于同一份仲裁协议,或者各仲裁案的所有仲裁请求基于多份仲裁协议提出,当事人相同、所涉法律关系相同,且仲裁院认为各仲裁协议彼此相容。

除以上仲裁机构的合并权力之外,还有必要介绍一下瑞士。依据2004年《瑞士国际仲裁规则》,仲裁机构在仲裁程序合并方面具有超越当事人意志的权力。依第4(1)条,正在依照国际仲裁规则进行其他仲裁程序的当事人之间又有仲裁通知提出,商会经过与所有仲裁程序的当事人及特别委员会协商后,可以决定将新的仲裁案件交由为正在进行的仲裁程序而组成的仲裁庭予以审理。并且,当提出仲裁通知的当事人与正在进行的仲裁程序的当事人不一致时,商会依然可以作出类似决定。在作出决定之时,商会须综合考虑所有情形,包括两桩仲裁案件的联系及现有的仲裁程序已经取得的进展。在商会决定将新的仲裁案件交由现有的仲裁庭进行审理时,新案件的当事人应被视为已放弃了指定仲裁员的权利。依据该条,商会对本会机构仲裁的案件,可以合并。

四、仲裁庭

除了仲裁机构外,有些仲裁机构的仲裁规则规定,仲裁庭可以决定合并仲裁程序。例如,《日本商事仲裁协会商事仲裁规则》[1]

---

[1] 1997年5月28日修订,1997年10月1日生效。

规则41.1（对同一程序中多个仲裁申请的审理）规定，如协会或仲裁庭认为有必要将请求密切相关的数个仲裁申请合并审理，仲裁庭在得到所有相关当事人的书面同意后，可在同一程序中将此案件一并审理。但是，如果多个仲裁申请系产生于同一仲裁协议，则无需征得当事人的同意。依据该条，同一仲裁协议产生的多个仲裁申请，无需征得当事人的同意，协会或仲裁庭即进行合并审理。

五、当事人

依1996年《英国仲裁法》规定，当事人可以自由约定，合并两个仲裁程序或同时举行庭审。但是，除非当事人同意将此种权力授予仲裁庭，仲裁庭无权命令程序合并或同时举行庭审。[1] 从这一角度来看，在英国法下，当事人享有合并仲裁下完全的意思自治。

2010年1月1日起生效的《斯德哥尔摩仲裁规则》第11条（合并审理）规定，如果根据本规则而进行仲裁的相同当事人基于同一法律关系再次申请仲裁，理事会可以应一方当事人的请求，决定将该新的仲裁请求与现有程序合并审理。这种决定只能在征得当事人和仲裁庭的同意后作出。与其他上述机构有权决定仲裁的规则相比，斯德哥尔摩仲裁规则仅是对"相同当事人基于同一法律关系再次申请仲裁"，显得谨慎。

六、我国的做法

我国仲裁法没有对合并审理作出规定。但在一些机构的规定当中，则对于合并仲裁作出了规定。例如，《深圳国际仲裁院仲裁

---

[1] 1996年《英国仲裁法》第35条。

规则》[1]第36条(合并仲裁)规定,"(一)经当事人书面同意,仲裁委员会可以决定将根据本规则进行的两个或两个以上的仲裁案件合并为一个仲裁案件,由同一仲裁庭进行审理。(二)根据上述第(一)款决定合并仲裁时,仲裁委员会应考虑相关仲裁案件之间的关联性。(三)除非当事人另有约定,合并的仲裁案件应合并于最先开始仲裁程序的仲裁案件。"起草规则的过程中,同样也考虑了各种因素,并将合并的权力由仲裁机构来行使。实践当中也存在一些合并审理的案例。通常情况下,如果只有一个仲裁协议,且该仲裁协议的当事人是三方或以上,在仲裁当事人提出请求且仲裁协议的各方当事人都同意(包括同意参加仲裁,同意采用已经采用的仲裁规则,同意仲裁庭的组成人员以及其他程序性事项),而且仲裁庭也同意的情况下,可以允许两个或两个以上已经开始的仲裁程序合并进行。如果两个或两个以上的仲裁程序分别是基于不同的仲裁协议,则要视情况允许仲裁程序的合并。在后一种情况下,如果因为当事人同意而形成"合并审理",实质上原来的仲裁协议,已被一个由多方共同达成的新仲裁协议的"内核"所取代,当然,在表现形式上,其仍然是数个仲裁协议。

七、进一步的思考

从以上举出的一些例子,似乎至少可以看出两个非常重要的待论证观点:一是在机构仲裁中,机构所享有的权力并没有减少,机构对于仲裁程序所起的作用,仍然非常强大,甚至是具有加强的趋势;二是,在某些情况下,仲裁的自愿性原则,并不是绝对的。实际上,违反仲裁自愿性原则也是反对合并仲裁的主要理由。更进

---

[1] 2012年12月1日起生效文本。

一步,由于偏离自愿性原则,是否会导致在根据国内法或者国际公约(如《纽约公约》)申请执行仲裁裁决时,对其中执行条件的违反,也是需要考虑的问题。例如,《纽约公约》第 5 条第 1 款 d 项规定:仲裁庭的组成及仲裁程序与当事人之间的协议不符,或无协议时,与仲裁地所在国法律不符者,所作出的裁决,其他缔约国可拒绝承认和执行。那么,法院、仲裁机构或者仲裁庭作出的命令,是否会产生这种不利的后果呢? 2004 年,英国高等法院判决的 *Karaha Boda Co. v. Perusahaan Pertambangan Minyak Dan Gas Bumi Negara* 案[1]即涉及此种情形。争议涉及印尼两国有公司与一家开曼群岛公司之间地热能项目的开发合同。申请人启动合并的仲裁程序,并获得针对两印尼国有公司的有利裁决。申请人随后成功地在美国、香港、印尼承认和执行了裁决,并在英国也寻求执行该裁决。印尼两国有公司依据《纽约公约》第 5(1)(d)、(2)(b)条提出异议,要求不予执行,辩称,仲裁程序的合并不符合双方当事人的合同规定。法院驳回了印尼两国有公司的主张,指出,被申请人已经收到关于合并仲裁程序的适当通知,而单独进行程序费用昂贵、不自然且可能产生相互矛盾的结果。而在美国法院对系列案的判决中[2],地区法院和上诉法院都认为,既然当事人同意在瑞士仲裁,就应适用瑞士法来解决合并仲裁问题。根据瑞士法,所涉权利主张与两个合同都有内在联系,合并仲裁并未违反当事人之间的协议,因此,裁决应被执行。

---

[1] 参见《最新商事仲裁与司法实务专题案例》第二卷。
[2] Karaha Bodas Co., L L C. v. Perusahaan Pertambangan Minyak Dan Gas Bumi Negara, 364 F. 3d 274 (5th Cir. 2004).

☞ 本文涉及案例

- *Western Oil Sands Inc. v. Allianz Insurance Co. of Canada*
- *Karaha Boda Co. v. Perusahaan Pertambangan Minyak Dan Gas Bumi Negara*

5.3 瑕不掩瑜：对仲裁程序瑕疵的司法审查标准

仲裁司法审查的主要对象是程序。在对裁决提出异议时，如果确实存在程序上的瑕疵，裁决是否必定被撤销或不予执行？不同国家、不同时间点上，司法对仲裁的支持态度不同，可能会产生不同的结果。应当宽松对待程序瑕疵，对于微小的程序瑕疵，不应当据以撤销或不予执行仲裁裁决。应予以法院充分的自由裁量权决定是否支持异议，以免因过于严苛的规定和理解而对所有程序瑕疵一律不容忍并据以否定仲裁，从而导致社会资源和司法资源的浪费，影响当事人的权益。

一、国际上的立法

仲裁是由仲裁庭控制之下对当事人的实体争议作出判断的程

序,仲裁庭不但要处理实体问题,还要负责程序的进行。当然,由于存在临时仲裁和机构仲裁的不同,仲裁庭在程序管理上也存在全部负责或部分由仲裁机构协助进行的差别。

在面对程序问题时,一般地,条约或立法虽然规定了裁决可被提出异议(撤销或不予执行)的具体情形,但是,同时也会赋予法院裁量权,将最终是否裁定撤销或不予执行的权力留给法院。多数公约或立法如此规定。在决定裁决是否可被否定上的自由裁量权,或称剩余裁量权(residual discretion)、剩余管辖权(residual jurisdiction),是指对法律未作明确规定的权力自由裁量行使的权利/权力。

《纽约公约》第 5 条规定的是一个任意性的标准。[1] 该条规定:裁决唯有于受裁决援用之一造向声请承认及执行地之主管机关提具证据证明有下列情形之一时,始得依该造之请求,拒于承认及执行(Recognition and enforcement of the award *may* be refused, at the request of the party against whom it is invoked, only if that party furnishes to the competent authority where the recognition and enforcement is sought, proof that)。此处用词为"得"(may),而非"应当"(shall)。这表明,即便存在不予承认和执行的理由,法院仍可以行使自由裁量权,承认和执行仲裁裁决。所规定的导致拒绝承认和执行的事项,并不必然导致承认和执行被拒绝。并非一旦裁决存在法定的缺陷就一定要拒绝执行,法院可以衡量缺陷的程度,以决

---

〔1〕 事实上,《纽约公约》第 5 条关于任意性标准的规定,也正是法院利用第 7 条执行已撤销裁决的依据所在。例如,在 *Chromalloy* 案中,法院明确对比了公约第 5 条中的任意性与第 7 条中的强制性:"第 5 条规定的是一个自由裁量性质的标准,而公约第 7 条则要求:'本公约的规定……不剥夺有关当事人在被请求承认或执行某一裁决的国家的法律……所许可的方式和范围内,可能具有的利用该仲裁裁决的任何权利。'" *See Chromalloy Aeroservices Inc v Arab Republic of Egypt*, 939 F. Supp. 909—910 (D. D. C. 1996).

定执行或不执行一项裁决。[1]这与《纽约公约》有利于仲裁裁决承认和执行的宗旨是相符的。

《联合国国际贸易法委员会仲裁示范法》亦是如此。其第34条规定：仲裁裁决只有在下列情况下才可以被第6条规定的法院撤销（An arbitral award *may* be set aside by the court specified in article 6 only if）。其用词也是"可以"而非"应当"。第36条关于拒绝承认和执行裁决上也是如此规定：只有在下列情况下才可拒绝承认或执行不论在何国作出的仲裁裁决：（Recognition or enforcement of an arbitral award, irrespective of the country in which it was made, *may* be refused only）。而对于裁决的承认和执行，规定得却很明确：**应予以执行**，但须服从本条和第36条的规定（*shall* be enforced subject to the provisions of this article and of article 36）。[2]

1996年《英国仲裁法》也是如此规定[3]，将最终是否支持异议的权力赋予法院。1998年《比利时司法法典》[4]、1999年《瑞典仲裁法》[5]等仲裁法均作了类似规定。

当然，表述本身只是一种表现形式，关键的是背后隐藏的价值取向，换句话说，一是实质正义的定位，二是对于程序正义的理解。

二、中国的立法和司法规定

中国的立法，在文字表述上，稍显生硬。我国《仲裁法》规定：

---

[1] See A. J. van den Berg, The New York Arbitration Convention of 1958 (1981), p.302.
[2] 《UNCITRAL 仲裁示范法》第35条。
[3] 1996年《英国仲裁法》关于上诉的规定，见第68、69条；关于裁决的承认和执行的规定，见第103条。
[4] 1998年《比利时司法法典》第1704条。
[5] 1999年《瑞典仲裁法》第34条。

第五十八条　当事人提出证据证明裁决有下列情形之一的,可以向仲裁委员会所在地的中级人民法院申请撤销裁决:

（一）没有仲裁协议的;

（二）裁决的事项不属于仲裁协议的范围或者仲裁委员会无权仲裁的;

（三）仲裁庭的组成或者仲裁的程序违反法定程序的;

（四）裁决所根据的证据是伪造的;

（五）对方当事人隐瞒了足以影响公正裁决的证据的;

（六）仲裁员在仲裁该案时有索贿受贿,徇私舞弊,枉法裁决行为的。

人民法院经组成合议庭审查核实裁决有前款规定情形之一的,应当裁定撤销。

人民法院认定该裁决违背社会公共利益的,应当裁定撤销。

第六十三条　被申请人提出证据证明裁决有民事诉讼法第二百一十七条第二款规定的情形之一的,经人民法院组成合议庭审查核实,裁定不予执行。

第七十条　当事人提出证据证明涉外仲裁裁决有民事诉讼法第二百六十条第一款规定的情形之一的,经人民法院组成合议庭审查核实,裁定撤销。

第七十一条　被申请人提出证据证明涉外仲裁裁决有民事诉讼法第二百六十条第一款规定的情形之一的,经人民法院组成合议庭审查核实,裁定不予执行。

我国《仲裁法》虽没有明确规定法院的裁量权,但事实上,在司法实践中,各级法院,仍然是秉持支持仲裁的态度,不将所有的程序瑕疵作为否定裁决的原因。

例如,2006 年《仲裁法解释》第 20 条规定:

> 仲裁法第五十八条规定的"违反法定程序",是指违反仲裁法规定的仲裁程序和当事人选择的仲裁规则可能影响案件正确裁决的情形。

该条提出了"可能影响案件正确裁决"的标准。换言之,不但需要是程序瑕疵,而且只有那种可能影响案件正确裁决才会导致被认定为违反法定程序。

在《北京市高级人民法院国内商事仲裁裁决司法审查工作要点》[1]中,北京高院则规定:

> 3.【对违反法定程序的认定】
> 仲裁法司法解释第二十条规定的'违反法定程序'应包括仲裁违反了仲裁法的强制性规定或者当事人约定的仲裁程序或者其他仲裁程序,且实质性影响正确裁决的情形。

在关于该条的说明中,北京高级人民法院提到《最高人民法院仲裁法司法解释的理解与适用》[2]一书中的观点[3]说明并援引了该书例举的仲裁庭的组成和仲裁程序违反法定程序的一些情

---

[1] 2013 年 3 月 7 日北京市高级人民法院通过。
[2] 沈德咏、万鄂湘主编,人民法院出版社 2007 年版。
[3] 该书中的观点认为,"可能影响案件正确裁决"的情形(或者说是仲裁程序违法构成撤销的判断标准)包括:1. 违反了《仲裁法》的强制性规定。(如《仲裁法》第 24 条、第 25 条、第 33 条等,可以认定为强制性规。)2. 违反了当事人约定的仲裁程序(在仲裁法强制性规定之外,当事人可以就仲裁庭的人数、委任方式、仲裁地点、仲裁程序等事项进行约定,或者直接指定适用的仲裁规则),且严重影响仲裁当事人的权利。3. 违反了其他仲裁程序(A 仲裁法的任意性规定:在仲裁法没有强制性规定,当事人也没有特别约定的情况下,仲裁庭可以按照仲裁法的任意性规定进行仲裁;B 由仲裁庭自由裁量:在《仲裁法》没有规定,当事人也没有约定的情况下,仲裁庭可以在不违反最低正当程序要求下自由决定仲裁的程序和决定的方式),且实质性影响到仲裁裁决公正的。

形,包括:

(1) 仲裁员选任违反法定程序的主要情形

A. 违反仲裁协议关于仲裁庭人数组成的约定。

B. 未给当事人选定或者共同选定仲裁员的机会。

C. 仲裁员应当回避而没有回避。

(2) 仲裁程序违反法定程序的主要情形

A. 没有在法律规定或者仲裁规则规定的期限内向被申请人送达仲裁申请书副本、仲裁规则和仲裁员名册。

B. 没有给被申请人仲裁规则中规定的答辩期间的。

C. 当事人约定开庭审理而未开庭审理的。

D. 未以适当方式通知当事人参加庭审的。

E. 当事人有正当理由申请延期开庭而未予准许,当事人未能出庭的。

F. 证据未向对方当事人展示的,但证据由其提供者除外。

G. 未给予当事人陈述和辩论的机会的。

H. 仲裁庭未形成多数意见时未按照首席仲裁员的意见裁决的。

北京高级人民法院认为:仲裁程序强调当事人意思自治,如果简单地认为仲裁程序违反法律强制性规定均一概被认定为无效,则使仲裁程序丧失了自治空间。因此,在判断是否存在"违反仲裁法规定的仲裁程序和当事人选择的仲裁规则可能影响案件正确裁决的情形"时,应当以违反法定程序达到严重影响当事人程序权利且实质性影响案件正确裁决为标准。在违反法律强制性规定的判断上,应当基于尊重当事人意思自治和仲裁程序的特点,对于当事人根据仲裁规则自行约定的程序,或经仲裁庭明示征得当事人同意变更的程序,一般不宜认定为违反法律强制性规定。

综合上述内容,北京认为,违反法定程序应当包括以下三种情形:(1)违反《仲裁法》的强制性规定,且实质性影响正确裁决的;(2)违反当事人约定的仲裁程序,且实质性影响正确裁决的;(3)违反其他仲裁程序,且实质性影响正确裁决的。其中,第(3)所指违反其他仲裁程序,可以理解为仲裁庭所进行的程序违反了最低正当程序要求。[1]

可以看出,中国法院对于仲裁持有的态度是乐观的、支持的,他们更看重仲裁在解决争议上的作用。对于中国的仲裁庭和仲裁机构而言,这当然会有积极的促进和保障作用。中国的仲裁由机构进行,其中程序问题主要是机构来负责协调和安排。将程序问题简单理解为所有涉及程序的问题,对于机构和仲裁庭而言,都不公允。而中国法院作出的各项相关规定,至少可以保证中国的仲裁机构和仲裁庭的工作,不会因为存在某些琐碎的异议而被全盘否定。

三、国际和国内的部分司法审查实例

英国法院审理的 *China Agribusiness Development Corporation v. Balli Trading* 案[2]中,关于此种裁量权,法官认为:"(被申请人代理律师)承认1975年《仲裁法》第5条第2款e项中使用的是'可以'一词。但是,他认为,这一方面的成文法仅仅是依据《纽约公约》的措辞,表明允许某些情况下拒绝执行裁决的缔约国并非违反

---

〔1〕 以上引述均来自《北京市高级人民法院国内商事仲裁裁决司法审查工作要点》。

〔2〕 *China Agribusiness Development Corporation v. Balli Trading* [1998] 2 Lloyd's Rep 76;[1997] C. L. C. 1437.

《公约》。毫无疑问,这就是《公约》的意义所在。但是,英国立法事实上设立了拒绝执行权力的条款必须与英国法官相关。从成文法的条文可以清楚看出,拒绝执行公约裁决是法院裁量权事项。在这种情况下,评估依现行规则而非暂行规则进行仲裁对于 Balli 的损害程度则具有相关性。……"本案也确立了一点,即使存在所述事由,法官也具有裁量权。法官将依据案件的具体情况,确定是否行使该项裁量权。本案当中:被申请执行人主张的损害轻微,且未能及时提出请求,这些都构成法官在考虑是否行使裁量权时的相关因素。

在1994年香港高等法院审理的一个案子[1]中,当事人提出在中国内地作出的一项裁决应被拒绝执行,因为仲裁庭的组成不符合当事人之间的协议。法官在判决中指出:"……而且,即使一项理由得到证实,显然,法院仍保有附加的自由裁量权。"[2]法官在审查案情后认为,"……理论上,仲裁员没有决定该争议的管辖权,就该案的所有情况而言,该条规定的理由已经具备。……"[3]虽然拒绝执行的理由已经具备,但法官允许裁决的执行继续进行,因为反对执行的一方,明知仲裁员技术上不是选自正确的名册,而仍参加了仲裁。法官已考虑到将禁止反言原则适用于《纽约公约》的其他方面,并且,他指出:"……即使一项反对的理由得以证实,执

---

〔1〕 See *China Nanhai Oil Joint Service Cpn v. Gee Tai Holdings Co. Ltd.* (1995) XX Yearbook Commercial Arbitration 671. Similarly, see *Tongyuan International Trading Group v. Uni-Clan* [2001] 4 Int. A. L. R. N-31. 也见艾伦·雷德芬、马丁·亨特等:《国际商事仲裁法律与实践》(第四版),林一飞、宋连斌译,北京大学出版社2005年版,第483—484页。

〔2〕 同上,第672页。

〔3〕 艾伦·雷德芬、马丁·亨特等:《国际商事仲裁法律与实践》(第四版),林一飞、宋连斌译,北京大学出版社2005年版,第673页。

行法院仍享有额外的自由裁量权去执行裁决。这表明，反对的理由并非僵硬地予以适用。额外的自由裁量权使执行法院可在各种情形下得到公正的结果……"

香港特别行政区终审法院在 Hebei Import & Export Corporation v. Polytek Engineering Company Limited 案[1]中涉及此种情形。在该案中，债务人在仲裁进行过程中(仲裁结果未定时)并未提出程序性的抗辩，却在反对裁决的执行时首次提出这一抗辩。法院没有以违背诚实信用原则为由驳斥裁决债务人迟到的抗辩，而是依据《纽约公约》第5条第1款关于"裁决的承认和执行可以被拒绝"(不是"应当被拒绝")的规定得出结论，"'可以'一词的使用使得执行法院在《公约》第5条规定的情形之一存在时仍可执行一份裁决"。终审法院认为，这种裁量权使得法院在特定的情况下仍承认裁决的效力。所谓特定的情况，就是指抗辩方在出现仲裁程序与仲裁规则的规定不符的情形时(尽管这一不符情形当时尚可纠正)，没有立即反对，而是伺机将这一问题作为一张王牌，一旦仲裁结果于其不利，则并在后来以此作为违反公共政策情形的事实基础。

在 Resort Condominiums International Inc. v. Ray Bolwell, Resort Condominiums 案[2]中，法院也同样认为，"即使所有的条件都被满足，法院也具有普遍的裁量权。"

在 Qinhuangdao Tongda Enterprise Development Company, et al. v. Million Basic Company Limited 案[3]中，法院认为，举证责任完全

---

[1] Hebei Import-Export Corp. v. Polytek Engineering Co. Ltd. (no 2), [1998] 1 HKC 192.

[2] 9 International Arbitration Report (1994, no. 4) pp. A-1—A-22.

[3] 5 January 1993—Supreme Court of Hong Kong, High Court, No. MP 1150.

由被告承担,同时,在任何情况下,法院还保留有执行仲裁裁决的剩余裁量权。

除了上述境外一些案例外,近年来,我国各级法院有也有一些案例。尤其是在前述2006年《仲裁法解释》之后,其第20条规定不断被援引,以行使法院在论断是否构成足以否定裁决的程序理由上的裁量权。

在郭某等申请撤销仲裁裁决案[1]中,郭某以仲裁过程中仲裁庭未依其申请追加第三人参与仲裁为由,认为构成程序违法。湖北省黄石市中级人民法院认为,根据2006年《仲裁法解释》第20条规定,《仲裁法》第58条规定的"违反法定程序",是指违反《仲裁法》规定的仲裁程序和当事人选择的仲裁规则可能影响案件正确裁决的情形。而是否追加第三人到庭参加仲裁,不属于仲裁程序和当事人选择的仲裁规则的情形。

在爱默生电梯有限公司与苏州华鼎建筑装饰工程有限公司申请撤销仲裁裁决纠纷案[2]中,申请人爱默生电梯有限公司申请撤销仲裁裁决的理由之一是:庭审后,被申请人提交了三份新的证据,三份新证据系与本案事实认定直接有关的关键性证据,但仲裁庭在未经当事人质证直接予以认定,违反法定程序。江苏省苏州市中级人民法院经审查认为,根据最高人民法院《关于适用〈中华人民共和国仲裁法〉若干问题的解释》第20条的规定:《仲裁法》第58条规定的"违反法定程序",是指违反仲裁法规定的仲裁程序和当事人选择的仲裁规则可能影响案件正确裁决的情形。仲裁庭经审查后查明双方签订的涉案建设工程设计合同关于平面深化设计

---

[1] (2015)鄂黄石中民二初字第00010号。
[2] (2014)苏中民仲审字第0031号。

方案和效果图深化设计方案在备注栏中注明"已提交",被申请人在仲裁庭审后提交的三份证据不影响仲裁庭对该节案件事实的认定。仲裁庭根据裁决书中列明的证据认定案件事实,并依法作出仲裁裁决,并未违反法定程序。

结语

关于程序瑕疵的处理和裁断,并非仅仅一个法律技巧上的问题,而更多的时候,涉及价值的判断。前文所述的国际和国内的规定和做法有利于仲裁制度的发展,也有利于当事人真正解决争议。程序很重要,但不是唯一重要的。

☞ 本文涉及案例

- China Nanhai Oil Joint Service Cpn v. Gee Tai Holdings Co. Ltd.
- Hebei Import & Export Corporation v. Polytek Engineering Company Limited
- China Agribusiness Development Corporation v. Balli Trading
- Resort Condominiums International Inc. v. Ray Bolwell, Resort Condominiums
- Qinhuangdao Tongda Enterprise Development Company, et al. v. Million Basic Company Limited
- 爱默生电梯有限公司与苏州华鼎建筑装饰工程有限公司申请撤销仲裁裁决纠纷案
- 郭某等申请撤销仲裁裁决案

5.4 由俏江南冻结资产引起：如何进行仲裁财产保全？

在许多商事仲裁案件中，财产保全都是可以采取的仲裁策略和保障方式。例如，去年颇受关注的俏江南案，欧洲最大私募股权基金 CVC Capital Parners 申请冻结俏江南创始人张兰旗下的资产，并获得香港高等法院批准，双方进入仲裁程序。该案既涉及仲裁，也涉及采取冻结资产的方式进行保全。

财产保全在商事仲裁经常用到。境外的仲裁和境内的保全制度大同小异，但在实现方式上有些不同。此处简要介绍中国商事仲裁实务中的财产保全。

仲裁财产保全，是指因另一方当事人的行为或其他原因，可能使将来的仲裁裁决不能执行或者难以执行，经一方当事人申请，对争议的标的或当事人的财产采取一定的强制措施，限制其对财产进行处分或转移的一项法律制度。当事人可能出于执行裁决的考虑，也可能出于保障和促进仲裁程序进行的考虑，甚至可能出于仲裁策略的考虑，在仲裁程序开始前或进行中申请采取保全措施。依我国《仲裁法》第28条的规定一方当事人因另一方当事人的行为或者其他原因，可能使裁决不能执行或者难以执行的，可以申请财产保全。当事人申请财产保全的，仲裁委员会应当将当事人的申请依照民事诉讼法的有关规定提交人民法院。申请有错误的，申请人应当赔偿被申请人因财产保全所遭受的损失。依据该条，当事人有权利就所涉财产申请财产保全，仲裁机构应当将财产保全申请及时提交法院。人民法院应当参照中国《民事诉讼法》的有关规定处理仲裁中有关财产保全的事项。

在仲裁实务中，一般的作法是在仲裁程序启动的同时或之后，向仲裁机构提出财产保全申请，并由仲裁机构将相关财产保全文件提请法院作出裁定。这通常被称为是仲裁中保全。大量的财产保全是通过这种形式进行的。例如三胞集团有限公司与迪讯科技（常州）有限公司财产保全案[1]、无锡捷润纺织品有限公司江苏竹福服装设计有限公司财产保全案[2]等。

另外一种较少采用但有较多需求的是仲裁前保全。我国《仲裁法》本身未规定仲裁前财产保全，只规定了提起仲裁时或者进入仲裁后的财产保全。自2013年1月1日起新施行的《民事诉讼法》增加了仲裁前保全制度。当事人可以在案件前，即进行财产保全。原法第93条修改为第101条：

> 利害关系人因情况紧急，不立即申请保全将会使其合法权益受到难以弥补的损害的，可以在提起诉讼或者申请仲裁

---

[1]（2014）常仲保字第00030号。
[2]（2015）锡仲保字第0033号。

前向被保全财产所在地、被申请人住所地或者对案件有管辖权的人民法院申请采取保全措施。申请人应当提供担保,不提供担保的,裁定驳回申请。

人民法院接受申请后,必须在四十八小时内作出裁定;裁定采取保全措施的,应当立即开始执行。

申请人在人民法院采取保全措施后三十日内不依法提起诉讼或者申请仲裁的,人民法院应当解除保全。

事实上,在海事仲裁领域,我国早已经存在和使用仲裁前保全。《海事诉讼特别程序法》规定:

第14条 海事请求保全不受当事人之间关于该海事请求的诉讼管辖协议或者仲裁协议的约束。

第19条 海事请求保全执行后,有关海事纠纷未进入诉讼或者仲裁程序的,当事人就该海事请求,可以向采取海事请求保全的海事法院或者其他有管辖权的海事法院提起诉讼,但当事人之间订有诉讼管辖协议或者仲裁协议的除外。

《最高人民法院关于适用〈中华人民共和国海事诉讼特别程序法〉若干问题的解释》第21条规定:

诉讼或者仲裁前申请海事请求保全适用《海事诉讼特别程序法》第14条的规定。

外国法院已受理相关海事案件或者有关纠纷已经提交仲裁,但涉案财产在中华人民共和国领域内,当事人向财产所在地的海事法院提出海事请求保全申请的,海事法院应当受理。

2013年《民事诉讼法》生效后,各地陆续有一些商事仲裁案件采用了仲裁前保全措施。一开始,实务中采取仲裁前保全的案件并不多,更多的还是仲裁中的保全。原因可能有多种,包括律师和法院对这种方式的熟悉和接受程度。业界对于该种方式的采用似乎仍处在试验的阶段。在法律依据具备的条件下,建议当事人及其律师根据情况需要采取合适的财产保全措施,同时也建议法院依法采取仲裁前或仲裁中的保全,保障当事人的权利。目前,有一些案件已经开始采取仲裁前财产保全,例如:重庆海丰建设工程集团有限公司与重庆柏椿实业有限公司申请仲裁前财产保全案[1]、中国工商银行股份有限公司申诉仲裁保全案

无论是向法院直接提出还是向仲裁机构提出后转交法院,均由人民法院决定是否采取财产保全措施。关于管辖法院,我国对涉外仲裁和国内仲裁作了区分。《最高人民法院关于实施〈中华人民共和国仲裁法〉几个问题的通知》第2条规定:"在仲裁过程中,当事人申请财产保全的,一般案件由被申请人住所地或者财产所在地的基层人民法院作出裁定;属涉外仲裁案件的,依据《民事诉讼法》第258条的规定,由被申请人住所地或者财产所在地的中级人民法院作出裁定。有关人民法院对仲裁机构提交的财产保全申请应当认真进行审查,符合法律规定的,即应依法作出财产保全的裁定;如认为不符合法律规定的,应依法裁定驳回申请。"《最高人民法院关于人民法院执行工作若干问题的规定(试行)》第11条明确规定:"在国内仲裁过程中,当事人申请财产保全,经仲裁机构提交人民法院的,由被申请人住所地或被申请保全的财产所在地的基层人民法院裁定并执行;申请保全证据的,由证据所在地的基层人民法院裁定并执行。"此外,关于涉外仲裁的财产保全问题,《民事诉讼法》第272条规定:"当事人申请采取财产保全的,中华人民

---

[1] (2015)碚法民保字第00063号。

共和国的涉外仲裁机构应当将当事人的申请,提交被申请人住所地或者财产所在地的中级人民法院裁定。"《最高人民法院关于人民法院执行工作若干问题的规定(试行)》第12条规定:"在涉外仲裁过程中,当事人申请财产保全,经仲裁机构提交人民法院的,由被申请人住所地或被申请保全的财产所在地的中级人民法院裁定并执行。"

从实务层面上讲,我国包括仲裁前保全和仲裁中保全的法律依据是充分的,各项规定也可以操作,不会有大的偏差。当然,也遇到过其他一些咨询,例如,财产保全申请审查上是由法院还是仲裁机构进行、为什么法院不受理仲裁前保全、外国仲裁的财产保全如何进行,这些问题确实存在也需要解决,留待另文探讨。

☞ 本文涉及案例

- La Dolce Vita Fine Dining Company Limited v. Zhanglan、Grandlan Holdings Group(BVI)Limited、Southbeauty Development Limited 等三被告的香港仲裁案
- 三胞集团有限公司与迪讯科技(常州)有限公司财产保全案
- 无锡捷润纺织品有限公司江苏竹福服装设计有限公司财产保全案
- 重庆海丰建设工程集团有限公司与重庆柏椿实业有限公司申请仲裁前财产保全案
- 中国工商银行股份有限公司申诉仲裁保全案

5.5 商事仲裁中的证据问题

证据是仲裁中的难点问题之一。仲裁适用仲裁规则,但仲裁规则不会对于证据事项作详细的规定,往往是留给当事人或仲裁庭决定。那么,仲裁庭会否决定仲裁中的证据规则应当适用法院诉讼的证据规则?但是诉诸仲裁的动机之一是不希望通过法院解决争议,适用法院所适用的证据规则将削弱这种当事人的希望。实务中,仲裁庭可能不会特别就证据规则作出决定。事实上,很多时候,证据规则与仲裁庭的组成人员的法律背景密切相关,并直接隐含在其对仲裁争议的查明和认定上。从这一点上讲,明确规定的技术规则并不是最重要的。

一、概述

对国际仲裁而言,每一方当事人都希望其熟悉的证据规则能够得到适用。但国际上并没有统一的证据规则。1999年6月1日,国际律师协会理事会决议通过《国际律师协会关于国际商事仲裁的取证规则》,意在以富于效率、经济节省的方式,指导国际商事仲裁中的证据获取,特别是不同法律传统的当事人之间的取证活动。当事人可以采取该规定应用于仲裁程序,也可以改变该规则或将其用作指南创设自己的证据规则。通常情况下,如当事人未作约定,仲裁中的证据规则由仲裁庭自由裁量决定。但是,仲裁庭的裁量权应当受到准据法所施加的必要的限制。

国际商事仲裁中,通常认为,仲裁员可以不适用严格的证据规则。例如,1996年《英国仲裁法》规定,是否适用严格证据规则由仲裁庭确定。[1]依《伦敦国际仲裁院仲裁规则》第22.1.6条规定是否适用严格的证据规则(或其他规则)由仲裁庭决定。故而,法院所适用的规则,并非一定要在仲裁程序中适用。

当事人负有证明其主张的责任。几乎所有的仲裁法或仲裁规则均作有此种规定。例如《UNCITRAL仲裁规则》证据和开庭部分第24(1)条规定,当事人各方对其申请或答辩所依据的事实应负举证之责。1999年《瑞典仲裁法》规定,当事人应提供证据。[2]《AAA仲裁规则》规定,各方当事人对其请求或答辩所依据的事实应负举证责任。[3]《日本商事仲裁协会商事仲裁规则》规定,各方当事人均负有证明支持其请求或答辩事实的责任。[4]

在国际仲裁中,对于哪些事实是需要当事人证明,各个法律制

---

[1] 1996年《英国仲裁法》第34条(程序及证据事项)。但也有观点认为,除非当事人另有约定,仲裁员应受约束法官相同的证据规则约定。See Authony Walton and Mary Vitoric, *Russel on Arbitration*, (London: Stevens & Sons, 1982, 21th), 273.
[2] 1999年《瑞典仲裁法》第25条。
[3] 《AAA仲裁规则》第19条。
[4] 《日本商事仲裁协会商事仲裁规则》第35(1)条。

度下也不一致。例如外国法问题，普通法系国家认为它是必须作为事实事项进行证明的，而另外一些国家的法官或仲裁员被推定知晓法律，包括外国法。外国法查明是由当事人还是审理者进行的问题就相应产生。

仲裁庭对于证据的采信应至少考虑证据的真实性、相关性和合法性。证据的真实性或称证据的客观性，是指证据必须是客观存在的事实材料，必须是真实的，不以人的意志为转移。伪造或猜测均不能成为证据。真实性表明证据的存在而不必然表明证据与案件相关或是合法的。证据的相关性是指所提交的证据是否与所涉案件相关，是否与其所证明的案件事实有内在的必然联系。只有与案件相关的证据才能作为仲裁庭考虑的证据。证据可能是真实的，但与案件没有必然的内在联系。仲裁庭不予考虑此类证据。证据的合法性是指证据必须是依照法律要求和法定程序取得的事实材料。

二、证据的种类

仲裁中的证据种类与诉讼中的情况并无大的差别。例如，我国《仲裁法》没有规定仲裁中证据的种类，但在实践当中，通常参照《民事诉讼法》，对仲裁中的证据进行种类。2013年1月1日起施行的《民事诉讼法》第63条第1款规定："证据包括：（1）当事人的陈述；（2）书证；（3）物证；（4）视听资料；（5）电子数据；（6）证人证言；（7）鉴定意见；（8）勘验笔录。"与此前版本相比，此次《民事诉讼法》对证据的规定增加了"电子数据"，并将原来的"鉴定结论"改为"鉴定意见"。2015年《民事诉讼法解释》对电子数据的范围作出了细化。（1）当事人陈述。当事人在仲裁中关于案件事实情况和证明这些事实情况的陈述。（2）书证。书证是指以书面文字、符号、图案等内容和含义来证明案件真实情况的证据。书证应当提交原件。提交原件确有困难的，可以提交副本、复印本、节录本。(3) 物证。物证是指能够证明案件真实情况的物品及其痕迹，以其存在的形态、质量、规格、特征等来证明某种法律事实。物证应当提交原物。提交原物确有困难的，可以提交复制品、照片。(4) 视听资料。视听资料包括录音资料和影像资料。(5) 电子数据。电子数据是指通过电子邮件、电子数据交换、网上聊天记录、博客、微博客、手机短信、电子签名、域名等形成或者存储在电子介质中的信息。存储在电子介质中的录音资料和影像资料，适用电子数据的规定。(6) 证人证言。证人是指依法向仲裁庭提供自己了解的案件真实情况的人。(7) 鉴定意见。2013年《民事诉讼法》，将证据类型之一的"鉴定结论"改为"鉴定意见"，这意味着鉴定结论在法律地位上只能是一种意见，而非决定性的证据。(8) 勘验笔录。所谓勘验笔录是指仲裁庭或其指派的勘验人员对案件所涉物品、场所和有关证据，经过现场勘验、调查所作的记录。

　　文件是最重要的证据类型。当事人通常提供各种文件以证明自己的主张。但是有些证据，一方当事人知悉对方当事人有，而对方并未提交，那么可否要求对方当事人提交？各个国家有着不同作法。普通法系诉讼中的发现程序(Discovery)，通常要求披露所有相关的文件。而大陆法系则通常将提供何种证据的权利交由当事人决定，因此通常不会提供不利于己方的证据，除非特殊情况才会要求提供他方掌握的有利于己方的材料。来自不同背景的仲裁庭对于证据规则的看法也不同。这些都使得国际商事仲裁中的证据问题显得非常复杂。国际商事仲裁的通常作法是采用普通法和大陆法程序的混合方式，而以后者作为主要的方式，从经济效果上讲,大量披露文件对各方当事人均费钱费时,且不易发现焦点。[1]

证人也是商事仲裁中不易把握的一个问题。来自不同法律背景的律师和仲裁员对证人的问题也有不同的看法。国际商事仲裁中的当事人可能希望在开庭时由证人对某个问题进行作证,而我国仲裁实务中事实上更看重文件的作用而忽视证人。证人作证通常应当注意到四个问题:一是分开作证;二是前后一致;三是质证方式;四是证人与当事人的接触。首先,一个证人在作证时,其他证人应当回避。[2]证人不回避可能影响其作证的效力。其次,当事人当庭所作的证词可能与之前或之后提供的书面证言不一致,此时应确定以何者为准。不一致将使大大削弱证据的效力。再次,交叉询问并非通行的质证制度,仲裁庭应当明确质证的方式。联合国国际贸易法委员会《关于组织仲裁程序的说明》提供了各种可能性。[3]最后,证人与当事人接触并非世界各地通行的做法,并

---

[1] 艾伦·雷德芬、马丁·亨特等:《国际商事仲裁法律与实践》(第四版),林一飞、宋连斌译,北京大学出版社2005年版,第321页。

[2] 对于事实证人作证时其他事实证人是否可以在场的问题,有许多争论。在有些国家(例如美国),当事人可以不让证人在不提供证据时出庭(分开作证程序),以减少一个证人的证词影响另一个证人的可能性。但是,许多人对分开作证程序(涉及同样的查明事实真情的目的)提出不同意见,认为知道事实的某证人在场将使本可能扩展或修饰某个事实的证人不好意思如此行事,从而使其证言更为真实。参见W. Park:《仲裁的多变性:规则的价值和自由裁量的风险》,载于林一飞主编:《商事仲裁法律报告》,第一卷,2004年版。

[3] 可能性之一是,证人首先由仲裁庭询问,至于当事人的问题,则先由传召证人的一方当事人发问。另一种可能性是由传召证人的当事人提问证人,然后由其他当事人发问,仲裁庭可在整个提问过程中或之后提问,只要仲裁庭认为当事人的观点未充分说明。参见联合国国际贸易法委员会《关于组织仲裁程序的说明》第62条。

且,当事人和证人的这种接触可能将降低证言的可信度。[1]

证人中特殊的是专家证人,各国和不同仲裁机构也有不同作法。[2]在专门的问题上,仲裁委可能需要专家证人的协助。专家证人分当事人自己提供的专家证人和仲裁庭委任的专家证人。很多仲裁规则和仲裁程序法律都涉及专家证人。在由仲裁庭委任专家的情况下,仲裁庭通常有权以其认为合适的方式,选定专家。并且,仲裁庭有权确定专家的权限范围,但可在确定权限之前听取当事人的意见。仲裁庭委任的专家提出的报告,应当给予当事人评论机会。如果专家证人系由一方当事人自己提出,仲裁庭也可以要求专家能出席开庭以回答问题。关于委任专家证人的程序相关问题,《国际律师协会取证规则》和《联合国国际贸易法委员会示范法》第26(2)条、《UNCITRAL 仲裁规则》第27条等均可以作为参考。在所有程序中,尤其重要的是,当事人应当有充分的机会,通过合理的方法对专家的意见提出质疑,包括:参与确定专家的权限范围、审查专家报告所依据的资料以及要求专家参加庭审等。[3]

在中国的仲裁实践中,当事人有向仲裁庭提交"专家意见书"的现象。专家意见书是一方当事人邀请一名或数名专家,就案件进行论证后,形成的一份书面意见。该意见书由一方当事人提交

---

[1] 在某些法律制度下,当事人或其代理人可在开庭前,就证人对有关事件的记忆力、经验、资历或与仲裁参与人的关系等事项会见证人。但一旦证人已开始口头作证,则此种接触通常不被允许。在另外的制度下,和证人的此种接触被认为是不适当的。为免致误解,在准备庭审阶段,当事人可和证人保持何种联系,仲裁庭予以澄清被认为是有益的。参见联合国国际贸易法委员会《关于组织仲裁程序的说明》第67条。

[2] Mark Huleatt-James and Nicholas Gould, *International Commercial Arbitration*, LLP, 1996, p.93.

[3] 艾伦·雷德芬、马丁·亨特等:《国际商事仲裁法律与实践》(第四版),林一飞、宋连斌译,北京大学出版社2005年版,第332页。

仲裁庭,对案件所涉的法律问题提出意见。出具专家意见书的专家非仲裁庭委托或一方委任的专家证人,也非事实证人。专家意见书应只视为一方当事人的一种看法。如其符合提交材料的程序要求,仲裁庭应将其视同一方当事人提交的陈述意见的补充。

很多复杂的案件可能还需要仲裁员亲自检验标的或委任专业机构进行检验。《UNCITRAL 仲裁规则》未对此作专门规则,但其他一些国内外主要机构的仲裁规则则对仲裁庭检验作出了具体的规定。

在专家证人、鉴定意见或者专家意见书上还可能存在冲突。例如,实践中出现的现象是,同一个案件,各方委任的专家出具的意见并不一致,甚至是互相冲突。于是,仲裁庭就需要从相互矛盾的报告中进行合理的推断和评估。这显然对于仲裁庭可能构成麻烦。本身需要专家判断的事项,绕了一圈之后,又交到仲裁庭手时里。仲裁庭的丰富经验在此时就非常重要。

三、仲裁庭关于证据的权力

在国际商事仲裁中,除非当事人另有约定或法律另有规定,仲裁庭可以决定有关证据事项。仲裁可以无须如同法院一样,遵守严格的证据规则。许多国家仲裁法或机构仲裁规定都确定仲裁庭对于证据事项的权力。例如,1996年《英国仲裁法》规定,在不违背当事人有权商定任何事项的前提下,仲裁庭得决定所有程序和证据事项,其中包括,仲裁庭可以确定当事人就事实或意见的任何事项所提交的材料(口头、书面或其他形式)的可采信性、相关性或重要性是否适用严格证据规则(或其他规则),此类材料相互交换和出示的时间、方式和形式;是否及在何种程度上仲裁庭可以主动确定事实和法律;是否及在何种程度上应提交口头或书面证据或材料。[1]仲裁庭有权确定证据的真实性、相关性、合法性。例如,《UNCITRAL仲裁示范法》规定,仲裁庭的权力包括确定任何证据的可采性、相关性、实质性和重要性的权力。[2]1998年《德国仲裁法》规定,仲裁庭有权决定取证的可采纳性,有权取证并自由权衡此类证据。[3]《世界知识产权组织网上加速仲裁规则》规定,仲裁庭应确定证据的可采信性、相关性、重要性及其分量。[4]《荷兰仲裁协会仲裁规则》规定,除非当事人另有约定,仲裁庭可自由确定证据的可采信性、相关性、重要性及其影响力以及举证责任的分担。[5]

如前所述,虽然发现程序在仲裁中并非全世界通用,但仲裁庭仍有权在适当的时候要求当事人提供某些特定的证据。这种权力也为许多成文规则所确定。例如,《UNCITRAL仲裁规则》第24(2)和(3)条规定,仲裁庭倘认为适当,得要求一方当事人在规定的限期内将其拟提出支持申请书或答辩书所陈述的争议事实的有关文件摘要或其他证据提交该庭和另一方当事人。在仲裁过程中的任何时期,仲裁庭得要求当事人在该庭规定的限期内提供书证、物证或其他证据。同样,如果仲裁庭认为证据存在某些不予采纳的情事,则可以拒绝采纳当事人提交的证据。此类情事如不具相关性、不重要、提交时间过期等。1999年《瑞典仲裁法》规定,如当事人提交的证据明显与案件无关或从证据提交的时间看有理由不予采

---

[1] 《英国仲裁法》第34条。
[2] 《UNCITRAL仲裁示范法》第19(2)条。
[3] 《德国仲裁法》第1042(4)条。
[4] 《世界知识产权组织网上加速仲裁规则》第98(1)条。
[5] 《荷兰仲裁协会仲裁规则》第27条。

纳,则仲裁庭可以拒绝采纳当事人提交的证据。[1]

仲裁庭在某些情况下,也可以自行收集证据,或者指定专家证人,或者进行检验,但仲裁庭由此得到的证据应当向当事人进行披露。我国《仲裁法》第43(2)条规定,仲裁庭认为有必要收集的证据,可以自行收集。仲裁庭对于是否自行收集证据有自由裁量权。通常情况下,只有在当事人不能取得证据的情况下,仲裁庭才有必要行使此项裁量权。在行使该项权利时,仲裁庭应当考虑到下列因素:(1)当事人是否履行了举证责任;(2)当事人不能取得证据是否具有客观原因;(3)是否仲裁庭自行取证有利于仲裁程序的进行和案件的审理。如仲裁庭决定自行取证,则应与有关单位和个人联系,请求获得协助,有关单位和个人应予以协助。在收集证据时,仲裁庭认为有必要通知当事人到场的,应及时通知当事人到场,经通知有一方或双方当事人不到场的,仲裁庭自行调查事实和收集证据的行动不受影响。仲裁庭应当给予当事人对所收集的证据进行质证和发表评论的机会。

仲裁庭在证据事项上有很大的权力,但是,仲裁庭毕竟不是法院,没有强制第三人作证、提交证据的权力。因此,关于证据事项,仲裁庭的权力受到一定限制。例如有关宣誓的权力,《日本商事仲裁协会商事仲裁规则》规定,仲裁庭无权要求证人或专家宣誓。[2]不过,1996年《英国仲裁法》规定,仲裁庭可指令一方当事人或证人以宣誓或不经宣誓而作出的正式证词作证,为此目的,仲裁庭可以监督其必要的宣誓或取得任何必要的不经宣誓而作出的正式证词。[3]美国联邦仲裁法也规定了仲裁庭可以他人参加庭审或提供

---

〔1〕《瑞典仲裁法》第25条。
〔2〕《日本商事仲裁协会商事仲裁规则》第35(4)条。
〔3〕《英国仲裁法》第38(5)条。

文件。[1]

此外,在有关证据事项上的决定,仲裁庭通常需要法官予以协助。例如,《比利时司法法典》规定,仲裁庭已决定开庭审理,但证人不愿出席或拒绝宣誓或作证,将授权当事人或其中之一方当事人在规定期限内申请第一审法院指派一名专任法官主持调查。此项聆讯将按照民事诉讼之形式进行。仲裁期间在法律上中止直至聆讯结束。仲裁庭不得命令验证签字或对有关出示文书之异议或文书不真实之指控作出裁定。在此情况下,其将许可当事人在规定期限内将此事诉诸第一审法院。[2]仲裁庭不得采取发誓或宣誓不作伪证的方式取证,也不得采取有条件的罚款或其他强制性措施以获取所需证据。[3]《澳门核准仲裁制度》第25(3)条规定,仲裁庭得依职权或应任一方当事人之声请,尤其是当为收集证据需当事人或第三人之表示意思之行为,而其拒绝提供合作时,要求普通管辖法院协助收集证据。《UNCITRAL 仲裁示范法》第27条也规定,仲裁庭或当事一方在仲裁庭同意之下,可以请求本国之管辖法院协助获取证据。法院可以在其权限范围内并按照其获取证据的规则执行上述请求。

---

[1] 1925年《美国联邦仲裁法》第7条。
[2] 《比利时司法法典》第1696条。
[3] 《比利时司法法典》第25条。第26条规定,当事人如要求证人或专家宣誓后作证,或拟对某当事人在宣誓不作伪证后进行盘问,则该当事人应在得到仲裁庭同意后向地区法院提交此类请求。前述规定在一方当事人要求某当事人或其他人提交书证或物证时也应适用。如仲裁庭经考虑案件中的证据认为上述措施是有正当理由的,则应同意此类请求。如果此类措施可以依法作出,则地区法院应同意当事人的上述请求。关于本条前段所指措施应适用《民事诉讼法典》的有关规定。仲裁庭应被传唤参加对证人、专家或一方当事人的听证并给予机会提问。仲裁员的缺席不妨碍听证的进行。

6　仲裁裁决

6.1 中国内地与香港相互执行仲裁裁决

在中国内地的涉外仲裁中,涉及香港的仲裁案件占据着相当大的比例。同样,香港仲裁涉及内地当事人的情况也很常见。裁决能否以及如何在两地相互执行,是涉及此类仲裁时两地当事人最重要的考虑之一。作为仲裁从业人士,实务中经常遇到当事人咨询在香港执行的问题。就获得香港仲裁裁决而希望在内地执行的当事人而言,他们也非常关心裁决在内地执行的情况。当然,他们更关心的是,他们的仲裁裁决在中国内地执行是否会受到不应有的干扰。

中国内地与香港相互执行仲裁裁决可以分为三个阶段:中国加入《纽约公约》之后至香港回归之前的《纽约公约》裁决阶段、香港回归之后至《关于内地和香港特别行政区相互执行仲裁裁决的安排》(以下简称《安排》)颁布之前的停滞阶段以及《安排》签订之后的相互执行阶段。本文简述中国内地与香港相互执行仲裁裁决的相关情况。

一、中国加入《纽约公约》之后至香港回归之前

1997年之前,香港仲裁法基本上是根据《英国仲裁法》进行制订,并随之而修改。1963年,香港按照1950年《英国仲裁法》的蓝本制定了《仲裁条例》,并先后于1975、1982、1989和1990年进行了修改。[1] 1975年,英国加入了《纽约公约》,1977年4月21日将公约效力扩大到香港地区,香港也因公约的扩展适用而随同英国承担公约成员国的权利和义务。故在香港回归之前,内地作出的裁决在香港的执行是作为《纽约公约》裁决执行。事实上,在当时的香港地区,仲裁裁决的执行主要有三种方式:(1)在香港地区高等法院进行普通法诉讼。采用这种方法,法院不需再审理当事人之间最初的争议,只是对裁决构成的新契约进行形式审查;(2)根据当时的《仲裁条例》第2H条执行裁决的判决形式申请执行。这种机制较为简单,被称为"简易程序";(3)作为《纽约公约》裁决按照执行公约裁决的程序执行。1987年4月22日起,《纽约公约》对中国生效,故在内地作出的商事仲裁裁决可以依据《纽约公约》在香港得到承认和执行。三者中最为简便的即是第三种方式。自1989年香港地区高等法院首次依《纽约公约》强制执行中国内地仲裁裁决,至香港回归之前,据统计,香港高等法院承认和执行了内地仲裁裁决超过150份。[2]

---

〔1〕 香港特别行政区现行新《仲裁条例》(第609章)在2010年11月10日获立法会通过,并在2011年6月1日生效。

〔2〕 可参见李剑强:《中国内地与香港地区承认与执行仲裁裁决制度之比较及实例分析》,人民法院出版社2006年版,第136页。

1989年5月31日,广东粤海进出口公司申请执行内地裁决案[1],是香港随英国扩展适用《纽约公约》后,受理的第一宗内地作出的"《纽约公约》裁决"申请执行案。自该案后,到1997年6月30日,中国的仲裁裁决已经有上百份获得香港最高法院判决执行。同样的,中国内地法院亦按照《纽约公约》执行了13件在香港作出的仲裁裁决。[2]

当然,也存在香港法院拒绝执行内地仲裁裁决的情况。例如,在1993年的 *Paklito Investment Limited v. Klockner East Asia Limited* 案[3]中,香港法院第一次拒绝执行内地仲裁裁决。该案中,原告和被告签订了一份买卖合同,合同包含内地仲裁条款。后双方当事人发生争议,进行仲裁。裁决作出后,原告向香港法院申请执行,被告反对执行,其理由是仲裁庭未给予其充分陈述案情的机会,裁决违反了正当程序。法官认为,本案存在严重违反程序的情形,不符合《仲裁条例》第44(2)(c)的规定,因此拒绝执行该仲裁裁决。

二、香港回归之后至《安排》颁布之前

1997年6月6日,中国政府通知联合国秘书长,《纽约公约》在1997年7月1日后适用于香港;1997年6月10日,英国政府通知联合国秘书长,英国政府于1997年7月1日之后,不再承担《纽约公约》适用于香港的义务。故1997年7月1日中国恢复对香港行

---

[1] The Supreme Court of Hong Kong High Court Miscellaneous Proceedings, [1989] No. MP1221.

[2] 参见郭晓文:《中国内地和香港之间仲裁制度的相互合作》,载林一飞主编:《商事仲裁法律报告》,中信出版社2004年,第一卷。

[3] 参见《最新商事仲裁与司法实务专题案例》第三卷。

使主权之后,《纽约公约》继续适用于香港特别行政区。外国仲裁裁决在香港仍可以依《纽约公约》得到执行,但是中国内地仲裁裁决在香港境内不能依《纽约公约》执行,同样的,香港境内作出的仲裁裁决不能再被视为中国以外的外国仲裁裁决而在内地得到执行。问题产生了:内地裁决和香港裁决的执行上,由于裁决不再属于外国仲裁裁决,香港和内地互相执行仲裁裁决的法律基础丧失了。这一阶段,由于法律空白造成一些案件无法得到执行。

1998年1月16日,香港特别行政区高等法院就河北进出口公司诉保利得工程有限公司执行内地仲裁裁决一案作出判决,认为在香港回归后,中国内地仲裁裁决不应再被视为"公约裁决",而按照香港《仲裁条例》的规定,内地裁决亦不属于本地裁决。因而,内地仲裁裁决无法在香港得到强制执行。[1]其附带意见提到,由于内地裁决不属于本地裁决,故应适用《纽约公约》。在香港五丰行诉 ABC 公司执行仲裁裁决案中,由于裁决不能依《纽约公约》申请执行,原告根据当时生效的《仲裁条例》第 2GG 条申请简易程序。法院认为,该裁决不能根据《仲裁条例》第 2GG 条予以强制执行,理由是该条属于《仲裁条例》第 IA 部,而第 IA 部只适用于在香港地区作出的仲裁裁决,不论其是否本地仲裁或国际仲裁。香港特别行政区高等法院在判决中认为裁决无法依香港仲裁条例得到执行。[2]在附带意见中,法官认为,可以基于裁决通过债务索偿之诉执行仲裁裁决,但最简单的方式是创设相互执行的机制。

同样的,在这一个阶段,中国内地法院方面也不再依《纽约公约》执行香港仲裁裁决。在德国鲁尔公司(RAAB Karcherkokel Gm-

---

[1] *Hebei Import-Export Corp. v. Polytek Engineering Co. Ltd.* (no 2),[1998] 1 HKC 192.

[2] *Ng Fung Hong v. ABC*,[1998] 1 HKC 213.

bH)诉山西三佳煤化有限公司申请执行香港国际仲裁中心裁决案中,太原市人民法院在 1998 年 7 月 31 日作出中止执行裁定,其理由是"目前对执行香港地区的仲裁裁决尚无法律、法规等方面的规定"。[1]此后,北京、安徽、山东和广东等省的人民法院也相继对多件香港仲裁裁决的承认和执行作出了同样的决定。[2]同一国内的不同法域之间,无法依《纽约公约》执行仲裁裁决。据悉,有十宗香港仲裁裁决因此缘由被中国内地法院不予执行。

这种情况对于两地的仲裁均造成了影响:一个是潜在的当事人在可能执行地为对方境内的情况下,不再放心选择己方的仲裁机构;二是已经获得仲裁裁决而原本可以在对方执行的当事人,一面手执裁决观望等待,一面积极呼吁相互执行机制的出现。学界和业界同样也在呼吁和促进此种机制的出现。

三、《安排》制定之后

香港回归后,原本依纽约公约执行仲裁裁决的情况需要变化,仲裁裁决执行的依据已经成为一个主权国家内不同法律区域间司法协助的重要组成部分,它与国际司法协助有本质的区别,因此,两地相互执行对方仲裁裁决不应再适用纽约公约。但是,在香港回归后的一段时间里,内地与香港特别行政区相互执行对方仲裁裁决一时处于停滞状态,这对内地、香港一些通过仲裁解决纠纷的公司以及外商造成不便。

1999 年 6 月 21 日,中国最高人民法院与香港特别行政区的代

---

[1] 转引自王生长:《内地和香港特别行政区相互执行仲裁裁决的问题症结及其突破》,载《仲裁与法律通讯》第 5 期,1999 年 10 月。
[2] 转引自郭晓文:《中国内地和香港之间仲裁制度的相互合作》,载林一飞主编:《商事仲裁法律报告》,中信出版社 2004 年,第一卷。

表签署了《安排》[1],就内地和香港之间仲裁裁决相互执行的制度达成协议,对两地之间仲裁裁决相互执行的条件、程序以及适用的时间范围作出了规定。《安排》最大限度地保留了《纽约公约》关于仲裁裁决执行条件的规定,把《纽约公约》中的有关规则纳入《安排》之中。依据《安排》,内地依法成立的全部仲裁机构的仲裁裁决,都列入可以按照《安排》在香港强制执行的"内地裁决"。[2]同时,香港裁决也可以在内地按照《安排》规定的条件和程序得到执行。

《安排》的签署和执行,妥善解决了已经处于停滞状态的两地仲裁裁决的相互执行,其执行程序方便、快捷的,为维护内地与香港特别行政区当事人合法权益,保持香港的繁荣稳定提供有力的法律保障。

四、《安排》的基本内容

《安排》框架下两地仲裁裁决的相互执行,既不同于本地裁决的执行,也不同于外国仲裁裁决的执行,其所规定的执行条件比内地《民事诉讼法》和《仲裁法》所规定的"国内仲裁裁决"执行条件,以及比香港《仲裁条例》所规定的"本地仲裁裁决"的执行条件更为优惠,对两地仲裁裁决相互执行提供了更加便利的条件。[3]《安排》共 11 条,内容如下:

---

[1] 法释[2000]3号。

[2] 《安排》通过之后,已经有相当一部分内地仲裁裁决据此在香港申请执行,如 *Shandong Textiles Improt And Export Corp. v. Da Hua Non-ferrous Metalsco Ltd*,[2002] 252 HKCU 1; *Wuzhou Port Foreign Trade Development Corp. v. New Chemic Ltd*,[2001] 3 HKC 395。

[3] 见林一飞编著:《中国国际商事仲裁裁决的执行》,对外经济贸易大学出版社 2006 年版,第 216—221 页。

(一) 关于管辖法院

在内地或者香港特别行政区作出的仲裁裁决,一方当事人不履行仲裁裁决的,另一方当事人可以向被申请人住所地或者财产所在地的有关法院申请执行。上条所述的有关法院,在内地指被申请人住所地或者财产所在地的中级人民法院,在香港特别行政区指香港特别行政区高等法院。被申请人住所地或者财产所在地在内地不同的中级人民法院辖区内的,申请人可以选择其中一个人民法院申请执行裁决,不得分别向两个或者两个以上人民法院提出申请。被申请人的住所地或者财产所在地,既在内地又在香港特别行政区的,申请人不得同时分别向两地有关法院提出申请。只有一地法院执行不足以偿还其债务时,才可就不足部分向另一地法院申请执行。两地法院先后执行仲裁裁决的总额,不得超过裁决数额。(第1条和第2条)

(二) 文书要求

申请人向有关法院申请执行在内地或者香港特别行政区作出的仲裁裁决的,应当提交以下文书:(1)执行申请书;(2)仲裁裁决书;(3)仲裁协议。执行申请书的内容应当载明下列事项:(1)申请人为自然人的情况下,该人的姓名、地址;申请人为法人或者其他组织的情况下,该法人或其他组织的名称、地址及法定代表人姓名;(2)被申请人为自然人的情况下,该人的姓名、地址;被申请人为法人或者其他组织的情况下,该法人或其他组织的名称、地址及法定代表人姓名;(3)申请人为法人或者其他组织的,应当提交企业注册登记的副本。申请人是外国籍法人或者其他组织的,应当提交相应的公证和认证材料;(4)申请执行的理由与请求的内容,被申请人的财产所在地及财产状况;执行申请书应当以中文文

本提出,裁决书或者仲裁协议没有中文文本的,申请人应当提交正式证明的中文译本。(第3条和第4条)

(三) 关于时限

申请人向有关法院申请执行内地或者香港特别行政区仲裁裁决的期限依据执行地法律有关时限的规定。(第5条)

(四) 关于适用程序

有关法院接到申请人申请后,应当按执行地法律程序处理及执行。(第6条)

(五) 关于不予执行的理由

在内地或者香港特别行政区申请执行的仲裁裁决,被申请人接到通知后,提出证据证明有下列情形之一的,经审查核实,有关法院可裁定不予执行:

(1) 仲裁协议当事人依对其适用的法律属于某种无行为能力的情形;或者该项仲裁协议依约定的准据法无效;或者未指明以何种法律为准时,依仲裁裁决地的法律是无效的;

(2) 被申请人未接到指派仲裁员的适当通知,或者因他故未能陈述意见的;

(3) 裁决所处理的争议不是交付仲裁的标的或者不在仲裁协议条款之内,或者裁决载有关于交付仲裁范围以外事项的决定的;但交付仲裁事项的决定可与未交付仲裁的事项划分时,裁决中关于交付仲裁事项的决定部分应当予以执行;

(4) 仲裁庭的组成或者仲裁庭程序与当事人之间的协议不符,或者在有关当事人没有这种协议时与仲裁地的法律不符的;

(5) 裁决对当事人尚无约束力,或者业经仲裁地的法院或者按仲裁地的法律撤销或者停止执行的。

有关法院认定依执行地法律,争议事项不能以仲裁解决的,则可不予执行该裁决。

内地法院认定在内地执行该仲裁裁决违反内地社会公共利益,或者香港特别行政区法院决定在香港特别行政区执行该仲裁裁决违反香港特别行政区的公共政策,则可不予执行该裁决。(第7条)

(六)关于费用

申请人向有关法院申请执行在内地或者香港特别行政区作出的仲裁裁决,应当根据执行地法院有关诉讼收费的办法交纳执行费用。(第8条)

(七)关于生效及适用

1997年7月1日以后申请执行在内地或者香港特别行政区作出的仲裁裁决按本安排执行。对1997年7月1日至本安排生效之日的裁决申请问题,双方同意:1997年7月1日至本安排生效之日因故未能向内地或者香港特别行政区法院申请执行,申请人为法人或者其他组织的,可以在本安排生效后六个月内提出;如申请人为自然人的,可以在本安排生效后一年内提出。对于内地或香港特别行政区法院在1997年7月1日至本安排生效之日拒绝受理或者拒绝执行仲裁裁决的案件,应允许当事人重新申请。本安排在执行过程中遇有问题和修改,应当通过最高人民法院和香港特别行政区政府协商解决。(第9至第11条)

五、关于内地执行香港仲裁裁决的情况

自中国加入《纽约公约》以来,到最后《安排》的签订实施,中国内地各级法院有大量涉及仲裁裁决的案例。准确的仲裁司法审查

案例统计目前没有。内地法院执行或不予执行的理由各异。以下仅举一例：伟贸国际（香港）有限公司诉山西天利实业有限公司申请执行仲裁裁决案。[1]

1998年6月，山西天利实业有限公司与伟贸国际（香港）有限公司于1998年6月在香港签订了一份焦基碳购销合同，约定："无论是自然产生的和/或以任何方式与合同或合同的解释或履行有关的任何可能会被提起仲裁的争议，应在香港地区提起并依照国际商会（ICC）规则和英国法进行。在分歧或争议不能协商解决确定之日起30日内，当事人中任何一方可就争议的分歧提起仲裁。"在合同履行过程中，双方发生争议，伟贸公司将争议提交国际商会仲裁院进行仲裁。仲裁员于2000年3月在香港进行审理，双方代理律师参加了仲裁过程。2001年10月，仲裁员作出最终裁决，裁决天利公司败诉。伟贸公司随后向太原市中级人民法院申请承认和执行国际商会仲裁院的仲裁裁决，天利公司则提出不予执行的申请。

太原市中级人民法院认为，本案仲裁裁决与仲裁协议的约定相矛盾，仲裁庭的组成与仲裁协议不相符，仲裁庭没有对天利公司的反诉请求给予充分陈述机会，裁决违反公共利益，拟不予执行，并报山西省高级人民法院审核。山西省高级人民法院根据《安排》第3条、第4条的规定，认为伟贸公司提交的材料不齐全，不能构成有效的申请，而且伟贸公司提交的仲裁协议没有在香港进行公证转递，且已超过执行时效，据此，拟不予执行，并上报最高人民法院。

最高人民法院于2004年7月5日作出《关于不予执行国际商

---

[1] 参见《最新商事仲裁与司法实务专题案例》第三卷。

会仲裁院 10334/AMW/BWD/TE 最终裁决一案的请示的复函》（[2004]民四他字第6号），主要内容如下：

  本案所涉裁决是国际商会仲裁院根据当事人之间达成的仲裁协议及申请作出的一份机构仲裁裁决，由于国际商会仲裁院系在法国设立的仲裁机构，而我国和法国均为《承认及执行外国仲裁裁决公约》的成员国，因此审查本案裁决的承认和执行，应适用该公约的规定，而不应适用最高人民法院《关于内地与香港特别行政区相互承认和执行仲裁裁决的安排》的规定。你院请示报告中所述两点不予承认和执行本案裁决的理由，均不符合《承认及执行外国仲裁裁决公约》的规定，因此你院以该两点理由不予承认和执行本案裁决的意见不能成立。

  对于本案中伟贸国际（香港）有限公司是否在申请执行期限内提交了申请这一事实，你院应审查清楚。如其确系在申请执行期限内提交了申请，则即使其提交的材料不完备，你院亦不应直接裁定拒绝承认和执行本案裁决，而应该明确告知当事人，并限定一合理的时间让其补正，如其在限定的合理时间内拒绝补正，则应考虑以其申请不符合立案条件为由驳回其申请。

  上述复函中，最高人民法院以仲裁机构所在地来认定仲裁裁决作出地，从而适用《纽约公约》的规定，这是与国际通行做法不一致的。一般地，除非有特别约定，否则仲裁地法是适用于仲裁的程序法，仲裁的国籍应以仲裁地国为准。本案仲裁在香港地区进行，虽然仲裁机构是巴黎国际商会仲裁院，但并未指定巴黎作为仲裁地，因而依据地域标准应认定香港作为仲裁地，从而应适用内地与香港签订的《安排》。这一点在最高人民法院后来的复函中已经明确。2009年12月30日，最高人民法院发出《关于香港仲裁裁决在

内地执行的有关问题的通知》[1],通知如下:

> 近期,有关人民法院或者当事人向我院反映,在香港特别行政区作出的临时仲裁裁决、国际商会仲裁院在香港作出的仲裁裁决,当事人可否依据《关于内地与香港特别行政区相互执行仲裁裁决的安排》(以下简称《安排》)在内地申请执行。为了确保人民法院在办理该类案件中正确适用《安排》,统一执法尺度,现就有关问题通知如下:
>
> 当事人向人民法院申请执行在香港特别行政区做出的临时仲裁裁决、国际商会仲裁院等国外仲裁机构在香港特别行政区作出的仲裁裁决的,人民法院应当按照《安排》的规定进行审查。不存在《安排》第七条规定的情形的,该仲裁裁决可以在内地得到执行。

六、关于香港执行内地仲裁裁决的情况统计

同样的,在上述三个裁决执行的阶段中,也有大量的内地仲裁裁决被提交到香港法院。根据香港司法机构提供的在香港执行仲裁裁决的数据[2],自1997年至2014年,内地仲裁裁决在香港执行的情况如下表。在该表中,CIETAC(北京)指位于北京的中国国际经济贸易仲裁委员会,CIETAC(深圳)指位于深圳的华南国际经济贸易仲裁委员会(原名中国国际经济贸易仲裁委员会深圳分会、华南分会),CIETAC(上海)指位于上海的上海国际经济贸易仲裁委员会(原名中国国际经济贸易仲裁委员会上海分会)。另外,根据安排,其他一些内地仲裁机构的裁决也在香港法院申请执行。

---

[1] 法[2009]415号。

[2] 见http://hkiac.org/sc/hkiac/statistics/enforcement-of-awards,访问于2015年12月14日。1998年、1999年和2008年没有申请执行的数据。

6.1 中国内地与香港相互执行仲裁裁决

年份	委任机构名称	裁决被执行的申请数目	反对执行裁决的申请数目	驳回执行裁决的数目
1997				
	CIETAC(北京)	6	2	—
	CIETAC(深圳)	3	2	1
2000				
	CIETAC(北京)	15	5	—
	CIETAC(上海)	7	3	1
	CIETAC(深圳)	6	1	—
	常州仲裁委员会	2	1	1
2001				
	CIETAC(北京)	5	1	1
	CIETAC(上海)	1	1	—
	CIETAC(深圳)	3	1	—
	常州仲裁委员会	1	1	—
	汕头仲裁委员会	1	—	—
2002				
	CIETAC(北京)	3	—	—
	CIETAC(深圳)	1	—	—
	CIETAC(上海)	1	—	—
	上海仲裁委员会	1	—	—
	南通仲裁委员会	1	—	—
2003				
	CIETAC(北京)	1	—	—
	CIETAC(上海)	1	—	—
	CIETAC(深圳)	3	1	—
	北京仲裁委员会	2	—	—
	广州仲裁委员会	1	—	—
	青岛仲裁委员会	1	—	—
	深圳仲裁委员会	1	—	—

(续表)

年份	委任机构名称	裁决被执行的申请数目	反对执行裁决的申请数目	驳回执行裁决的数目
2004				
	CIETAC(北京)	1	—	—
	CIETAC(深圳)	1	—	—
	中国海事仲裁委员会	1	—	—
2005				
	CIETAC(北京)	2	—	—
	西安仲裁委员会	1	—	—
	海口仲裁委员会	1	—	—
2006				
	CIETAC(北京)	4	2	—
	CIETAC(深圳)	2	—	—
2007				
	北京仲裁委员会	1	—	—
	CIETAC(北京)	1	—	—
	CIETAC(深圳)	1	—	—
	CIETAC(上海)	1	—	—
2009				
	CIETAC(北京)	5	—	—
	CIETAC(上海)	1	—	—
	CIETAC(深圳)	2	—	—
	上海仲裁委员会	1	—	—
2010				
	CIETAC(北京)	3	1	—
	CIETAC(深圳)	1	—	—
	深圳仲裁委员会	1	—	—
	西安仲裁委员会	1	1	1

(续表)

年份	委任机构名称	裁决被执行的申请数目	反对执行裁决的申请数目	驳回执行裁决的数目
2011				
	CIETAC（北京）	2	—	—
	CIETAC（上海）	1		
	CIETAC（深圳）	1	—	—
	佛山仲裁委员会	1	1	
	广州仲裁委员会	1	—	—
2012				
	CIETAC（北京）	1	1	0
	CIETAC（深圳）	2	1	0
	上海仲裁委员会	2	0	0
	深圳仲裁委员会	1	0	0
2013				
	CIETAC（北京）	3		
	CIETAC（上海）	1		
	嘉兴仲裁委员会	1		
	深圳仲裁委员会	1		
	华南国仲	2		
2014				
	CIETAC（北京）	3		
	CIETAC（上海）	2		
	广州仲裁委员会	2		
	华南国仲	5	2	
	上海仲裁委员会	1		

☞ 本文涉及案例

- 广东粤海进出口公司申请执行内地裁决案
- *Paklito Investment Limited v. Klockner East Asia Limited*
- 河北进出口公司诉保利得工程有限公司执行内地仲裁裁决案
- 香港五丰行诉 ABC 公司执行仲裁裁决案
- 德国鲁尔公司诉山西三佳煤化有限公司申请执行仲裁裁决案
- 伟贸国际(香港)有限公司诉山西天利实业有限公司申请执行仲裁裁决案

6.2 中国大陆与台湾仲裁裁决的相互认可和执行

两岸经贸交往过程中不可避免会产生争议,仲裁是解决两岸经贸争议的重要方式。迄今为止,既有执行对方裁决的法律依据,也已经出现了相应的实际案例。

一、概述

两岸经贸交往频繁,促进经济融合的同时,也不可避免会产生一些摩擦。商业上的争议,假如通过法律手段且希望得到有法律约束力的决定的话,通常采取诉讼和仲裁。这在两岸商事争议的解决中同样如此。大概是由于投资目的地以大陆为主的原因[1],

---

[1] 以投资为例,2013 年的相关数据表明,大陆是台商对境外投资最多地区,占台对境外投资总额的 63%。依商务部统计,1—10 月,大陆批准台商投资项目1640 个,同比下降 7.2%,实际使用台资金额 17.1 亿美元,同比下降 24.4%。依台湾"经济部"统计,大陆同期批准台商对大陆投资件数为 359 件,同比下降 6.8%,批准投(增)资金额 70.2 亿美元,同比下降 21.1%。台湾地区方面的统计则显示,到2013 年 10 月底,批准大陆企业对台投资项目 455 个,投资金额累计 8.5 亿美元,其中 2013 年 1—10 月批准大陆企业对台投资项目 113 件,同比减少 2.6%;投资金额3.4 亿美元,同比增长 118.4%。参见 http://www.huaxia.com/thpl/djpl/2013/12/3677259.html,访问于 2014 年 5 月 2 日。

大陆仲裁机构在解决两岸商事争议中扮演主要的角色。涉港澳台的案件,在我国的诉讼和商事仲裁实务中,通常均是按涉外案件处理。就执行裁决而言,台湾仲裁裁决却没有内地与香港或澳门仲裁裁决相互执行适用类似的法律依据。由于海峡两岸关系的特殊性,香港与澳门曾经出现的法律和实务,在台湾仲裁裁决与大陆仲裁裁决的相互执行问题上,却又另是一番光景。

在述及仲裁裁决之前,可以对比一下两岸判决的执行情况。最高人民法院在1998年颁布实施了《关于人民法院认可台湾地区有关法院民事判决的规定》之前,两岸并无相互认可民事判决的实例。1998年6月9日,浙江省台州市中级人民法院裁定认可了台湾南投"地方法院"关于台湾同胞褚春裁对天台县侄儿褚金绸收养关系的裁定。这是大陆法院首次认可台湾地区法院民事裁定的法律效力。1998年6月10日,上海市第一中级人民法院裁定认可了台湾高雄"地方法院"对高雄居民许玲雯诉台湾长泰庄建设发展有限公司有偿借款纠纷一案的判决,并进行了强制执行。此后,陆续出现了大陆各级法院认可台湾判决的案例。台湾地区也是如此,在实务中也于1999年开始对大陆法院作出的生效民事判决进行认可。1999年10月15日,台湾地区板桥地方法院以1999年度申字第68号民事裁定书,认可了海南省海口市中级人民法院于1995年10月26日所作的(1995)海中法经初字第54号民事确定判决。后一方提出抗告,诉至台湾地区高等法院后,台湾地区高等法院民事四庭以2000年度抗字第3034号民事裁定书,裁定驳回抗告人台湾哲彦机械股份有限公司对相对人海南省工业开发总公司的抗告。这是首例台湾地区法院认可和执行大陆法院作出的涉及财产给付内容的民事判决。

之所以述及判决,是因为就仲裁裁决相互认可和执行而言,在

2015年《最高人民法院关于认可和执行台湾地区仲裁裁决的规定》实施之前,两岸并无专门的法律文件,而总是与判决一并规定。对于台湾地区仲裁裁决承认和执行问题,最高人民法院于1998年1月15日作出的《关于人民法院认可台湾地区有关法院民事判决的规定》以及2009年3月30日最高人民法院审判委员会第1465次会议通过的《关于人民法院认可台湾地区有关法院民事判决的补充规定》,对台湾地区民事判决和仲裁裁决在大陆地区的认可和执行作出了规定。

台湾地区甚至没有同时规定两岸民事判决和仲裁裁决执行的单独法律文件。1992年7月31日,台湾地区颁布了"台湾地区与大陆地区人民关系条例"(下称"两岸关系条例"),其后于1997年对其第74条作了修订。第74条对大陆地区作出的"民事仲裁判断"(民事仲裁裁决)在台湾执行作了规定。这是台湾地区执行大陆仲裁机构裁决的基本法律依据。当然,台湾地区"仲裁法"亦是处理有关案件是受到考虑的因素之一。

二、台湾执行大陆仲裁裁决的相关规定

在台湾地区的"两岸关系条例"中对执行大陆民事判决和仲裁裁决作了规定。在这之前,台湾地区并无执行内地法院判决及仲裁裁决的规定和实例。此后,该条例历经八次修正。其中,相关仲裁裁决的规定如下:

第74条
在大陆地区作成之民事确定裁判,民事仲裁判断,不违背台湾地区公共秩序或善良风俗者,得申请法院裁定认可。
前项经法院裁定认可之裁判或判断,以给付为内容者,得为执行名义。

1997年5月14日台湾地区对"两岸关系条例"第74条作出修正,增订了第三项:"前两项规定,以在台湾地区作成之民事确定裁判、民事仲裁判断,得声请大陆地区法院裁定认可或为执行名义者,始适用之。"

依据上述规定,在台湾地区申请认可、执行在内地作出的仲裁裁决,有实体和程序上的条件:一是内地仲裁裁决须是民事性质的;二是不违背台湾地区公共秩序或善良风俗;三是互惠原则。

1998年5月6日,"台湾地区与大陆地区人民关系条例施行细则"作了修正,其中第54条规定:依本"条例"第74条规定,申请法院裁定认可之民事裁判、民事仲裁判断,应经"行政院"设立或指定之机构或委托之民间团体验证。

2009年4月26日,大陆海峡两岸关系协会会长陈云林与台湾海峡交流基金会董事长江丙坤在南京签署了《海峡两岸共同打击犯罪及司法互助协议》(以下简称《司法协议》)。[1]据初步统计,从2009年6月至2013年6月底,大陆人民法院共办理涉台送达文书和调查取证涉台司法互助案件27738件。从2008年至今年6月,大陆法院共审结申请认可台湾裁判案件233件。[2]该协议合作事项中亦有涉及仲裁裁决执行的内容。第一章总则下,双方同意的合作事项包括双方同意在民事、刑事领域相互提供以下协助:(1)共同打击犯罪;(2)送达文书;(3)调查取证;(4)认可及执行民事裁判与仲裁裁决(仲裁判断);(5)移管(接返)被判刑人(受刑事裁判确定人);(6)双方同意之其他合作事项。而在第10条

---

〔1〕 参见 http://news.xinhuanet.com/newscenter/2009-04/26/content_11260584.htm,访问于2014年5月2日。

〔2〕 参见 http://news.xinhuanet.com/legal/2013-08/19/c_125200208.htm,访问于2014年5月2日。

"裁判认可"下,具体规定:双方同意基于互惠原则,于不违反公共秩序或善良风俗之情况下,相互认可及执行民事确定裁判与仲裁裁决(仲裁判断)。

大陆所作仲裁裁决在台湾具有执行力这一点经过相关条例及案例予以确定。现在的一个问题是:是否就相关事项也具有既判力?台湾近来的实践表明,"最高法院"一度坚持维持一贯见解,认为经台湾法院认可的大陆仲裁裁决仅有执行力而没有既判力。此问题的原因在于台湾的"最高法院"在2007年、2008年间的几个案例中先后表示了经法院裁定认可之大陆民事判决应只具有执行力而无与台湾法院确定判决同一效力之既判力。而这种见解恐会影响仲裁裁决的效力。台湾高等法院虽然在2013年的一个案件中认为"在大陆地区作成民事仲裁判断,再经台湾法院审查,认为未违背台湾地区之公共秩序或善良风俗而裁定认可后,得发生与外国仲裁判断、港澳地区仲裁判断同样之效力,则与既得权保护之立法原则即可相配合,不致发生矛盾";但该见解却在后来被台湾"最高法院"废弃。[1]

2015年12月2日台湾公布了修改的"仲裁法"第47条,以此来解决上述执行力与既判力不一致产生的问题。经修改的条文称:在其领域外作成之仲裁判断或在其领域内依外国法律作成之仲裁判断,为外国仲裁判断。外国仲裁判断,经声请法院裁定承认后,于当事人之间,与法院之确定判决有同一效力,并得为执行名义。

---

[1] 详见陈希佳:《经台湾法院认可之大陆仲裁判断的效力——契机与展望》,"中国仲裁"微信公众号2015年3月3日推送,访问于2015年12月15日。

三、台湾地区执行大陆仲裁裁决的相关实践

截至 2010 年,共有四件大陆仲裁机构裁决在台湾地区的法院申请认可,四件皆得到认可。下文收录的即为四件案例的摘要。[1]

案例 1　国腾电子(江苏)有限公司诉坤福营造股份有限公司

(2003、2004 年,中国台湾地区台中地方法院、台湾"高等法院")

大陆仲裁裁决作出之后,声请人声请认可仲裁裁决。台湾台中地方法院于 2003 年 6 月 20 日认可了仲裁裁决。法院认为,在台湾地区作成之仲裁机构裁决得根据大陆地区《最高人民法院关于人民法院认可台湾地区有关法院民事判决的规定》向大陆地区之人民法院申请认可,故在大陆地区作成之民事确定裁判、民事仲裁判断,不违背台湾地区公共秩序或善良风俗者,自亦得依"台湾地区与大陆地区人民关系条例"第 74 条之规定,申请台湾地区之法院裁定认可。被声请人对此裁定不服而抗告于台湾高等法院台中分院。台中分院于 2003 年 11 月 26 日裁定驳回抗告。

案例 2　四川省玻璃纤维厂诉曾某、邹某、叶某

(2003 年,中国台湾地区台北地方法院)

声请人声请认可大陆仲裁裁决。法院认为:

按在大陆地区作成之民事确定裁判、民事仲裁判断,不违背台湾地区公共秩序或善良风俗者,得声请法院裁定认可。前项经法院裁定认可之裁判或判断,以给付为内容者,得为执行名义。前二项规定,以在台湾地区作成之民事确定裁判、民

---

[1] 具体参见《最新商事仲裁与司法实务专题案例》第三卷。

事仲裁判断，得声请大陆地区法院裁定认可或为执行名义者，始适用之。"台湾地区与大陆地区人民关系条例"第 74 条定有明文。复按依本条例第 74 条规定声请法院裁定认可之民事确定裁判、民事仲裁判断，应经"行政院"设立或指定之机构或委托之民间团体验证。"台湾地区与大陆地区人民关系条例施行细则"第 54 条之一亦定有明文。又《最高人民法院关于人民法院认可台湾地区有关法院民事判决的规定》第 2 条系规定：台湾地区有关法院的民事判决，当事人的住所地、经常居住地或者被执行财产所在地在其他省、自治区、直辖市的，当事人可以根据前开规定向人民法院申请认可。第 19 条系规定：申请认可台湾地区有关法院民事裁定和台湾地区仲裁机构裁决的，适用本规定。准此，在台湾地区作成之仲裁机构裁决得根据《最高人民法院关于人民法院认可台湾地区有关法院民事判决的规定》向大陆地区之人民法院申请认可，故在大陆地区作成之民事确定裁判、民事仲裁判断，不违背台湾地区公共秩序或善良风俗者，自亦得依"台湾地区与大陆地区人民关系条例"第 74 条之规定，声请台湾地区之法院裁定认可。

案例 3　上海铁道宾馆有限公司诉华懋大饭店股份有限公司

（2005 年，中国台湾地区台北地方法院）

声请人声请认可大陆仲裁裁决。法院认为：依"台湾地区与大陆地区人民关系条例"第 74 条第 1 项规定：在大陆地区作成之民事确定裁判、民事仲裁判断，不违背台湾地区公共秩序或善良风俗者，得声请法院裁定认可。另声请人已在大陆取得支持声请人所有仲裁请求之裁决书，自得依前开规定，向法院声请认可该仲裁裁决书,为此声请准予认可前开大陆地区之仲裁裁决书。

案例 4　深圳市月朗科技有限公司诉伊士成纤维科技有限公司

（2010 年,中国台湾地区台北地方法院）

声请人声请认可大陆仲裁裁决。

台湾地区台北地方法院认为:

按在大陆地区作成之民事确定裁判、民事仲裁判断,不违背台湾地区公共秩序或善良风俗者,得声请法院裁定认可。前项经法院裁定认可之裁判或判断,以给付为内容者,得为执行名义。前二项规定,以在台湾地区作成之民事确定裁判、民事仲裁判断,得声请大陆地区法院裁定认可或为执行名义者,始适用之,"台湾地区与大陆地区人民关系条例"第 74 条定有明文。又按依本条例第 74 条规定声请法院裁定认可之民事确定裁判、民事仲裁判断,应经"行政院"设立或指定之机构或委托之民间团体验证,"台湾地区与大陆地区人民关系条例施行细则"第 68 条亦定有明文。

声请人主张之事实为实,并无违反台湾地区公序良俗,故法院予以认可。

四、大陆执行台湾地区仲裁裁决的相关规定

大陆对于涉台案件的仲裁,其态度有一个演变的过程。一波三折,与其他各种因素的影响有密切关系,从有关文件可见一斑。早在 1988 年 7 月 3 日,国务院发布的《关于鼓励台湾同胞投资的规定》第 20 条中,就对仲裁作出了规定:"台湾投资者在大陆投资因履行合同发生的或者与合同有关的争议,当事人应当尽可能通过

协商或者调解解决。当事人不愿协商、调解的,或者协商调解不成的,可以依据合同中的仲裁条款或者事后达成的书面仲裁协议,提交大陆或者香港的仲裁机构仲裁。……"该规定表明,在当时的环境下,有关台商在大陆投资的争议,认可有权仲裁的机构是大陆和香港地区的仲裁机构。此后,1994年3月5日,《中华人民共和国台湾同胞投资保护法》颁行,其第14条2款规定:"当事人不愿协商、调解的,或者经协商、调解不成的,可以依据合同中的仲裁条款或者事后达成的书面仲裁协议,提交仲裁机构仲裁。"两相对照,可以看出,仲裁机构所在地的限制已经被取消了。但1999年12月5日国务院发布的《中华人民共和国台湾同胞投资保护法实施细则》第29条2款中,又在字面上作出了一些回缩和限制:"当事人不愿协商、调解的,或者经协商、调解不成的,可以依照合同中的仲裁条款或者事后达成的书面仲裁协议,提交中国的仲裁机构仲裁。大陆的仲裁机构可以按照国家有关规定聘请台湾同胞担任仲裁员。"2012年8月9日,海峡两岸关系协会与海峡交流基金会负责人在台北签署了《海峡两岸投资保护和促进协议》(以下简称《投保协议》)。《投保协议》于2013年2月1日正式生效。《投保协议》正文部分包括8个条款,分别为:定义、适用范围和例外、投资待遇、透明度、逐步减少投资限制、投资便利化、征收、损失补偿、代位、转移、拒绝授予利益、本协议双方的争端解决、投资者与投资所在地一方争端解决、投资商事争议、联系机制、文书格式、修正、生效等条款。其中,第14条"投资商事争议"的相关规定如下:"(1)双方确认,一方投资者与另一方自然人、法人、其他组织依相关规定及当事人意思自治原则签订商事合同时,可约定商事争议的解决方式和途径。(2)一方投资者与另一方自然人订立商事合同时,可就有关投资所产生的商事争议订立仲裁条款。如未订立仲裁条款,可于争议发生后协商提交仲裁解决。(3)一方投资者与另一方法人或其他组织订立商事合同时,可就有关投资所产生的商事争议订立仲裁条款。如未订立仲裁条款,可于争议发生后协商提交仲裁解决。(4)商事争议的当事双方可选择两岸的仲裁机构及当事双方同意的仲裁地点。如商事合同中未约定仲裁条款,可于争议发生后协商提交两岸的仲裁机构,在当事双方同意的仲裁地点解决争议。(5)双方确认,商事合同当事人可依据相关规定申请仲裁裁决的认可与执行。"

以上未涉及仲裁裁决执行的具体规定。1998年1月15日,《最高人民法院关于人民法院认可台湾地区有关法院民事判决的规定》[1]自1998年5月26日起施行。该规定第19条规定,申请认可台湾地区有关法院民事裁定和台湾地区仲裁机构裁决的,适用本规定。自此之后,执行台湾地区仲裁裁决有了实体性的法律依据。2009年3月30日通过了《最高人民法院关于人民法院认可台湾地区有关法院民事判决的补充规定》[2],该规定自2009年5月14日起施行。该规定共十条。

除了上述法律规定以外,2009年4月26日,前述大陆海峡两岸关系协会与台湾海峡交流基金会签署的《海峡两岸共同打击犯罪及司法互助协议》亦是关于仲裁裁决执行方面可资利用的法律文件之一。

2015年6月2日,《最高人民法院关于认可和执行台湾地区仲裁裁决的规定》通过,2015年6月29日公布,自2015年7月1日起施行。本规定的主要内容如下:

---

〔1〕 法释〔1998〕11号。
〔2〕 法释〔2009〕04号。

1. 关于申请人

台湾地区仲裁裁决的当事人可以根据本规定,作为申请人向人民法院申请认可和执行台湾地区仲裁裁决。(第1条)

申请人委托他人代理申请认可台湾地区仲裁裁决的,应当向人民法院提交由委托人签名或者盖章的授权委托书。台湾地区、香港特别行政区、澳门特别行政区或者外国当事人签名或者盖章的授权委托书应当履行相关的公证、认证或者其他证明手续,但授权委托书在人民法院法官的见证下签署或者经中国大陆公证机关公证证明是在中国大陆签署的除外。(第6条)

2. 仲裁裁决

本规定所称台湾地区仲裁裁决是指,有关常设仲裁机构及临时仲裁庭在台湾地区按照台湾地区仲裁规定就有关民商事争议作出的仲裁裁决,包括仲裁判断、仲裁和解和仲裁调解。(第2条)

申请人申请认可台湾地区仲裁裁决,应当提供相关证明文件,以证明该仲裁裁决的真实性。申请人可以申请人民法院通过海峡两岸调查取证司法互助途径查明台湾地区仲裁裁决的真实性;人民法院认为必要时,也可以就有关事项依职权通过海峡两岸司法互助途径向台湾地区请求调查取证。(第9条)

3. 认可

申请人同时提出认可和执行台湾地区仲裁裁决申请的,人民法院先按照认可程序进行审查,裁定认可后,由人民法院执行机构执行。申请人直接申请执行的,人民法院应当告知其一并提交认可申请;坚持不申请认可的,裁定驳回其申请。(第3条)

人民法院应当尽快审查认可台湾地区仲裁裁决的申请,决定予以认可的,应当在立案之日起两个月内作出裁定;决定不予认可或者驳回申请的,应当在作出决定前按有关规定自立案之日起两个月内上报最高人民法院。通过海峡两岸司法互助途径送达文书和调查取证的期间,不计入审查期限。(第13条)

4. 管辖法院

申请认可台湾地区仲裁裁决的案件,由申请人住所地、经常居住地或者被申请人住所地、经常居住地、财产所在地中级人民法院或者专门人民法院受理。申请人向两个以上有管辖权的人民法院申请认可的,由最先立案的人民法院管辖。申请人向被申请人财产所在地人民法院申请认可的,应当提供财产存在的相关证据。(第4条)

5. 程序

申请人申请认可台湾地区仲裁裁决,应当提交以下文件或者经证明无误的副本:(1)申请书(2)仲裁协议;(3)仲裁判断书、仲裁和解书或者仲裁调解书。

申请书应当记明以下事项:(1)申请人和被申请人姓名、性别、年龄、职业、身份证件号码、住址(申请人或者被申请人为法人或者其他组织的,应当记明法人或者其他组织的名称、地址、法定代表人或者主要负责人姓名、职务)和通讯方式;(2)申请认可的仲裁判断书、仲裁和解书或者仲裁调解书的案号或者识别资料和生效日期;(3)请求和理由;(4)被申请人财产所在地、财产状况及申请认可的仲裁裁决的执行情况;(5)其他需要说明的情况。

对于符合本规定第4条和第7条规定条件的申请,人民法院应当在收到申请后7日内立案,并通知申请人和被申请人,同时将申请书送达被申请人;不符合本规定第7条和第7条规定条件的,应当在7日内裁定不予受理,同时说明不予受理的理由;申请人对

裁定不服的,可以提起上诉。对申请认可台湾地区仲裁裁决的案件,人民法院应当组成合议庭进行审查。(第5条、第7条、第8条)

申请人申请认可和执行台湾地区仲裁裁决的期间,适用《民事诉讼法》第239条的规定。申请人仅申请认可而未同时申请执行的,申请执行的期间自人民法院对认可申请作出的裁定生效之日起重新计算。(第19条)

人民法院在办理申请认可和执行台湾地区仲裁裁决案件中所作出的法律文书,应当依法送达案件当事人。(第20条)

6. 财产保全

人民法院受理认可台湾地区仲裁裁决的申请之前或者之后,可以按照民事诉讼法及相关司法解释的规定,根据申请人的申请,裁定采取保全措施。(第10条)

7. 既判力

人民法院受理认可台湾地区仲裁裁决的申请后,当事人就同一争议起诉的,不予受理。

当事人未申请认可,而是就同一争议向人民法院起诉的,亦不予受理,但仲裁协议无效的除外。(第11条)

8. 人民法院受理认可台湾地区仲裁裁决的申请后,作出裁定前,申请人请求撤回申请的,可以裁定准许。(第12条)

9. 予以认可和不予认可

对申请认可和执行的仲裁裁决,被申请人提出证据证明有下列情形之一的,经审查核实,人民法院裁定不予认可:

(一)仲裁协议一方当事人依对其适用的法律在订立仲裁协议时属于无行为能力的;或者依当事人约定的准据法,或当事人没有约定适用的准据法而依台湾地区仲裁规定,该仲裁协议无效的;

或者当事人之间没有达成书面仲裁协议的,但申请认可台湾地区仲裁调解的除外;

(二)被申请人未接到选任仲裁员或进行仲裁程序的适当通知,或者由于其他不可归责于被申请人的原因而未能陈述意见的;

(三)裁决所处理的争议不是提交仲裁的争议,或者不在仲裁协议范围之内;或者裁决载有超出当事人提交仲裁范围的事项的决定,但裁决中超出提交仲裁范围的事项的决定与提交仲裁事项的决定可以分开的,裁决中关于提交仲裁事项的决定部分可以予以认可;

(四)仲裁庭的组成或者仲裁程序违反当事人的约定,或者在当事人没有约定时与台湾地区仲裁规定不符的;

(五)裁决对当事人尚无约束力,或者业经台湾地区法院撤销或者驳回执行申请的。

依据国家法律,该争议事项不能以仲裁解决的,或者认可该仲裁裁决将违反一个中国原则等国家法律的基本原则或损害社会公共利益的,人民法院应当裁定不予认可。(第14条)

人民法院经审查能够确认台湾地区仲裁裁决真实,而且不具有本规定第14条所列情形的,裁定认可其效力;不能确认该仲裁裁决真实性的,裁定驳回申请。

裁定驳回申请的案件,申请人再次申请并符合受理条件的,人民法院应予受理。(第15条)

人民法院依据本规定第14条和第15条作出的裁定,一经送达即发生法律效力。(第16条)

对人民法院裁定不予认可的台湾地区仲裁裁决,申请人再次提出申请的,人民法院不予受理。但当事人可以根据双方重新达成的仲裁协议申请仲裁,也可以就同一争议向人民法院起诉。(第18条)

10. 平行诉讼

一方当事人向人民法院申请认可或者执行台湾地区仲裁裁决,另一方当事人向台湾地区法院起诉撤销该仲裁裁决,被申请人申请中止认可或者执行并且提供充分担保的,人民法院应当中止认可或者执行程序。申请中止认可或者执行的,应当向人民法院提供台湾地区法院已经受理撤销仲裁裁决案件的法律文书。台湾地区法院撤销该仲裁裁决的,人民法院应当裁定不予认可或者裁定终结执行;台湾地区法院驳回撤销仲裁裁决请求的,人民法院应当恢复认可或者执行程序。(第17条)

11. 期间、送达、费用和施行

申请认可和执行台湾地区仲裁裁决,应当参照《诉讼费用交纳办法》的规定,交纳相关费用。(第21条)

本规定自2015年7月1日起施行。本规定施行前,根据《最高人民法院关于人民法院认可台湾地区有关法院民事判决的规定》(法释〔1998〕11号),人民法院已经受理但尚未审结的申请认可和执行台湾地区仲裁裁决的案件,适用本规定。(第22条)

五、台湾地区仲裁裁决在大陆执行的相关实践

台湾地区仲裁裁决在大陆执行的不多。从现有公开报道的资料来看,只有以下一例。

案例 5　和华(海外)置地有限公司诉凯歌(厦门)高尔夫球俱乐部有限公司申请认可和执行台湾地区仲裁裁决案

(2004 年,中国福建省厦门市中级人民法院)

申请人于 2004 年 3 月 5 日向福建省厦门市中级人民法院提出申请,要求认可台湾地区中华仲裁协会对和华(海外)置地有限公司与凯歌(厦门)高尔夫球俱乐部有限公司债权债务纠纷。福建省厦门市中级人民法院经审查于 2004 年 6 月 13 日作出民事裁定书[1],认可了裁决书效力。申请人遂申请执行凯歌(厦门)高尔夫球俱乐部有限公司的财产。2004 年 7 月 28 日,福建省厦门市中级人民法院发民事裁定书[2],裁定执行。

以上是一些法律和实务的简要阐述。当然,除了前述规定外,在具体案件中,可能各自的仲裁法或仲裁条例以及民事诉讼程序规定也会适用到。实际上,在办理仲裁案件中,尤其是仲裁庭审理仲裁案件的过程中,更多涉及对对方实体法律适用的问题。有关实体法律适用,在非正常关系下,将引发更多的问题。这个以后我们再另文讨论。就执行而言,鉴于内地与港澳之间两两相互执行仲裁裁决的安排已经稳定且有成效(虽然有一些被认为是不完善),假如在中国大陆与台湾地区之间能达成类似的相互认可与执行的安排,相信会更有助于仲裁裁决在彼此法院的执行,也会更有利于当事人权益的保障。

---

[1]　福建省厦门市中级人民法院(2004)厦民认字第 20 号民事裁定书。
[2]　建省厦门市中级人民法院(2004)厦执字第 95 号民事裁定书。

☞ 本文涉及案例

- 国腾电子(江苏)有限公司诉坤福营造股份有限公司
- 四川省玻璃纤维厂诉曾某、邹某、叶某
- 上海铁道宾馆有限公司诉华懋大饭店股份有限公司
- 深圳市月朗科技有限公司诉伊士成纤维科技有限公司
- 和华(海外)置地有限公司诉凯歌(厦门)高尔夫球俱乐部有限公司申请认可和执行台湾地区仲裁裁决案

6.3 中国内地与澳门相互执行仲裁裁决

在仲裁裁决的执行问题上,虽然澳门面临和香港同样的问题,但其紧迫性和重要性并不明显。而在内地仲裁机构仲裁作出的裁决,或者当事人自愿履行,或者因被申请人财产在内地而在内地法院强制执行,罕见在澳门法院进行强制执行的案例。

一、澳门仲裁简况

澳门的仲裁制度不发达,仲裁实务也没有内地、香港地区、台湾地区那样普及。虽然早在1962年,《葡萄牙民事诉讼法典》第四卷关于仲裁制度的规定已经延伸适用于澳门,但是随着葡萄牙的民事诉讼改革,仲裁制度又在1986年被废止。直到20世纪90年代,澳门才通过下述法律文件,基本建立了仲裁制度:(1)1991年8月29日第112/91号通过的《澳门司法组织纲要法》,第5条第2款做了纲要性质(并且也仅仅是纲领性性)的规定:"得设立仲裁庭,并得设非司法性质之方法及方式,以排除冲突。"(2)1996年,在《司法组织纲要法》的基础上通过的《核准仲裁制度》(第29/96/M号法令)。该法令于1996年9月15日开始生效,一共44条,对仲裁的标的、适用之法律、仲裁协议之形式、仲裁庭之组成、仲裁员人之指定、仲裁员及参与人之报酬、仲裁之程序、裁决及上诉等作了规定。1996年7月制定的第40/96/M号法令,确立了机构自愿仲裁的法律制度。上述两部法规设定了澳门仲裁制度的基本框架。(3)澳门立法会参照《UNCITRAL仲裁示范法》于1998年11月核准了第55/98/M号法令(《涉外商事仲裁专门制度》),对涉外仲裁作出了规定。

在仲裁制度基本建立之后,澳门先后设立了几个仲裁机构:1998年2月由总督通过第19/GM/98号批示许可成立了澳门消费者委员会的"民事或商事之小额消费争议自愿仲裁中心";1998年3月通过第26/GM/98号批示许可设立了"澳门律师公会自愿仲裁中心";1998年6月,澳门总督又通过第48/GM/98号批示核准设立"澳门世界贸易中心自愿仲裁中心",该中心于2008年5月14日经由第151/2008号行政长官批示而更名为澳门世界贸易中心仲裁中心;2002年12月12日通过第259/2002号行政长官批示设立保险及私人退休基金争议仲裁中心。

由上述可见,对于澳门社会(尤其是法律生态)而言,仲裁基本上还是一个新鲜事物[1]。在这种情况下,澳门仲裁以及与仲裁相关的司法实践也较为少见,尤其是公之于众的更加少之又少。虽然在仲裁实践中有部分涉及澳门公司的案例,但仲裁多在内地

---

〔1〕 可详见唐晓晴:《澳门仲裁的现状与机遇》,http://www.wtc-macau.com/arbitration/gb/forms/txq.pdf,访问于2014年4月18日。

的仲裁机构进行。

正是因为澳门的特殊仲裁法律与实务状况,在仲裁裁决的执行问题上,虽然澳门面临和香港同样的问题,但其紧迫性和重要性并不明显。而在内地仲裁机构仲裁作出的裁决,或者当事人自愿履行,或者因被申请人财产在内地而在内地法院强制执行,罕见在澳门法院进行强制执行的案例。据资料,在澳门回归前后,内地与澳门未有过相互承认与执行仲裁裁决的实践。[1]

类似香港,也可以将澳门与中国内地仲裁裁决的执行分为三个阶段。以下分述之。

二、澳门回归前

与香港不一样的是,在两地仲裁裁决的执行上,无论是回归前还是回归后,《纽约公约》从未适用过。虽然葡萄牙于1995年加入《纽约公约》,但该公约并没有延伸适用于澳门。这就使得在澳门回归前,两地执行裁决的相关依据并非《纽约公约》。澳门承认及执行外国仲裁裁决的规定在1999年《涉外商事仲裁专门制度》实施前,主要见诸"澳门民事诉讼法",实际上就是《葡萄牙民事诉讼法》。根据该法的规定,外国仲裁裁决和外国法院判决可在同等条件和程序下,必须经过法院初审和认可后才能在澳门生效;认可判决必须具备:(1) 对含有判决的文件的可靠性或判决的可理解性无异议;(2) 判决依判决作出地法具有既判力;(3) 判决依执行地有关管辖权冲突法的规则由主管法院作出;(4) 除了它是首次提交外国法院之外,相同的案件在执行地法院未被提出或未经其审

---

[1] 聂华英:《澳门仲裁制度比较研究》,载米键、李丽如主编:《澳门法学:澳门回归一周年纪念文集》,法律出版社2001年版,第493页。

理;(5)除了在该案中执行地法律不要求传唤外,被告已受及时传唤;如由于被告未提交答辩而对他作出不利的判决,被告已受到传唤;(6)执行判决不与执行地公共政策相抵触;(7)如果判决是不利于执行地国国民的,并且根据该国冲突规则适用该国法律,它没有违反该国的私法规定。司法部可依以上(3)(6)(7)款对执行法院的最后裁决提出上诉。从实践情况看,澳门法院对外国判决的审查主要是形式上的,除非涉及上述第(7)项规定的情形。[1]内地仲裁裁决,经过审查程序获得确认之后,它就等同于一个由澳门法院作出的裁决,便可以通过执行程序进行司法执行。

按照1998年11月核准的澳门《涉外商事仲裁专门制度》,承认与执行外国仲裁裁决的条件及程序与《纽约公约》的有关规定基本一致,主要内容如下:(1)在任何国家或地区作出的裁决均应承认具有约束力,除非澳门法院认定该国或地区亦会拒绝承认和执行在澳门作出的裁决;(2)如存在下列情形且经当事人证明,法院可拒绝承认及执行外国裁决:① 仲裁协议的当事人当时处于无行为能力状态或仲裁协议无效;② 败诉方未获关于指定或任命仲裁员或仲裁程序之适当通知,或因其他理由不能行使其权利;③ 裁决所涉争议非为仲裁协议之标的,或裁决内容含有对仲裁协议范围以外事项之决定,但裁决对提交裁决之事项的决定可与未提交裁决的事项分开者,仅可拒绝对未提交仲裁之事项的决定;④ 仲裁庭的设立或仲裁程序与当事人协议不符,或当事人无此协议时与仲裁地法律不符;⑤ 裁决对当事人仍未有约束力,或裁决被裁决地国家或地区的管辖法院或依其法律作出裁决之国家或地区的法院撤

---

[1] 参见宋连斌:《我国内地与港澳台地区相互执行仲裁裁决若干问题探讨》,载 http://www.cnarb.com/Article/rdjj/200705/194.html,访问于2014年4月19日。

销或中止。(3) 如法院认定,依澳门法律争议不能通过仲裁解决的,或承认与执行裁决与公共秩序相抵触。

在这个阶段,中国内地裁决在澳门执行,需要依据澳门民事诉讼法以及其后的《涉外商事仲裁专门制度》,按照外国仲裁裁决的有关条件和程序在互惠的基础上进行。

同样,澳门仲裁裁决也不能依据《纽约公约》在内地承认与执行,只能根据《中华人民共和国民事诉讼法》第269条的规定按照互惠原则办理:"国外仲裁机构的裁决,需要中华人民共和国人民法院承认和执行的,应当由当事人直接向被执行人住所地或者其财产所在地的中级人民法院申请,人民法院应当依照中华人民共和国缔结或者参加的国际条约,或者按照互惠原则办理。"

三、澳门回归后至《安排》颁布前

澳门回归之后,内地与澳门之间的仲裁裁决,不再被对方归入外国仲裁裁决,故相互执行的法律依据发生变化。内地不再依中国《民事诉讼法》第269条的规定的"国外的仲裁机构的裁决"来处理对澳门仲裁裁决的承认与执行,对于澳门而言,尽管依照澳门《基本法》的规定,1998年55/98/M号法令仍然在澳门特别行政区生效,但内地仲裁也不再是其所规范的"外国仲裁"。

在这个阶段,内地与澳门仲裁裁决相互执行的法律规定是空白的。

事实上,不仅对于内地与澳门的裁决,而且由于《纽约公约》尚未扩展适用,故在澳门,对于外国仲裁裁决亦不能适用《纽约公约》,仍只能适用《涉外商事仲裁专门制度》来承认和执行。直到2005年7月19日中国政府声明《纽约公约》适用于中国澳门特别行政区后,才可以依据《纽约公约》在澳门承认和执行另一缔约国领土内作出的仲裁裁决。但内地与澳门仲裁裁决的相互承认与执行问题,仍然没有解决。而此时,香港与内地相互执行裁决的安排已经实施了数年。

四、《安排》颁布后

由于实务上缺乏的原因,内地与澳门仲裁裁决的相互执行并没有香港与内地之间的执行问题引人关注。但业界和学界仍不断有制定类似香港与内地相互执行裁决的安排的呼声。空白阶段持续了六七年之后,这个问题列入了正式议程。为了保护两地当事人合法权益,维护两地司法权威,促进内地、澳门经济发展和澳门特别行政区长期繁荣稳定方面,并在借鉴此前香港与内地相互执行仲裁裁决的《安排》的基础上,2006年9月内地与澳门特别行政区代表在湖南长沙就两地相互执行仲裁裁决举行了第一轮磋商,之后2007年5月、2007年10月,内地与澳门特别行政区代表分别在澳门、北京又进行磋商,并修改和交换文本10余次。最终形成了《关于内地与澳门特别行政区相互认可和执行仲裁裁决的安排》(下称《安排》)。《安排》是继内地与澳门特别行政区2001年签署《关于内地与澳门特别行政区法院就民商事案件相互委托送达司法文书和调取证据的安排》、2006年签署《内地与澳门特别行政区关于相互认可和执行民商事判决的安排》之后,澳门与内地司法协助领域的又一重大成果,标志着两地司法向更紧密协助关系迈进,相互协助的范围从民商事文书送达、调查取证、判决的认可和执行方面向更加广泛的领域扩展。

根据最高法院负责人就签署《关于内地与澳门特别行政区相互认可和执行仲裁裁决的安排》答问,两地在磋商过程中始终坚持了以下几项原则[1]:(1)平等协商、充分交流、相互尊重、增进互信的原则。根据澳门特别行政区基本法,澳门特别行政区享有独立的司法权和终审权,与内地法院没有隶属关系。因此,在磋商过程中双方始终坚持两个司法区域平等协商的原则。(2)坚持求同存异、循序渐进、由易到难、稳步推进的原则。协商中,充分考虑双方法律制度、理念和用语的差异,力求在重大问题上达成一致,不强求解决所有问题。在内地与澳门特别行政区法律概念不统一时,技术上采取分别表述的方式处理。一些较复杂、细节问题,留待今后根据实践发展的需要,再研究解决。(3)勇于创新、务求实效的原则。"一国两制"下的司法协助,没有现成的经验可供借鉴,需要在符合内地与澳门特别行政区法律原则和程序的前提下,积极探索、开拓思路,大胆创新,努力发展"一国两制"司法协助的新成果。(4)借鉴国际上成功经验的原则。内地与澳门特别行政区之间的司法协助,是一国之内的不同法律区域间的司法合作,与国与国之间具有主权因素的司法协助有本质上的区别。但考虑到特别行政区的国际化特点和特殊的历史因素,在符合"一国两制"的原则下,可以考虑参照适用国际司法协助的一些做法和准则,借鉴有益的成功经验。《安排》的具体内容主要参照了1958年《纽约公约》的有关规定。

《安排》签订之后,两地相互认可与执行仲裁裁决进入了有法可依的阶段。虽然目前没有公开报道的案例,但为将来的相互执行铺设好了制度化、可操作性的安排。

---

[1] 参见 http://news.xinhuanet.com/newscenter/2007-10/30/content_6975375.htm,访问于2014年4月22日。

五、《安排》的主要内容

根据《中华人民共和国澳门特别行政区基本法》第93条的规定,最高人民法院与澳门特别行政区经协商,就内地与澳门特别行政区相互认可和执行仲裁裁决的有关事宜,于2007年10月30日签署《关于内地与澳门特别行政区相互认可和执行仲裁裁决的安排》。[1]《安排》的主要内容如下:

(一)适用范围

内地人民法院认可和执行澳门特别行政区仲裁机构及仲裁员按照澳门特别行政区仲裁法规在澳门作出的民商事仲裁裁决,澳门特别行政区法院认可和执行内地仲裁机构依据《中华人民共和国仲裁法》在内地作出的民商事仲裁裁决,适用本安排。本安排没有规定的,适用认可和执行地的程序法律规定。(第1条)

(二)管辖法院

在内地或者澳门特别行政区作出的仲裁裁决,一方当事人不履行的,另一方当事人可以向被申请人住所地、经常居住地或者财产所在地的有关法院申请认可和执行。内地有权受理认可和执行仲裁裁决申请的法院为中级人民法院。两个或者两个以上中级人民法院均有管辖权的,当事人应当选择向其中一个中级人民法院提出申请。澳门特别行政区有权受理认可仲裁裁决申请的法院为中级法院,有权执行的法院为初级法院。

被申请人的住所地、经常居住地或者财产所在地分别在内地和澳门特别行政区的,申请人可以向一地法院提出认可和执行申

---

[1] 法释[2007]17号。

请,也可以分别向两地法院提出申请。当事人分别向两地法院提出申请的,两地法院都应当依法进行审查。予以认可的,采取查封、扣押或者冻结被执行人财产等执行措施。仲裁地法院应当先进行执行清偿;另一地法院在收到仲裁地法院关于经执行债权未获清偿情况的证明后,可以对申请人未获清偿的部分进行执行清偿。两地法院执行财产的总额,不得超过依据裁决和法律规定所确定的数额。(第2条、第3条)

(三) 申请材料

申请人向有关法院申请认可和执行仲裁裁决的,应当提交以下文件或者经公证的副本:(1) 申请书;(2) 申请人身份证明;(3) 仲裁协议;(4) 仲裁裁决书或者仲裁调解书。上述文件没有中文文本的,申请人应当提交经正式证明的中文译本。

申请书应当包括下列内容:(1) 申请人或者被申请人为自然人的,应当载明其姓名及住所;为法人或者其他组织的,应当载明其名称及住所,以及其法定代表人或者主要负责人的姓名、职务和住所;申请人是外国籍法人或者其他组织的,应当提交相应的公证和认证材料;(2) 请求认可和执行的仲裁裁决书或者仲裁调解书的案号或识别资料和生效日期;(3) 申请认可和执行仲裁裁决的理由及具体请求,以及被申请人财产所在地、财产状况及该仲裁裁决的执行情况。(第4条、第5条)

由一方有权限公共机构(包括公证员)作成的文书正本或者经公证的文书副本及译本,在适用本安排时,可以免除认证手续在对方使用。(第12条)

(四) 申请和审查期限

申请人向有关法院申请认可和执行内地或者澳门特别行政区

仲裁裁决的期限,依据认可和执行地的法律确定。(第6条)

受理申请的法院应当尽快审查认可和执行的请求,并作出裁定。(第10条)

(五) 不予认可的情形

申请认可和执行的仲裁裁决,被申请人提出证据证明有下列情形之一的,经审查核实,有关法院可以裁定不予认可:(1) 仲裁协议一方当事人依对其适用的法律在订立仲裁协议时属于无行为能力的;或者依当事人约定的准据法,或当事人没有约定适用的准据法而依仲裁地法律,该仲裁协议无效的;(2) 被申请人未接到选任仲裁员或者进行仲裁程序的适当通知,或者因他故未能陈述意见的;(3) 裁决所处理的争议不是提交仲裁的争议,或者不在仲裁协议范围之内;或者裁决载有超出当事人提交仲裁范围的事项的决定,但裁决中超出提交仲裁范围的事项的决定与提交仲裁事项的决定可以分开的,裁决中关于提交仲裁事项的决定部分可以予以认可;(4) 仲裁庭的组成或者仲裁程序违反了当事人的约定,或者在当事人没有约定时与仲裁地的法律不符的;(5) 裁决对当事人尚无约束力,或者业经仲裁地的法院撤销或者拒绝执行的。有关法院认定,依执行地法律,争议事项不能以仲裁解决的,不予认可和执行该裁决。内地法院认定在内地认可和执行该仲裁裁决违反内地法律的基本原则或者社会公共利益,澳门特别行政区法院认定在澳门特别行政区认可和执行该仲裁裁决违反澳门特别行政区法律的基本原则或者公共秩序,不予认可和执行该裁决。(第7条)

(六) 诉讼费用

申请人依据本安排申请认可和执行仲裁裁决的,应当根据执

行地法律的规定,交纳诉讼费用。(第 8 条)

(七) 中止和恢复执行

一方当事人向一地法院申请执行仲裁裁决,另一方当事人向另一地法院申请撤销该仲裁裁决,被执行人申请中止执行且提供充分担保的,执行法院应当中止执行。根据经认可的撤销仲裁裁决的判决、裁定,执行法院应当终结执行程序;撤销仲裁裁决申请被驳回的,执行法院应当恢复执行。当事人申请中止执行的,应当向执行法院提供其他法院已经受理申请撤销仲裁裁决案件的法律文书。(第 9 条)

(八) 财产保全

法院在受理认可和执行仲裁裁决申请之前或者之后,可以依当事人的申请,按照法院地法律规定,对被申请人的财产采取保全措施。(第 11 条)

(九) 生效及溯及力

本安排实施前,当事人提出的认可和执行仲裁裁决的请求,不适用本安排。自 1999 年 12 月 20 日至本安排实施前,澳门特别行政区仲裁机构及仲裁员作出的仲裁裁决,当事人向内地申请认可和执行的期限,自本安排实施之日起算。本安排自 2008 年 1 月 1 日起实施。(第 13 条、第 16 条)

(十) 两地协作

为执行本安排,最高人民法院和澳门特别行政区终审法院应当相互提供相关法律资料。最高人民法院和澳门特别行政区终审法院每年相互通报执行本安排的情况。本安排在执行过程中遇有问题或者需要修改的,由最高人民法院和澳门特别行政区协商解决。(第 14 条、第 15 条)

6.4 港澳相互执行仲裁裁决

随着澳门特别行政区与香港特别行政区在经济和贸易上的交往日益频繁,双方都认为有必要制定相互认可和执行仲裁裁决的文件,明确澳门仲裁裁决在香港执行以及香港仲裁裁决在澳门执行的程序和有关规定,以便更好地处理民商事纠纷,推动两地仲裁的发展,促进两地在民商事宜方面的司法合作。2013年1月7日,澳门特别行政区和香港特别行政区签署《关于澳门特别行政区与香港特别行政区相互认可和执行仲裁裁决的安排》(下称《安排》)。自此之后,两地裁决可以互相得到认可和执行。

2013年1月7日签订合同《关于澳门特别行政区与香港特别行政区相互认可和执行仲裁裁决的安排》(下称《安排》)是中国区

际司法协助领域内的又一成果。[1]自此之后,无论是在澳门还是香港作出的仲裁裁决,只要符合《安排》的相关规定,都可以分别在澳门特别行政区和香港特别行政区得到认可和执行。结合中国内地与香港和澳门分别签订的安排,则三地裁决相互执行的机制得以完善。在财产流动性强、跨境交易多边进行的情况下,内地、港、澳之间的仲裁执行机制趋向稳定。

一、《安排》前阶段

澳门作出的仲裁裁决想要在香港得到执行,一般可以采取三种途径,即(1)在香港地区高等法院进行普通法诉讼;(2)根据当时的《仲裁条例》第2H条执行裁决的判决形式申请执行;(3)作为纽约公约裁决按照执行公约裁决的程序执行。在回归之前,法律上两地裁决在彼此方属外国仲裁裁决,澳门裁决在香港执行,亦采用执行外国仲裁裁决的方式。

在澳门,自《葡萄牙民事诉讼法典》扩展适用于澳门后,有关仲裁的规定适用于澳门地区的仲裁,其执行亦如此。而由于葡萄牙在1994年10月8日加入《纽约公约》后,并未将该公约适用于澳门,故《纽约公约》并不适用于在香港作的仲裁裁决在澳门执行。其执行仍依澳门民事诉讼法以及其后的《涉外商事仲裁专门制

---

[1] 在此之前,中国区际司法协助的成果包括:1998年《最高人民法院关于内地与香港特别行政区法院相互委托送达民商事司法文书的安排》,1999年《最高人民法院关于内地与香港特别行政区相互执行仲裁裁决的安排》,2001年《最高人民法院关于内地与澳门特别行政区法院就民商事案件相互委托送达司法文书和调取证据的安排》,2005年《香港特别行政区政府与澳门特别行政区政府关于移交被判刑人的安排》,2006年《最高人民法院关于内地与香港特别行政区法院相互认可和执行当事人协议管辖的民商事案件判决的安排》,2006年《内地与澳门特别行政区关于相互认可和执行民商事判决的安排》,2007年《关于内地与澳门特别行政区相互认可和执行仲裁裁决的安排》。

度》，按照外国仲裁裁决的有关条件和程序进行。

两地回归后，仲裁裁决的执行，时间划分也颇复杂。两地回归的时间不同，同时中国宣布《纽约公约》扩展适用的时间也不同。就香港而言，《纽约公约》在1997年7月1日后中国政府就已经将其扩展适用于香港，而澳门则是直到2005年7月19日中国政府才声明《纽约公约》适用于澳门。但由于当时实务需要并不迫切，故两地执行问题迟迟未提上议程。额外说一句，从港澳执行安排这个问题上，我们可以看出立法工作的两个特点：一是落后于实际，二是必须符合实际。

各个时间段相对应的执行问题及其解决方案，此处不再细说，可以参考前文的相应原则。就双方都适用《纽约公约》之后的情况而言，由于仍同属一国，故纽约公约不能直接适用。在很长一段时间内，事实上香港澳门之间相互执行仲裁裁决并无明确依据。

二、《安排》的签订

两地同属一国但分属不同法域造成的相互认可和执行仲裁裁决上出现了法律真空期，即便不考虑实务，但从长远看，不利于各自经济的发展和区域经济一体化。这其中，澳门特别行政区政府逐渐开始调整其单一博彩业的经济结构和努力进行经济多元化，也是两地相互执行仲裁裁决文件签署的推动力之一，因其有利于消除可能存在的法律障碍，保障经济发展。按照《香港基本法》和《澳门基本法》中关于司法协助的规定，即分别为第95条和第93条，在仲裁裁决的相互认可和执行问题上，可以而且应当进行司法协助。故此，学界、业界和相关政府机构也开始推进此事，并终于于2013年1月7日由澳门特别行政区行政法务司司长陈丽敏和香港特别行政区律政司司长袁国强签署了《关于澳门特别行政区与香港特别行政区相互认可和执行仲裁裁决的安排》。

按照《安排》第13条规定,香港特别行政区政府和澳门特别行政区政府须以书面通知对方已完成本《安排》生效所需的内部程序。2013年2月27日,澳门特别行政区政府以第2/2013号行政长官公告形式颁布于《公报》[1],并且依据澳门第3/1999号法律《法规的公布与格式法》第6条第1款以及第5条第3款的规定而成为澳门法律。2013年7月10日,香港特别行政区政府立法会通过了《2013仲裁(修订)条例草案》,并于7月19日发布于香港特别行政区政府《宪报》,《2013年仲裁(修订)条例》旨在为澳门裁决在香港法院认可和执行以及"紧急仲裁员"做出的"紧急救助"决定的强制执行提供法律依据。《2013仲裁(修订)条例》于公布日生效实施,但其中关于执行澳门仲裁裁决规定的施行日期由香港律政司司长选定并届时于《宪报》另行发布通知。

2013年12月16日,经香港与澳门同意,《安排》生效。[2]

《安排》的签订,如同内地与香港、内地与澳门分别达成的相互执行的规定,亦是通过签订区际安排的形式来解决区际冲突。两地的法律背景和仲裁制度发展程度不同,但是对于仲裁的基本理念是一致的,因此,在实际施行过程中,虽会遇到一些问题,但不会有大的障碍。

三、《安排》的主要内容

根据《中华人民共和国香港特别行政区基本法》第95条及《中

---

[1] 参见 http://bo.io.gov.mo/bo/ii/2013/09/aviso02_cn.asp,访问于2014年4月26日。

[2] 参见 http://www.legco.gov.hk/yr13-14/chinese/hc/papers/hc1122cb4-155-c.pdf,访问于2014年4月26日。

华人民共和国澳门特别行政区基本法》第 93 条的规定,经香港特别行政区政府与澳门特别行政区政府协商,就相互认可和执行仲裁裁决的有关事宜签订《安排》。《安排》共有 13 条,其主要内容如下:

(一) 适用范围

香港特别行政区法院认可和执行在澳门特别行政区按澳门特别行政区仲裁法规所作出的仲裁裁决,澳门特别行政区法院认可和执行在香港特别行政区按香港特别行政区《仲裁条例》所作出的仲裁裁决,适用本安排。本安排没有规定时,适用认可和执行地的法律程序规定。(第 1 条)

本安排生效前,当事人提出的认可和执行仲裁裁决的请求,不适用本安排。(第 11 条)

(二) 管辖法院

在香港特别行政区或者澳门特别行政区作出的仲裁裁决,一方当事人不履行的,另一方当事人可以向被申请人住所地或者财产所在地的有关法院申请认可和执行。香港特别行政区有权受理认可和执行仲裁裁决申请的法院为高等法院原讼法庭。澳门特别行政区有权受理认可仲裁裁决申请的法院为中级法院,有权执行的法院为初级法院。

(三) 两地执行总额

在一地执行不足以偿还其债务时,申请人可就不足部分向另一地法院申请执行。两地法院先后执行仲裁裁决的总额,不得超过裁决数额。(第 3 条)

(四) 申请材料

申请人向有关法院申请认可和执行仲裁裁决的,应当提交以下文件或者经公证的副本:(1)申请书;(2)仲裁协议;(3)仲裁裁决书。如上述文件采用的语文,并非寻求认可和执行裁决地的其中一种正式语文,则申请人应当提交经正式证明的其中一种正式语文的译本。本条文所指的"正式语文",就香港特别行政区而言,是指中文和英文,就澳门特别行政区而言,是指中文和葡文。(第4条)

申请书应当包括下列内容:(1)申请人或者被申请人为自然人的,应当载明其姓名及住所;为法人或者其他组织的,应当载明其名称及住所,以及其法定代表人或者主要负责人的姓名、职务和住所,并提交企业注册登记的副本;申请人是在香港特别行政区或澳门特别行政区以外成立的法人或者其他组织的,应当提交相应的公证和认证材料;(2)请求认可和执行的仲裁裁决书的案号或识别数据和生效日期;(3)申请认可和执行仲裁裁决的理由及具体请求,以及被申请人财产所在地、财产状况及该仲裁裁决尚未执行部分的详情(如适用)。(第5条)

(五) 申请期限

申请人向有关法院申请认可和执行香港特别行政区或者澳门特别行政区仲裁裁决的期限,依据认可和执行地的法律确定。(第6条)

受理申请的法院应当尽快审查认可和执行的请求,并作出裁定。(第10条)

(六) 不予认可和执行的情形

对申请认可和执行的仲裁裁决,被申请人提出证据证明有下列情形之一的,经审查核实,有关法院可以裁定不予认可和执行:(1)仲裁协议一方当事人依对其适用的法律在订立仲裁协议时属于无行为能力的;或者依当事人约定的准据法,或当事人没有约定适用的准据法而依仲裁地法律,该仲裁协议无效的;(2) 被申请人未接到选任仲裁员或者进行仲裁程序的适当通知,或者因他故未能陈述意见的;(3) 裁决所处理的争议不是提交仲裁的争议,或者不在仲裁协议范围之内;或者裁决载有超出当事人提交仲裁范围的事项的决定,但裁决中超出提交仲裁范围的事项的决定与提交仲裁事项的决定可以分开的,裁决中关于提交仲裁事项的决定部分可以予以认可和执行;(4) 仲裁庭的组成或者仲裁程序违反了当事人的约定,或者在当事人没有约定时与仲裁地的法律不符的;(5) 裁决对当事人尚无约束力,或者已经仲裁地的法院或者按仲裁地的法律撤销或者暂时中止执行的。有关法院认定,依认可和执行地法律,争议事项不能以仲裁解决的,则可不予认可和执行该裁决。香港特别行政区法院认定在香港特别行政区认可和执行该仲裁裁决违反香港特别行政区的公共政策,澳门特别行政区法院认定在澳门特别行政区认可和执行该仲裁裁决违反澳门特别行政区公共秩序,则可不予认可和执行该裁决。(第7条)

(七) 执行费用

申请人依据本安排申请认可和执行仲裁裁决的,应当根据认可和执行地法律的规定,交纳相关费用。(第8条)

(八) 执行的中止、终结和恢复

一方当事人向一地法院申请认可和执行仲裁裁决,另一方当事人向另一地法院申请撤销该仲裁裁决,被执行人申请暂时中止执行且提供充分担保的,执行法院应当暂时中止执行。根据经认可的撤销仲裁裁决的判决、裁定,执行法院应当终结执行程序;撤销仲裁裁决申请被驳回的,执行法院应当恢复执行。(三) 当事人

申请中止认可和执行的,应当向执行法院提供其他法院已经受理申请撤销仲裁裁决案件的法律文书。(第 9 条)

(九) 两地协作

本《安排》在执行过程中遇有问题或者需要修改的,由香港特别行政区政府和澳门特别行政区政府协商解决。(第 12 条)

(十) 生效

香港特别行政区政府和澳门特别行政区政府须以书面通知对方已完成本安排生效所需的内部程序。本安排由双方同意指定的日期起生效。(第 13 条)

6.5 香港、澳门与台湾之间仲裁裁决的相互执行

香港与台湾之间,在仲裁裁决的相互执行上,并没有类似香港与内地之间关于司法协助方面的相应安排。澳门与台湾之间也是如此。但是,这并不妨碍香港和澳门回归之前或回归之后与台湾之间仲裁裁决的相互执行。

中国内地、香港、澳门、台湾都是中国领土的组成部分,但香港、澳门实行"一国两制",而台湾则又是不同,属于中国主权统一、治权分离架构下的特殊地区。港澳台三地之间的关系随着特殊的历史进展而变化。在法律上,"一国四法域"是特殊存在。

香港与台湾之间、澳门与台湾之间在仲裁裁决的相互执行上,没有司法协助方面的相应安排。但是,无论是在香港和澳门回归之前还是回归之后,与台湾之间仲裁裁决的相互执行都可以找到参照的依据。据查,早在 1987 年,香港回归之前,台湾地区台北地

方法院就曾裁定认可和执行一份香港仲裁裁决。[1]而在香港回归之后,已经有8件仲裁裁决在台湾申请承认,其中7件获准,1件被驳回。目前尚无台湾地区的仲裁裁决在香港申请承认与执行的例子。但这不表明台湾仲裁裁决无法在香港强制执行,而可能仅仅是因为在台湾作出的涉港裁决已经为当事人自愿履行,无须再强制执行。澳门与台湾之间裁决执行的实际例子目前没有看到。

以下简介港澳与台湾之间相互执行仲裁裁决的相关规定。

一、台湾执行港澳裁决的相关依据

在港澳回归之前,港澳裁决在台湾执行的依据是台湾"商务仲裁条例"当中的相关规定。台湾地区于1997年4月2日公布了"香港澳门关系条例",2000年10月25日制定了"香港澳门关系条例施行细则"。依据该"条例"和"施行细则",香港地区和澳门地区作出的仲裁裁决可以在台湾地区获得认可或执行。

"香港澳门关系条例"将香港和澳门定位为是有别于大陆地区的特别区域,该条例是台湾地区制定来调整港澳与台湾地区之间区际法律关系的依据,不同于"台湾地区与大陆地区人民关系条例"。仲裁裁决的执行问题见于"香港澳门关系条例"第42条:

> 在香港或澳门作成之民事确定裁判,其效力、管辖及得为强制执行之要件,准用"民事诉讼法"第四百零二条及"强制执行法"第四条之一之规定。
>
> 在香港或澳门作成之民事仲裁判断,其效力、声请法院承

---

〔1〕 参见台湾台北"地方法院"1986年度仲字第9号裁定。转引自张美榕:《试论香港与台湾之间仲裁裁决的相互执行制度》,载广州仲裁委员编:《仲裁研究》(总第二十五期)。

认及停止执行,准用"商务仲裁条例"第三十条至第三十四条之规定。

其中提及的"商务仲裁条例"第 30 条至第 34 条之规定,在 1998 年台湾"仲裁法"公布生效后,其所指的应是准用"仲裁法"第 47 条至第 51 条之规定。据上,在 1997 年香港回归祖国之后,香港仲裁裁决在台湾地区的执行,准用"外国"仲裁裁决的执行依据。该准用来执行的数条规定主要内容如下:

(一)"外国"仲裁判断的定义与执行

在(台湾)领域外作成之仲裁判断或在(台湾)领域内依"外国"法律作成之仲裁判断,为"外国"仲裁判断。"外国"仲裁判断,经声请法院裁定承认后,得为执行名义。(第 47 条)

(二)"外国"仲裁判断之声请承认须提交的文件

"外国"仲裁判断之声请承认,应向法院提出声请状,并附具下列文件:(1)仲裁判断书之正本或经认证之缮本。(2)仲裁协议之原本或经认证之缮本。(3)仲裁判断适用"外国"法规、"外国"仲裁机构仲裁规则或"国际"组织仲裁规则者,其全文。

前项文件以外文作成者,应提出中文译本。第 1 项第 1 款、第 2 款所称之认证,指(台湾)"驻外使领馆"、代表处、办事处或其他经"政府"授权之机构所为之认证。第一项之声请状,应按应受送达之他方人数,提出缮本,由法院送达之。(第 48 条)

(三)驳回承认"外国"仲裁判断声请之情形

当事人声请法院承认之"外国"仲裁判断,有下列各款情形之一者,法院应以裁定驳回其声请:(1)仲裁判断之承认或执行,有悖于(台湾)公共秩序或善良风俗者。(2)仲裁判断依(台湾)法律,其争议事项不能以仲裁解决者。"外国"仲裁判断,其判断地国

或判断适用之仲裁法规所属国对于(台湾)之仲裁判断不予承认者,法院得以裁定驳回其声请。(第49条)

(四)他方当事人声请驳回"外国"仲裁判断承认之情形

当事人声请法院承认之"外国"仲裁判断,有下列各款情形之一者,他方当事人得于收受通知后二十日内声请法院驳回其声请:(1)仲裁协议,因当事人依所应适用之法律系欠缺行为能力而不生效者。(2)仲裁协议,依当事人所约定之法律为无效;未约定时,依判断地法为无效者。(3)当事人之一方,就仲裁人之选定或仲裁程序应通知之事项未受适当通知,或有其他情事足认仲裁欠缺正当程序者。(4)仲裁判断与仲裁协议标的之争议无关,或逾越仲裁协议之范围者。但除去该部分亦可成立者,其余部分,不在此限。(5)仲裁庭之组织或仲裁程序违反当事人之约定;当事人无约定时,违反仲裁地法者。(6)仲裁判断,对于当事人尚无拘束力或经管辖机关撤销或停止其效力者。(第50条)

(五)请求撤销承认"外国"仲裁判断

"外国"仲裁判断,于法院裁定承认或强制执行终结前,当事人已请求撤销仲裁判断或停止其效力者,法院得依声请,命供相当并确实之担保,裁定停止其承认或执行之程序。前项"外国"仲裁判断经依法撤销确定者,法院应驳回其承认之声请或依声请撤销其承认。(第51条)

二、香港执行台湾裁决的相关依据

2011年6月1日,《香港仲裁条例》生效。此前的《香港仲裁条例》(《香港法例》第341章)将香港仲裁分为国际仲裁和本地仲裁,前者受《UNCITRAL仲裁示范法》管辖。新的《香港仲裁条例》统一了这两个不同体系,规定《UNCITRAL仲裁示范法》适用于所有在香港进行的仲裁。《香港仲裁条例》第609章第10部涉及裁决的承认和强制执行,第1分部第82至86条涉及仲裁裁决的强制执行[1],主要内容如下:

(一)仲裁裁决的强制执行

在第26(2)条的规限下,仲裁庭在仲裁程序中作出的裁决,不论是在香港或香港以外地方作出的,均可犹如具有同等效力的原讼法庭判决般,以同样方式强制执行,但只有在原讼法庭许可下,方可如此强制执行。原讼法庭如根据第(1)款批予许可,可按有关裁决的条款,登录判决。凡原讼法庭决定根据第(1)款批予强制执行裁决的许可,或决定拒绝根据第(1)款批予该许可,则须获原讼法庭许可,方可针对该决定提出上诉。(第84条)

(二)为强制执行仲裁裁决而提供证据

凡任何一方寻求强制执行仲裁裁决,而该裁决并非公约裁决、内地裁决或澳门裁决,则不论该裁决是在香港或香港以外地方作出的,该方须交出该裁决的经妥为认证的正本,或该裁决的经妥为核证的副本;有关仲裁协议的正本,或有关仲裁协议的经妥为核证的副本;及(如该裁决或协议并非采用一种或两种法定语文)由官方翻译人员、经宣誓的翻译人员、外交代表或领事代理人核证的一种法定语文的译本。(第85条)

(三)拒绝强制执行仲裁裁决

(1)如某人属强制执行第85条所提述的裁决的对象,而该人证明有以下情况,则该裁决的强制执行可遭拒绝:(a)根据适用于

---

[1] 第2、第3、第4部分别涉及纽约公约裁决、内地裁决和澳门裁决的执行。

有关仲裁协议的一方的法律,该方缺乏某些行为能力;(b) 有关仲裁协议根据以下法律属无效:(i)(凡各方使该协议受某法律规限)该法律;或(ii)(如该协议并无显示规限法律)作出该裁决所在的国家的法律;(c) 该人:(i)并没有获得关于委任仲裁员或关于仲裁程序的恰当通知;或(ii)因其他理由而未能铺陈其论据;(d) 除第(3)款另有规定外,(i)该裁决所处理的分歧,并非提交仲裁的条款所预期者,或该项分歧并不属该等条款所指者;或(ii)该裁决包含对在提交仲裁范围以外事宜的决定;(e) 有关仲裁当局的组成或仲裁的程序,并非按照(i)各方的协议所订者;或(ii)(如没有协议)进行仲裁所在的国家的法律所订者;或(f) 该裁决:(i)对各方尚未具约束力;或(ii)已遭作出该裁决所在的国家的主管当局撤销或暂时中止,或(如该裁决是根据某国家的法律作出的)已遭该国家的主管当局撤销或暂时中止。

(2) 如有以下情况,第85条所提述的裁决的强制执行亦可遭拒绝:(a) 根据香港法律,该裁决所关乎的事宜是不能藉仲裁解决的;(b) 强制执行该裁决,会违反公共政策;或(c) 由于任何其他原因,法院认为予以拒绝是公正的。

(3) 如第85条所提述的裁决除包含对已提交仲裁的事宜作出的决定(仲裁决定)外,亦包含对未有提交仲裁的事宜作出的决定(非相关决定),则该裁决只在它关乎能与非相关决定分开的仲裁决定的范围内,可予强制执行。

(4) 如任何人已向第(1)(f)款所述的主管当局,申请将第85条所提述的裁决撤销或暂时中止,而某方向法院寻求强制执行该裁决,则该法院:(a) 如认为合适,可将强制执行该裁决的法律程序押后;及(b) 可应寻求强制执行该裁决的该方的申请,命令属强制执行的对象的人,提供保证。

（5）任何人不得针对第（4）款所指的法院决定或命令提出上诉。

据上，在台湾作出的仲裁裁决，可犹如具有同等效力的原讼法庭判决般，经原讼法庭许可后，在香港强制执行。

三、澳门执行台湾裁决的相关依据

台湾裁决在澳门执行，应当依据1998年11月13日核准的澳门《涉外商事仲裁专门制度》。[1]《涉外商事仲裁专门制度》仅对《UNCITRAL仲裁示范法》第7条第1款及第36条第1款作出修改。台湾裁决可据此在澳门进行执行。

（一）承认和执行

仲裁裁决不论在何国境内作出，均应承认具有约束力，而且经向管辖法院提出书面申请，即应依照本条和第36条之规定予以执行。援引裁决或申请执行的当事一方，应提供经正式认证的裁决书正本或经正式认证的裁决书副本以及第7条所指仲裁协议的正本或经正式认证的仲裁协议副本。如果裁决或协议不是以本国的正式语文作成，则该当事方还应提供经正式认证的本国正式语文的译本。（第35条）

（二）拒绝承认或执行之依据

（1）在下列情况下，得拒绝承认或执行不论在任何国家或地区作出之仲裁决：

a）经援用仲裁裁决所针对之一方当事人请求，且该当事人向被请求承认或执行仲裁裁决之管辖法院提出证据证明：

---

[1] 澳门特别行政区政府法令 第55/98/M号。

i) 第7条所指之仲裁协议之一方当事人当时处于某种无行为能力之情况；或根据当事人所同意遵守之法律，又或未订明任何此种法律，而根据作出仲裁裁决之国家或地区之法律，该协议非为有效；

ii) 援用仲裁裁决所针对之一方当事人未获关于指定或任命仲裁员或仲裁程序之适当通知，又或因其他理由不能行使其权利；

iii) 仲裁裁决涉及之争议非为仲裁协议之标的，或仲裁裁决内含有对仲裁协议范围以外事项之决定；然而，如在仲裁裁决内对提交仲裁之事项之决定得与对未提交仲裁之事项之决定分开，则仅可拒绝承认或执行仲裁裁决中含有对未提交仲裁之事项所作之决定之部分。

iv) 仲裁庭之设立或仲裁程序与当事人之协议不符，或当事人无此协议时，与进行仲裁之国家或地区之法律不符；或

v) 仲裁裁决对当事人仍未有约束力，又或作出仲裁裁决之国家或地区之管辖法院，或依其法律作出仲裁裁决之国家或地区之管辖法院已将仲裁裁决撤销或中止；

b) 如法院认定：

i) 根据澳门之法律规定，争议标的不得透过仲裁解决；

ii) 承认或执行仲裁裁决与公共秩序相抵触；或

iii) 作出仲裁裁决之国家或地区亦会拒绝承认或执行在澳门作出之仲裁裁决。

(2) 如已向本条第(1)款(A)项(e)目所指的法院申请撤销或中止裁决，被请求承认或执行的法院如认为适当，可以延缓作出决定，而且经主张承认或执行裁决的当事一方申请，还可以裁定当事他方提供妥适的担保。(第36条)

四、香港、台湾相互执行仲裁裁决的实践

如前所述,目前澳门与台湾之间没有相互执行的实例,台湾也无在香港执行的实例,但香港仲裁裁决在台湾执行的有数例。

6.6 外国仲裁裁决在中国承认和执行的三份司法解释

《纽约公约》是外国仲裁裁决得到承认和执行的最主要方式。依据《纽约公约》,执行程序应依裁决执行地程序规则。在我国申请承认和执行外国仲裁裁决应当依据我国的程序规则。除了我国《民事诉讼法》的规定外,最高人民法院曾先后作出多个有关仲裁的司法解释。其中,涉及程序事项方面,较重要的有本文所述三份司法解释。

国际上对于外国仲裁裁决的承认和执行,主要可以通过以下途径:(1)依《纽约公约》承认与执行;(2)援用双边或多边条约中规定的有关仲裁裁决承认与执行的规定承认与执行;(3)依互惠原则承认与执行;(4)依国内法承认与执行。而这几种方式又可能交织在一起,如《纽约公约》缔约国之间执行裁决,也不一定要适用《纽约公约》,而可能适用双边条约或国内法,但其法律依据却又是《纽约公约》第7条所谓"更优惠条款"的规定。

外国仲裁裁决在我国的承认与执行也不外乎上述几种方式。依据《纽约公约》第3条的规定,外国仲裁裁决在中国承认与执行的国内法的依据主要是中国《民事诉讼法》。根据《民事诉讼法》,当事人可以直接向被执行财产所在地或法定住所地的中级人民法院申请承认和执行外国仲裁机构作出的裁决,人民法院依照我国缔结或者参加的国际条约或协议办理[1];在没有可适用的国际条款或协议的情况下,人民法院也可根据互惠原则决定执行申请。我国已经参加了《纽约公约》和1965年《ICSID公约》,另外还与其多国家签订了涉及仲裁裁决的承认与执行的双边司法协助协定。因此,根据《民事诉讼法》的规定,此类公约或协定均是承认与执行外国仲裁裁决的法律依据。鉴于我国加入《纽约公约》时,作了互惠保留,因此《纽约公约》的适用范围仅适用于在另一缔约国领域内作出的仲裁裁决。不过,由于绝大多数国家已经加入该公约(迄2015年7月止,已经有156个成员国),因此,这一保留条款实质上已经不构成在我国寻求承认与执行的障碍。根据我国所做出的商事保留声明,我国仅对按照我国法律属于契约性和非契约性商事法律关系所引起的争议适用该公约。中国法院在审查仲裁裁决时,应当根据这两个保留进行审查,符合该两项保留声明条件的,才予以受理并适用《纽约公约》。

---

[1] 此类案例如丸红国际石油(新加坡)有限公司申请承认和执行外国仲裁裁决案,(2001)深中法经二初字第104号裁定书;诺宝克货运服务股份有限公司案,见林准主编:《国际私法案例选编》,法律出版社1996年版,第162—164页;德国S&H食品贸易有限公司申请承认和执行德国汉堡交易所商品协会仲裁法庭仲裁裁决案,同上,第165—168页;广州远洋运输公司申请承认及执行伦敦临时仲裁庭仲裁裁决案,载 http://lib.jzit.edu.cn/wto/wto2/wtoal/al202.htm,访问于2015年12月14日。更多案例可参见本书附录。

我国于 1987 年 1 月 22 日加入《纽约公约》。《纽约公约》已经于 1987 年 4 月 22 日对我国生效。依《纽约公约》，裁决的执行程序应依裁决执行地程序规则。[1]据此，在我国申请承认和执行外国仲裁裁决应当依据中国的程序规则。除了我国《民事诉讼法》的规定外，最高人民法院曾先后作出多个有关仲裁的司法解释。其中，涉及程序事项方面，较重要的有下述三份司法解释。最高人民法院的下述三个文件分别涉及互惠保留、商事保留、管辖法院、所适用裁决的时间范围、收费、审查和执行期限、拒绝承认和执行的报告制度、非公约裁决的执行等问题作了规定。此外，还对非公约裁决的执行作了规定，即应"按《民事诉讼法（试行）》第 204 条的规定办理"[2]。该三个司法解释是外国裁决在中国申请承认和执行时的重要依据。

在《最高人民法院关于执行我国加入的〈承认及执行外国仲裁裁决公约〉的通知》中，最高人民就执行该公约的几个问题通知如下：

1. 根据我国加入该公约时所作的互惠保留声明，我国对在另一缔约国领土内作出的仲裁裁决的承认和执行适用该公约。该公约与我国民事诉讼法（试行）有不同规定的，按该公约的规定办理。

对于在非缔约国领土内作出的仲裁裁决，需要我国法院承认和执行的，应按民事诉讼法（试行）第二百零四条的规定办理。

---

[1]《纽约公约》第 3 条。
[2] 修改后的《民事诉讼法》自 2013 年 1 月 1 日起施行。与原第 204 条条文对应的条文为第 282 条。

2. 根据我国加入该公约时所作的商事保留声明,我国仅对按照我国法律属于契约性和非契约性商事法律关系所引起的争议适用该公约。所谓"契约性和非契约性商事法律关系",具体的是指由于合同、侵权或者根据有关法律规定而产生的经济上的权利义务关系,例如货物买卖、财产租赁、工程承包、加工承揽、技术转让、合资经营、合作经营、勘探开发自然资源、保险、信贷、劳务、代理、咨询服务和海上、民用航空、铁路、公路的客货运输以及产品责任、环境污染、海上事故和所有权争议等,但不包括外国投资者与东道国政府之间的争端。

3. 根据1958年《纽约公约》第四条的规定,申请我国法院承认和执行在另一缔约国领土内作出的仲裁裁决,是由仲裁裁决的一方当事人提出的。对于当事人的申请应由我国下列地点的中级人民法院受理:

(1) 被执行人为自然人的,为其户籍所在地或者居所地;

(2) 被执行人为法人的,为其主要办事机构所在地;

(3) 被执行人在我国无住所、居所或者主要办事机构,但有财产在我国境内的,为其财产所在地。

4. 我国有管辖权的人民法院接到一方当事人的申请后,应对申请承认及执行的仲裁裁决进行审查,如果认为不具有1958年《纽约公约》第五条第一、二两项所列的情形,应当裁定承认其效力,并且依照民事诉讼法(试行)规定的程序执行;如果认定具有第五条第二项所列的情形之一的,或者根据被执行人提供的证据证明具有第五条第一项所列的情形之一的,应当裁定驳回申请,拒绝承认及执行。

5. 申请我国法院承认及执行的仲裁裁决,仅限于1958年

《纽约公约》对我国生效后在另一缔约国领土内作出的仲裁裁决。该项申请应当在民事诉讼法(试行)第一百六十九条规定的申请执行期限内提出。

1995年8月28日,最高人民法院以法发[1995]18号文,发出《涉外仲裁及外国仲裁事项有关问题的通知》。该通知对拒绝承认和执行外国仲裁裁决建立了报告制度:凡一方当事人向人民法院申请承认和执行外国仲裁机构的裁决,如果人民法院认为申请承认和执行的外国仲裁裁决不符合我国参加的国际公约的规定或者不符合互惠原则的,在裁定不予执行或者拒绝承认和执行之前,必须报请本辖区所属高级人民法院进行审查;如果高级人民法院同意不予执行或者拒绝承认和执行,应将其审查意见报最高人民法院。待最高人民法院答复后,方可裁定不予执行或者拒绝承认和执行。

1998年10月21日,最高人民法院审判委员会第1029次会议通过了《最高人民法院关于承认和执行外国仲裁裁决收费及审查期限问题的规定》,对承认和执行外国仲裁裁决收费及审查期限等程序性问题作出规定。依据该规定:(1)人民法院受理当事人申请承认外国仲裁裁决的,预收人民币500元。(2)人民法院受理当事人申请承认和执行外国仲裁裁决的,应按照《人民法院诉讼收费办法》有关规定,依申请执行的金额或标的价额预收执行费。如人民法院最终决定仅承认而不予执行外国仲裁裁决时,在扣除本规定第一条所列费用后,其余退还申请人。(3)人民法院受理当事人申请承认和执行外国仲裁裁决,不得对承认和执行分别两次收费。对所预收费用的负担,按照《人民法院诉讼收费办法》有关规定执行。(4)当事人依照《纽约公约》第4条规定的条件申请承认和执行外国仲裁裁决,受理申请的人民法院决定予以承认和执行的,应在受理申请之日起2个月内作出裁定,如无特殊情况,应在裁定后6个月内执行完毕;决定不予承认和执行的,须按最高人民法院法发〔1995〕18号《关于人民法院处理与涉外仲裁及外国仲裁事项有关问题的通知》的有关规定,在受理申请之日起2个月内上报最高人民法院。

根据最高人民法院1986年通知的规定,申请我国法院承认及执行的仲裁裁决,申请人应当在民事诉讼法(试行)第169条规定的申请执行期限内提出。按照该规定,双方或一方当事人是自然人的,为一年;双方均为法人的为6个月。可能出现的情况下,被申请执行人可能依据互惠声明,主张适用申请人所在国较短期限的规定。例如,在浙江省轻工业口进出口公司诉日本Takeyari案[1]中,申请人在日本申请执行我国仲裁裁决。被申请执行人提出,在加入《纽约公约》时,中、日两国均作出互惠保留,因此,在相互承认和执行仲裁裁决时应遵循互惠原则,在日本执行我国裁决和在我国执行日本的裁决的条件和要求应相互对等。我国《民事诉讼法》第219条规定,外国仲裁裁决案件执行申请的期限对公司而言为6个月,日本法院在承认和执行我国仲裁裁决时也应对等适用我国《民事诉讼法》中6个月的申请期限的规定。本案中原告

---

[1] *Zhe-jiang Provincial Light Industrial Products Import & Export Corp.* (*P R. China*) *v. Takeyari K. K.* (*Japan*). Okayama District Court, Civil Section II, 14 July 1993, Case No. Hei 4 (Wa) 8. See *ICCA Yearbook*, Vol. XXII, 1997, 744—747. 该案基本案情如下:浙江省轻工业口进出口公司(浙江公司)和Takeyari K. K.(日本公司)签订一份合同。依这份合同,浙江公司将进口设备,以生产日本公司的编织袋。合同中的仲裁条款规定,争议应提交中国国际经济贸易仲裁委员会(CIETAC)仲裁。后因合同的履行产生争议。浙江公司向CIETAC提起仲裁。1991年1月30日,仲裁庭作出有利浙江公司的仲裁裁决。浙江公司在日本寻求执行仲裁裁决。冈山地区法院同意给予执行。法院认为,依《纽约公约》和《日中贸易协定》,互惠要求均得到满足,裁决应当依日本法律予以执行。

的申请已超过了上述 6 个月的期限,应当予以驳回。法院认定:首先,《民事诉讼法》在公约或条约适用范围内不应予以适用。其次,《纽约公约》第 3 条界定了给予仲裁裁决约束力的要件,并且规定,符合此类要件的裁决应依裁决被依据地的程序规则,予以执行。《日中贸易协定》第 8(4)条规定,成员国应使有权机关依据寻求执行地国的法律规定的条件,执行仲裁裁决。因此,法院认定,承认和执行外国仲裁裁决的程序,只需要符合依《纽约公约》或《日中贸易协定》在一国境内据裁决提起执行的该国的法律。这种程序互惠的抗辩也可能存在于在我国申请承认与执行的案例中。

6.7 中国仲裁司法审查涉及公共政策的实践

我国法院司法审查针对的仲裁裁决细分起来有四类:一是国内仲裁(无涉外因素)裁决,二是内地作出的涉外仲裁裁决,三是外国仲裁裁决,四是港澳台仲裁裁决。当事人在这四类中均可能提出公共政策抗辩,但是,极少得到法院的支持。

公共政策作为仲裁裁决执行的抗辩由来已久。早在 1927 年《日内瓦公约》时,公共政策就被用来作为抗辩裁决执行的理由。1927 年《日内瓦公约》要求承认执行外国裁决符合内国的"公共政策或法律原则"。[1]《纽约公约》第 5 条第 2b 项明确规定了如承认或执行外国仲裁裁决有违内国"公共政策",内国法院可予拒绝。《UNCITRAL 仲裁示范法》第 36 条第 1 款 B 项 h 目条亦规定一国法院可拒绝承认和执行外国裁决,如这与本国的"公共政策"相抵触。

---

[1]《日内瓦公约》第 1 条第 2 款 e 项。

因此,根据国际公约违反内国的"公共政策"可以成为拒绝承认和执行外国仲裁裁决的理由。

我国立法上少有公共政策的表述[1],而是通常使用"社会公共利益"一词。[2] 我国立法上所规定的社会公共利益,实质上就是公共政策。我国法院司法审查针对的仲裁裁决可以细分为:一是国内仲裁(无涉外因素)裁决,二是内地作出的涉外仲裁裁决,三是外国仲裁裁决,四是港澳台仲裁裁决。当事人针对这几种类型的仲裁裁决提出的异议均可能涉及公共政策,但是,我国极少以公共政策为由否定仲裁裁决的例子。

一、国内仲裁(无涉外因素)裁决涉及公共政策的相关法律和实践

依据我国《仲裁法》第58条第3款的规定,人民法院在经审查核实后认为裁决有违反社会公共利益错误时,应当裁定予以撤销。依据《仲裁法》第63条的规定,被申请人提出证据证明存在所列情

---

[1] 1950年11月,当时的中央人民政府法律委员会在《关于中国人与外侨、外侨与外侨婚姻问题的意见》中指出,中国人与外侨、外侨与外侨在中国结婚或离婚,不仅适用中国的婚姻法,且宜于适当照顾当事人本国的婚姻法,但"适用当事人的本国的婚姻法以不违背中国的公共秩序、公共利益和目前的基本政策为限度"。这里使用了"公共秩序""公共利益"的措辞。

[2] 如我国《合同法》第7条规定,当事人订立、履行合同,应当遵守法律、行政法规,尊重社会公德,不得扰乱社会经济秩序,损害社会公共利益;《外资企业法》第4条规定,外国投资者在中国境内的投资、获得的利润和其他合法权益,受中国法律保护;外资企业必须遵守中国的法律、法规,不得损害中国的社会公共利益。《民法通则》第150条规定,适用外国法律或国际惯例不得违背中华人民共和国的社会公共利益;《对外贸易法》第16条和第26条均明确规定:为维护国家安全、社会公共利益或者公共道德,国家可以限制或禁止有关货物、技术的进口或出口,也可以限制或禁止有关的国际服务贸易;《民事诉讼法》第274条规定,人民法院对于违反社会公共利益的仲裁裁决应裁定不予执行;《仲裁法》第58条规定人民法院可撤销违背社会公共利益的裁决。

况之一的,经人民法院组成合议庭审查核实,裁定不予执行。仲裁法该条只提及当事人举证证明的事由。但社会公共利益是由人民法院依职权主动审查的。第217条第3款规定,人民法院认定执行该裁决违背社会公共利益的,裁定不予执行。

依上述规定,如违背社会公共利益,将导致国内仲裁(无涉外因素)裁决被撤销或不予执行。

在郑州市中级人民法院审理的河南某某置业有限公司申请撤销仲裁裁决案[1]中,申请人申请撤销的理由之一是该裁决书违背社会公共利益:在仲裁过程中发现有犯罪行为拒不移交司法机关处理;购买涉案项目房屋的业主已有900多户,该900多户已向有关机关发表声明,坚决反对被申请人参与该项目,如果被申请人再参与该项目,业主将采取包括上访等手段维护其合法权益。事实上在被申请人管理项目期间多次出现业主上访、堵路等事件,影响社会稳定。就裁决是否损害社会公共利益的问题,法院经审理认为:公共利益是指与军事、国家安全等相关的事项,扶贫救灾事项,发展教育、科技、卫生、文化、环保、旅游事项,修建道路、桥梁、水利、能源、供水、供电等公用事项和发展其他不以营利为目的的社会公益事项。就本案来讲,涉案仲裁裁决涉及的有限的当事人的利益,即所声称的"是否伪造公章行为"未侵害或侵害的是某一特定受害人利益,该利益并非申请人所称的公共利益。因此,申请人认为该仲裁裁决违反公共利益应被撤销的主张亦不成立,不予支持。

在申请人北京星工场音乐娱乐有限公司申请撤销仲裁裁决

---

[1] 见《最新商事仲裁与司法审查专题案例》第九卷。

案[1]中,申请人星工场公司称:裁定认为星工场公司与北京市中鸿房地产开发有限公司之间签订的借款合同为有效合同系适用法律错误。该裁决违背了社会公共利益。依据我国《仲裁法》第58条的规定,应予撤销。申请人认为,金融市场的稳定牵涉社会的稳定和经济的发展,牵涉千家万户的切身利益,我国政府对国内金融市场一贯实行严格管理的政策,禁止各种扰乱金融秩序的违法行为。《中华人民共和国商业银行法》明确规定了任何单位和个人不得从事发放贷款等商业银行业务;中国人民银行发布的《贷款通则》进一步明确,企业之间不得违反国家规定办理借贷或变相借贷融资业务;最高人民法院《关于对企业借贷合同借款方逾期不归还借款的应如何处理的批复》也规定了企业借贷合同违反有关金融法规,属无效合同。1998年,国务院为根治非法金融业务活动,再次发布了《非法金融机构和非法金融业务活动取缔办法》。由此可见,关于企业之间借贷合同属无效合同的规定不仅仅是行政规章的要求,还有相关法律法规为依据。综上,裁决违背社会公共利益,应予撤销。法院认为:《中华人民共和国商业银行法》是为了保护商业银行、存款人和其他客户的合法权益,规范商业银行的行为,提高信贷资产质量,加强监督管理,保障商业银行的稳健运行,维护金融秩序,促进社会主义市场经济的发展而制定的法律。其中,该法第2条规定:"本法所成的商业银行是指依照本法和《中华人民共和国公司法》设立的吸收公众存款、发放贷款、办理结算等业务的企业法人",第11条第2款规定:"未经中国人民银行批准,任何单位和个人不得从事吸收公众存款等商业银行业务……"。本案中,中鸿公司与星工场公司订立《借款合同》并向星工场公司

---

[1] (2004)二中民特字第9365号民事裁定书。

提供贷款的行为,违反了上述法律的禁止性规定,应视为无效。仲裁裁决认定《借款合同》有效及作出的实体处理,与法律规定相悖,违背了社会公共利益,应予撤销。

二、涉外仲裁裁决涉及公共政策的相关法律和实践

《仲裁法》第70条和、71条和《民事诉讼法》第274条第1款规定了涉外仲裁裁决的撤销事由和不予执行事由。该两条只提及当事人举证证明的事由,而未提及人民法院主动审查的社会公共利益。应该指出,社会公共利益是由人民法院依职权主动审查的。仲裁法未做规定,虽然是一种遗憾,但并不能剥夺《民事诉讼法》规定的主动审查的权力。《民事诉讼法》第274条第3款规定,人民法院认定执行该裁决违背社会公共利益的,裁定不予执行。而对仲裁法制订后方始创设的撤销权[1]而言,道理也是一样。但也应指出,在修改仲裁法之时,此处应当明确,即法院可以审查涉外仲裁裁决是否违背社会公共利益的问题。

曾经有学者提出,由于仲裁法中未提及社会公共利益,因此,人民法院不再享有审查涉外仲裁是否违反社会公共利益的权力。[2]这种观点显然不妥。除了上述立法文字表述上没有排除的理由之外,还应当注意到:首先,我国社会公共利益的表述实质上是公共政策,公共政策保留是一国维护其基本道德和法律原则、重大利益的最后一道防线,是各国无论如何不能放弃(但需谨慎使

---

[1] 我国民事诉讼法没有赋予人民法院对仲裁裁决的撤销权。仲裁法出于对仲裁当事人利益保护的需要,增加对仲裁的撤销程序。
[2] 参见高菲:《中国海事仲裁的理论与实践》,中国人民大学出版社1998年版,第463页。

用)的一种武器[1],公共政策审查是法院为国家利益而享有的固有权力。其次,我国对无涉外因素的国内仲裁裁决进行公共政策审查,对外国仲裁裁决也进行公共政策审查,没有任何一种理由表明,涉外仲裁可以超脱于公共政策审查之外。再次,实践中,我国法院也从来没有认为仲裁法剥夺了人民法院适用公共政策的权力。[2]

当然,有些案件,仍可以因违反而公共政策而被撤销或不予执行。最高人民法院曾经以社会公共利益为由不予执行了如下一例案件。

对于美国制作公司与汤姆胡莱特公司诉中国妇女旅行社一案[3],中国国际经济贸易仲裁委员会仲裁委裁决:中国妇女旅行社向美国制作公司和汤姆胡莱特公司支付所欠款项70%,计89950美元;驳回中国妇女旅行社的反诉请求。此案进入执行程序后,中国妇女旅行社以对方在华演出违反了我国社会公共利益,未能达到合同约定的演出场次、未能履行完合同的责任在对方为由,请求北京市第一中级人民法院对该裁决裁定不予执行。北京市中级人民法院受理并组成合议庭审查后,以该裁决书违反我国社会公共利益为由,拟裁定不予执行,呈报最高人民法院审批。最高人民法

---

[1] 有人称之为人民法院在执行仲裁裁决时为维护国家和人民的最高利益可操用的"杀手锏"。

[2] 转见赵健:《国际商事仲裁的司法监督》,法律出版社2000年版,第219—220页。

[3]《最高人民法院关于北京市第一中级人民法院不予执行美国制作公司和汤姆·胡莱特公司诉中国妇女旅行社演出合同纠纷仲裁裁决请示的批复》,他[1997]35号。参见葛行军:《简述仲裁司法监督与仲裁制度的完善》,载中国国际经济贸易仲裁委员会华南分会编:《涉外仲裁司法审理》,法律出版社2006年版,第11—12页。另见葛行军:《关于仲裁裁决在执行中存在的有关问题》,载中国国际商会:《仲裁研究所简报》2003年12月第十卷第八期。

院组成合议庭审查认为执行法院的意见正确。美国制作公司和汤姆胡莱特公司未按合同约定的样带内容演出,演唱"重金属歌曲",表演疯狂,演员在演出时吸烟、喝水、洒水、躺在地上唱,或跳下舞台,或中断演出,极其随意,观众极为不满,纷纷退场,要求退票;中方多次劝说无效。在演出11场后,中华人民共和国文化部根据观众的强烈要求,作出行政决定,取消美方的演出。至此,中方拒付余款128500美元。对此,裁决却由中方承担70%的责任。此案报经最高人民法院审判委员会研究决定,作出批复:"美方演员违背合同协议约定,不按报经我国文化部审批的演出内容进行演出,演出了不适合我国国情的'重金属歌曲',违背了我国的社会公共利益,造成了很坏的影响,被文化部决定停演。由此可见,停演及演出收入减少,是由演出方严重违约造成的。……裁决无视上述基本事实,是完全错误的。人民法院如果执行该裁决,就会损害我国的社会公共利益。依《民事诉讼法》第260条第2款的规定,同意你院(指北京市高级人民法院)对该仲裁裁决不予执行的意见。"

在开封市东风服装厂和太储国际贸易(香港)公司诉河南省服装进出口(集团)公司[1]案中,我国最高人民法院认为,适用社会公共利益是不正确的。此案涉及双方当事人之间的合资合同争议。CIETAC仲裁裁决作出后,由于河南省服装进出口(集团)公司逾期未履行裁决,开封市东风服装厂向郑州中院申请强制执行。郑州中院裁定简单地认定:"如予以执行将严重损害国家经济利益和社会公共利益,影响国家对外贸易秩序,依照《民事诉讼法》第260条第2款规定,裁定仲裁裁决不予执行。"这是我国内地法院第

---

[1] 转引自赵秀文:《国际商事仲裁及其选用法律研究》,北大出版社2002年1月出版,第309—310页;肖永平:《肖永平论冲突法》,武汉大学出版社2002年版,第109—111页。

一次引用公共秩序保留原则不予执行涉外仲裁裁决。但随后,最高人民法院通知郑州中院,该案以严重损害国家经济利益为由不予执行仲裁裁决是不正确的。学者对该案中院的裁定提出批评,认为是以地方的和个别单位的经济利益取代"社会公共利益"。[1]

还有一些涉外仲裁案件也涉及当事人提出公共政策抗辩。珠海经济特区建源工业有限公司申请撤销仲裁裁决案[2]即是一例。在该案中,法院将申请人所提的理由认为是应由仲裁庭审理的实体问题而驳回申请人的主张。申请撤销人提出的理由之一是:裁决事项是仲裁机构无权仲裁的,并违背了社会公共利益。申请人在仲裁中请求将已注册验资作为合作企业的注册资金作为投资退还给被申请人,这种请求就是要减少和收回已依法验资的注册资金,而注册资金不得抽逃是我国公司法和外商投资企业法明文禁止的;但仲裁庭却将注册资金认定为协议书项下的投资裁决退回两被申请人,这实际上是帮助两被申请人抽逃注册资金,违反了我国禁止性的法律规定,损害了公共利益,应予以撤销。法院认为,对仲裁庭裁决退还款项究竟是投资款还是注册资金,这实际上也是仲裁庭对案件实体问题的审查和判断,而根据我国《民事诉讼法》第274条的规定,这也不属于法院审查的范围。

三、外国仲裁裁决涉及公共政策的相关法律和实践

中国是《纽约公约》的成员国。《纽约公约》的公共政策审查也适用于中国法院处理外国仲裁裁决承认与执行案件。该审查的权力是人民法院可以主动行使的。在承认和执行外国仲裁裁决案件

---

〔1〕 赵健:《国际商事仲裁的司法监督》,法律出版社2000年版,第268页。
〔2〕 (2000)深中法经二初字第5号。

中，人民法院如认为外国仲裁裁决违反了我国的公共政策，可以拒绝承认和执行外国仲裁裁决。

实践中，我国公共政策也秉持严格解释的原则，较少适用公共政策原则拒绝承认和执行。例如，最高人民法院关于 GRD Minproc 有限公司申请承认并执行瑞典斯德哥尔摩商会仲裁院仲裁裁决一案的请示的复函[1]所涉案件中，最高人民法院认为："关于本案所涉仲裁裁决的承认和执行是否将违反我国公共政策的问题飞轮公司从境外购买的设备经过有关主管部门审批同意，并非我国禁止进口的设备。该设备在安装、调试、运转的过程中造成环境污染，其原因可能是多方面的。在飞轮公司根据合同中有效的仲裁条款就设备质量问题提请仲裁的情况下，仲裁庭对设备质量作出了评判，这是仲裁庭的权力，也是当事人通过仲裁解决纠纷所应当承受的结果。不能以仲裁实体结果是否公平合理作为认定承认和执行仲裁裁决是否违反我国公共政策的标准。承认和执行本案所涉仲裁裁决并不构成对我国社会根本利益、法律基本原则或者善良风俗的违反，因此，本案不存在《纽约公约》第5条第2款第2项规定的情形，本案所涉仲裁裁决也不存在《纽约公约》第5条规定的其他情形。"

天瑞酒店投资有限公司申请承认仲裁裁决案[2]案也是如此思路。该案中，最高人民法院认为，"根据我国当时实行的商业特许经营管理制度，外国公司在我国境内从事商业特许经营业务必须通过设立外商投资企业的方式进行，且需经过行政主管机关的

---

[1] 2009年3月13日〔2008〕民四他字第48号。
[2] 最高人民法院关于申请人天瑞酒店投资有限公司与被申请人杭州易居酒店管理有限公司申请承认仲裁裁决一案的请示报告的复函（2010年5月18日〔2010〕民四他字第18号）。

审批。但是2007年5月1日施行的国务院《商业特许经营管理条例》仅规定商业特许经营合同事后应向行政主管机关备案,而无审批要求。上述备案制度属于行政法规之强制性规范中的管理性规定,不影响当事人之间民事合同的效力。仲裁裁决对本案所涉《单位系统协议》的处理,不违反我国强制性法律规定,更不构成违反我国公共政策的情形。"

我国法律的强制性规定不能完全等同于我国的公共政策。正如最高法院在《关于ED&F曼氏(香港)有限公司申请承认和执行伦敦糖业协会仲裁裁决案的复函》[1]中指出的,违反我国法律的强制性规定不能完全等同于违反我国的公共政策。在该案中,中国糖业酒类集团公司未经批准擅自从事境外期货交易的行为,依照中国法律无疑应认定为无效,但是,违反我国法律的强制性规定不能完全等同于违反我国的公共政策,因此,本案不存在《纽约公约》规定的违反我国公共政策的情形。

四、港澳台仲裁裁决涉及公共政策的相关法律和实践

港澳台地区仲裁裁决与内地之间的仲裁裁决执行,属于区际相互执行的问题。此处仅举一案例,即丸红中国香港有限公司申请执行仲裁裁决案[2]。在该案中,法院对中国的社会公共利益作了解释,这可以认为是我国法院对于公共政策的一种普遍解释和适用。

该案的基本案情如下:申请人与被申请人在1997年4月1

---

[1] 2003年7月1日,[2003]民四他字第3号。见最高人民法院民事审判第四庭编:《涉外商事海事审判指导》,2004年第1辑,人民法院出版社2004年版,第12页。

[2] (1999)深中法经二初字第58号裁定书。案件当事人:申请人:丸红中国香港有限公司;被申请人:深圳中物资源进出口有限公司。

日和5月26日,各签订买卖合同一份,均约定适用英国法律、在香港进行仲裁。之后双方因合同履行发生纠纷,申请人在香港申请仲裁,香港国际仲裁中心在香港特别行政区依据香港仲裁条例作出裁决,裁决被申请人向申请人支付拖欠的货款本金美元2038103.77元及利息。裁决作出后,被申请人未自动履行,申请人遂提起执行申请。被申请人提出异议,请求裁定不予执行该裁决,认为,仲裁庭仲裁所依据的证据都是复印件和申请人的陈述,符合香港仲裁法,但与我国《民事诉讼法》规定的证据规则相冲突,与内地法律的普遍原则相冲突,因此该裁决违反中华人民共和国社会公共利益,不应予以执行。

法院经审查认为,申请人的申请符合最高人民法院《关于内地与香港特别行政区相互执行仲裁裁决的安排》(以下简称"《安排》")规定的条件,予以执行。被申请人提出不予执行异议的理由是,仲裁裁决违反了中华人民共和国社会公共利益。依照《安排》的规定,被申请人提出证据证明仲裁裁决存在《安排》第7条第1款规定的5种情形之一的,经审查核实,有关法院可裁定不予执行,而本案的被申请人没有主张本案的仲裁裁决存在《安排》第7条第1款规定的5种情形。依照《安排》的规定,执行仲裁裁决是否违反内地社会公共利益,不属于被申请人举证证明的不予执行的事由,应当由人民法院主动查明。

法院经审查认为,在内地执行本案的仲裁裁决,不违反内地的社会公共利益。依照《民事诉讼法》的规定,中华人民共和国的社会公共利益是指我国法律的基本原则和我国的国家、社会利益。本案仲裁裁决是对当事人双方之间的合同纠纷进行仲裁,裁决结果是被申请人向申请人支付拖欠的货款及其利息,执行本案的仲裁裁决,显然不会违反我国的国家、社会利益。执行本案的仲裁裁决也没有违背我国法律的基本原则,仲裁机构有权依照仲裁地的仲裁法律和有关证据法律对证据和事实进行认定。被申请人提出不予执行的主张不能成立,予以驳回。

☞ 本文涉及案例

- 河南某某置业有限公司申请撤销仲裁裁决案
- 北京星工场音乐娱乐有限公司申请撤销仲裁裁决案
- 美国制作公司与汤姆胡莱特公司诉中国妇女旅行社案
- 开封市东风服装厂和太储国际贸易(香港)公司诉河南省服装进出口(集团)公司案
- 珠海经济特区建源工业有限公司申请撤销仲裁裁决案
- 天瑞酒店投资有限公司申请承认仲裁裁决案
- ED&F曼氏(香港)有限公司申请承认和执行伦敦糖业协会仲裁裁决案
- 丸红中国香港有限公司申请执行仲裁裁决案

7 境外仲裁

7.1　中国公司约定境外仲裁若干法律问题

我国企业选择境外仲裁会遇到方方面面的问题，需要考虑各种风险。境外仲裁的案例，可能产生于中国公司与境外公司签订的合同、中国公司与中国公司签订的涉外合同以及中国公司与中国公司签订的非涉外合同之中。由于涉及跨境问题以及涉外性界定，本书首先探讨"仲裁地"和"涉外"的法律含义，在此基础上，针对经常需要考虑的法律适用问题以及仲裁机构选择问题作了进一步的分析。

我国有200余家仲裁机构，似乎足以消化我国的商事争议案件。然而实际情况是，约定境外仲裁机构进行仲裁的案件仍然非常之多。且不说临时仲裁，或者特殊行业仲裁（例如主要集中在伦敦的海事仲裁），就机构仲裁而言，以香港和新加坡为例，从其年报可以看出我国当事人所占的比重。香港国际仲裁中心历年的年报均表明,中国是使用该中心提供服务的常客。[1]新加坡国际仲裁中心的情况亦是如此,中国通常居于新加坡境外当事人的前列。例如,2012年年报表明,中国籍当事人有52家,排在境外当事人中第一位;2013年年报表明,中国籍的当事人有41家,次于印度籍当事人居第二位。[2]

在选择仲裁机构时,当事人的考虑因素很多,比如公信力、仲裁成本、便利性、仲裁程序和实体法的适用等。当然,在选择仲裁机构时,谈判地位经常居于主导地位。选择境外仲裁机构,往往反过来说明我国公司与对方或者谈判力量均等(选第三地仲裁机构或临时仲裁),或者居于弱势地位(选对方境内仲裁机构或临时仲裁)。[3]

走出去的企业越来越多,选择境外仲裁的可能性也随之增多。对于我国公司而言,可能还来不及考虑其中隐含的风险和需要注意的问题。一旦我国公司约定境外仲裁,会遇到方方面面的问题。本书仅涉及实务界经常遇到的几点。

我国公司约定境外仲裁,不外乎在以下几种情形下:

(1) 中国公司与境外公司签订的合同;

(2) 中国公司与中国公司签订的涉外合同;

(3) 中国公司与中国公司签订的非涉外合同。

由于涉及跨境问题以及涉外性界定,首先有必要探讨"仲裁地"和"涉外"的法律含义,这两者对于境外仲裁有非常明显的影

---

〔1〕 参见http://hkiac.org/sc/hkiac/annual-report,访问于2014年5月7日。

〔2〕 参见http://www.siac.org.sg/2013-09-18-01-57-20/2013-09-22-00-27-02/annual-report,访问于2014年5月7日。

〔3〕 如何选择合适的仲裁机构,将另文介绍。

响。之后,我们就以上三类不同类型,分析两个常见问题:境外仲裁中的法律适用以及仲裁机构的选择。这些要素互相渗透,无法截然分开。

一、约定境外仲裁的含义:仲裁地

"约定境外仲裁"这一短语本身可能会带来理解上的差异,即可能存在以下三种情形,都被理解为(无论是否正确)约定了境外仲裁:

1. 约定境外仲裁机构在境外仲裁;
2. 约定境外仲裁机构在境内仲裁;
3. 约定境内仲裁机构在境外仲裁。

这里就涉及"仲裁地"的概念。仲裁地是进行仲裁的法定地点,在英文中通常表述为"the seat of arbitration"或者"the place of arbitration",但是事实上,更广泛的或简易的表述,也会被理解为是对仲裁地的约定。例如,约定"仲裁在 A 地进行",甚至约定,"仲裁,A 地",A 地都被理解为是仲裁地。强调仲裁地是法定地点或法律上的地点,是因为要与真正进行开庭审理、合议或其他程序进行的地点相区分:仲裁地不是一个简单地根据仲裁程序来确定的地理上的概念。

仲裁庭组织上的临时性决定仲裁程序不可能总是固定在一个地方,在国际商事仲裁中尤其如此。由仲裁庭主导的仲裁程序,可能需要涉及多个地点:仲裁员来自不同国家或地区、仲裁庭在不同地点进行多次开庭和合议、聆讯证人、听取专家意见,甚至仲裁裁决的签署地和发出地等。假如不确定唯一地点,那么对确定仲裁协议的准据法、仲裁程序法、仲裁裁决的国籍以及仲裁司法审查管辖法院,都会带来不便。

关于仲裁地的选择,首先依当事人意思自治原则,但也有直接规定仲裁地的,如《印度仲裁委员会仲裁规则》第 41 条规定,仲裁地点应为印度。如果当事人未作选择,则某些国家的仲裁法或某些仲裁机构的仲裁规则规定,应当以该国或该机构所在地为仲裁地[1];另外一些则规定由仲裁机构确定[2];还有一些规定由仲裁庭确定。[3]

我国《民事诉讼法》和《仲裁法》没有就仲裁地作出规定。很长一段时间,中国仲裁机构的规则中也未规定。但目前在中国各主要仲裁机构的规则中,有些已经单独规定仲裁地。

仲裁地具有的法律上的意义可以归纳为以下四个方面:

1. 确定仲裁协议准据法

仲裁地通常为裁决地。[4]当事人未明示选择仲裁协议的准据法时,国际上通行的做法是以仲裁地法或裁决地法作为仲裁协议的准据法。在无法确定当事人的意思时,"必须假设,当事人希望

---

[1] 例如《新加坡国际仲裁中心仲裁规则》第 19 条第 1 款;伦敦国际仲裁院仲裁规则第 16 条第 1 款。

[2] 例如《国际商会仲裁规则》第 14 条第 1 款。

[3] 如《德国仲裁协会仲裁规则》第 21 条第 1 款规定,当事人未就仲裁地达成协议的,则仲裁地由仲裁庭确定。《荷兰仲裁协会仲裁规则》第 22 条第 1 款规定,如当事人未约定仲裁地,则仲裁庭应在收到仲裁案卷后尽快予以确定,并将所确定的仲裁地书面通知当事人和管理人。

[4] 但也有仲裁地与裁决地分离的例子。在 1992 年英国 *Hiscox v. Outhwaite* 案中,裁决因其在法国签署而被认为是在法国作出,但该案仲裁程序在伦敦进行,与法国毫无关系。1996 年英国《仲裁法》第 100 条规定,不论签字地、寄送地或送达给当事人的地点在哪里,裁决均应视为在仲裁地作出。该规定推翻了上议院在 *Hiscox v. Outhwaite* 案中的决定。

仲裁程序进行地的法律得以适用。"[1]1929年《瑞典仲裁法》第2条规定:如果仲裁协议规定程序在特定国家进行,则该国法律应适用于仲裁协议。取代该法的1999年《瑞典仲裁法》第48条前半段规定:如仲裁协议具有国际性因素,将受制于双方当事人约定的法律。如双方当事人未能就此达成一致,仲裁协议将受当事人约定的正在进行程序或将要进行程序的国家的法律约束。在 *Kabushiki Kaisha Ameroido Nihon (Japan) v. Drew Chemical Corporation (U. S. A.)* 案[2]中,包含仲裁条款的合同在合同约定的日期未被正式终止,此后,双方仍依相同条款进行交易。法院认为,合同未包括任何有关仲裁协议适用法律的特殊规定。考虑到当事人同意在纽约进行仲裁的事实,法院认定,当事人间存在一默示的协议,即适用于仲裁的法律应为美国纽约州法律。此处,法院所适用的法律即为仲裁地法律。

《纽约公约》在第5条第1款(1)项规定,"协定之当事人依对其适用之法律有某种无行为能力情形者,该项协定依当事人作为协定准据之法律系属无效,或未指明以何法律为准时,依裁决地所在国法律系属无效者",则成员国法院可将其作为拒绝承认或执行

---

[1] High Court, Tokyo 30 May 1994. See *ICCA Yearbook*, Vol. 1995, 745—749. 该案基本案情如下:日本教育公司(JEC)和美国 Ringling 公司签订了一份协议。依据该协议,Ringling 公司需在日本组织马戏表演。该协议包含一份仲裁条款,规定将所有争议提交 ICC 仲裁,JEC 申请时在纽约进行,Ringling 申请时在东京进行。争议发生后,JEC 向东京地区法院寻求损害赔偿,声称 Ringling 的代理人 Feld 先生在销售有关马戏表演物品的利润分配以及搭建动物棚架的费用承担上欺诈了 JEC。1990年11月21日,Feld 先生和 Ringling 从纽约市的美国地区法院取得禁令,禁止 JEC 及其代理人在东京地区法院进行诉讼,并命令他们将争议依合同规定,提交仲裁。JEC 及其代理人未参加美国程序。东京地区法院命令当事人将争议提交仲裁。JEC 向东京高级法院提起上诉。高级法院维持了下级法院的决定。

[2] District Court of Yokohama May 3 1980. See *ICCA Yearbook*, Vol. VIII, 1983, pp. 394—397.

外国仲裁裁决的理由之一。此处提及的"依当事人作为协定准据之法律"指当事人明确选择的仲裁协议适用法律。如同通常判定合同准据法的原则一样,判定仲裁协议适用法律的首要原则,是当事人在协议中的约定。此处,也明确了仲裁裁决地法作为判定仲裁协议是否有效所应适用法律的第二选项。

2006年《仲裁法解释》[1]将仲裁地法规定为第二顺位的选择。《中华人民共和国涉外民事关系法律适用法》第18条亦是如此规定:"当事人可以协议选择仲裁协议适用的法律。当事人没有选择的,适用仲裁机构所在地法律或者仲裁地法律。"在实务中,事实上,仲裁地也是最常用的法律选择因素。在山东墨龙石油机械股份有限公司与Hign Sealed and Coupled S. A. L买卖合同纠纷案[2]中,最高人民法院认为,涉案《独家销售协议》中约定了仲裁规则,即国际商会《仲裁与调解规则》。由于按照该仲裁规则能够确定仲裁机构就是国际商会仲裁院,故应视为当事人约定了具体的仲裁机构。该案仲裁地法律为瑞士法律。按照瑞士法律,本案当事人约定的仲裁条款有效。故我国法院对该案无管辖权。广东A船务代理有限公司与B(香港)有限公司航次租船合同纠纷上诉案[3]中,上海市高级人民法院认为,系争仲裁条款系涉外仲裁条款。双方当事人约定:"仲裁地在香港适用英国法律。"根据英国法律的相关规定,系争仲裁条款有效,仲裁适用的实体法应为英国法律,仲裁地在香港,仲裁适用的程序法应为仲裁地法,即香港法律。依据《香港仲裁条例》的规定,系争仲裁条款也是有效和可以实施的。

---

〔1〕 2005年12月26日由最高人民法院审判委员会第1375次会议通过2006年8月23日最高人民法院公布。

〔2〕 2010年7月5日,〔2010〕民四他字第40号。

〔3〕 见《最新商事仲裁与司法实务专题案例》第十卷。

由于我国仲裁法与其他一些主要国家或地区仲裁法存在的差异,判断仲裁地从而判定所适用的法律,可能会根本性影响仲裁协议的效力。其中,最常见的就是关于仲裁机构的约定。依照我国仲裁法律,明确仲裁机构的约定是仲裁协议有效性的构成要素,而在承认临时仲裁的法域下,这并不当然否定仲裁协议的效力。故在国际商事仲裁中,仲裁地的判断意义重大。当然,在适用统一仲裁法的单一法域之内,从确定仲裁协议效力的准据法角度而言,不存在这个问题。

2. 确定仲裁程序法

仲裁程序的进行主要依赖仲裁规则和仲裁程序法。仲裁规则主要体现当事人的意思自治,而仲裁程序法则体现国家主权的司法约束。仲裁规则或当事人关于程序的意思自治不能违反有关国家的强制性法律规定。当然,从现代仲裁发展的主流趋势来看,国家施予仲裁的限制越来越少。

传统上[1]仲裁程序准据法为仲裁地国的法律,也有人称之为"所在地主义"。虽然理论上,除非法律强制规定,否则双方当事人可以选择仲裁程序法,但在实务中,当事人选择仲裁程序法的情况较为罕见。更常见的方式是通过约定仲裁地,从而确定或推定出适用于仲裁程序的法律。用仲裁地法确定仲裁程序法,既是国家对其境内仲裁活动管辖的要求,也有利于对仲裁进行司法监督和司法支持。乍一看可能很难想象,假如不是这样,在一国境内进行的仲裁,适用他国程序法,对于可能产生的仲裁过程中的法院协助,将在何种基础上进行。但是,也不能否认这种情况的存在。

关于依意思自治确定仲裁程序法,需要首先提到的是德国。

---

[1] 非本地化理论尚有很大争议,并只在极少个案中出现。

在原来德国的仲裁法中,当事人可以约定适用德国的仲裁法或外国的仲裁法来作为仲裁程序的适用法律。法院依照的是本国的或是外国的仲裁法来判定裁决的国籍。但在1998年修订的《德国民事诉讼法》则变更了此种作法。第1025条"适用范围"明确规定:"(1)如本编第1043条第一款所指的仲裁地位于德国境内,则本编之规定应予适用。……"同样,其他国家的一些立法也作了明确规定。例如,1996年《英国仲裁法》第2条就确定了地域原则的首要地位,明确规定仲裁地在英格兰、威尔士、爱尔兰的,适用该法。

另外,介绍一种另类的仲裁程序法确定理论。仲裁中的非本地化理论或非国内化理论认为国际商事仲裁程序应当漂浮在任何国家,尤其是仲裁地法的程序法之上;仲裁应当摆脱仲裁地法的控制甚至是摆脱任何特定国家的法律,自成一体。非本地化理论最初是为了处理仲裁程序中涉及国家豁免权的问题,但现在则已经不限于国家为一方当事人的仲裁案件。非本地化理论的支持者认为,仲裁地的选择往往是任意的,因此,相应国家的法律影响仲裁程序是不适当的;仲裁程序只需遵守国际公共政策的标准。[1]作为支持和反对仲裁程序非本地化依据的理论观点,可以大概分为两派:管辖权理论(the jurisdictional theory)和契约理论(the contractual theory)。契约理论认为,仲裁的基础是当事人之间的协约,因此仲裁员的权力和权利来源于他们之间的协议。这种理论的支持者认为,当事人有权以任何他们希望的方式进行仲裁,并可以自由将程序与国内法分离,只要该程序遵守跨国的最低正义标准(transnational minimum standards of justice)。[2]非本地化问题通常在仲裁

---

[1] Mark Huleatt-James and Nicholas Gould, *International Commercial Arbitration* LLP, 1996, pp.14—15.

[2] Ibid.

裁决的执行程序中涉及。所谓非本地化仲裁程序,也可简单而言,指使仲裁庭免于受本地法院的监督。虽然没有哪一种法律制度完全采用仲裁程序非本地法化的概念,但是,应当考虑两个因素。"第一,存在支持提高国际仲裁自治性的世界性趋势;第二,如果没有一种法律制度完全采纳非本地化,并且适用于国际仲裁的不同法律制度允许不同程度的法律干预,则必然存在不同的法律制度允许仲裁程序非本地法的衡量尺度。"[1]管辖权理论基于两个原则:每个仲裁最终均由国内法管辖,以及规定附属于该法域内仲裁的所有权利和义务的正是国内法。英国普通法传统上反对非本地法理论。在 *Minmetals v. Ferco* 公司案[2]中,法院认为,"国际商业中,一方当事人如果在合同中约定在国外进行仲裁,那么他不仅要遵循当地的仲裁程序,同时也要受仲裁地点有监督管辖权的法院的约束。"澳大利亚法院亦持这种观点。[3]

3. 确定裁决的国籍

界定外国仲裁裁决和国内仲裁裁决实际上涉及内国法院确定裁决的国籍问题。一般而言,认定一国裁决的国籍主要采用裁决作出地标准,即地域标准,但也有采用其他标准的,如仲裁程序适用法律标准。[4]在我国,立法未明确规定外国仲裁裁决的认定标准。从实践来看,我国采取的是裁决作出地标准,即凡在我国以外

---

[1] *Matthew SECOMB*, Shades of Delocalisation ? Diversity in the Adoption of the UNCITRAL Model Law in Australia, Hong Kong and Singapore, in *Journal of International Arbitration*, Vol. 17, No. 5, 123—150.

[2] 见林一飞编:《中国国际商事仲裁裁决的执行》,对外经济贸易大学出版社2006年版,第三章(在英国执行)。

[3] 参见林一飞:《国际商事仲裁理论与实务》,中信出版社2005年版。

[4] 其他尚有以仲裁员的国籍作为标准或无国籍裁决等。参见宋航:《国际商事仲裁裁决的承认与执行》,法律出版社2000年版,第28—33页。

的国家境内作出的裁决,均为外国仲裁裁决。

绝大多数的国家均采取地域标准,确定裁决的国籍。但有一些国家,采用程序适用法律标准。例如,德国在1998年修订仲裁法前,即是采用仲裁程序适用法律的标准,确定仲裁裁决的执行。依据该理论,如果裁决系依据德国仲裁法作出,则即使仲裁地非位于德国,裁决亦是德国裁决,而非外国仲裁裁决。该理论被称为"程序理论"(procedural theory)。[1] 1998年仲裁法摒弃了该理论。

另外还有一项理论,即前述非本地化理论,涉及裁决的国籍(实际上已经有此类的案例)。非本地化理论认为,裁决可以是非国内化(anational)裁决或非本地化(delocalised)裁决或漂浮(floating)裁决。该类裁决指依据当事人的协议,与所有国家的仲裁法律均无关联的仲裁中作出的裁决。很少国家采纳这种理论。

裁决的国籍不同,可能涉及司法审查或救济时援引不同的法律依据。例如,如果是外国仲裁裁决,可以考虑适用《纽约公约》。而本国仲裁裁决,则只能依据本国的相关法律规定。

4. 确定司法审查的管辖法院

仲裁可能涉及不同国家。那么,仲裁裁决作出后,如果对裁决不服或提出异议,希望提出撤销,哪些法院有管辖权?《纽约公约》第5条中规定,"(五)裁决对当事人还没有约束力,或者裁决已经由作出裁决的国家或据其法律作出裁决的国家的管辖当局撤销或停止执行",则被请求承认或执行裁决的管辖法院可以拒绝承认和执行仲裁裁决。此处,对于有权管辖撤销或停止执行法院,裁决作出的国家即仲裁地亦是确定的依据之一。当然,另外一种"据其法

---

[1] 主要是因为德国的这一项理论,《纽约公约》在拟定第5条第1款e项有关撤销裁决的规定时才增加裁决"在某国作出或依某国法律作出"的规定。

律作出裁决的国家"即仲裁程序法适用的国家,在实务中非常罕见(前已述及德国之前的做法)。故仲裁地被用来确定审查撤销仲裁裁决申请的法院。仲裁地国法院在受理当事人提出的撤销裁决的申请后,根据本国法对当事人提出的撤销。

举美国哥伦比亚地区南区法院 2011 年判决的 *International Trading and Industrial Investment Co. v. Dyncorp Aerospace Technology* 案[1]为例。1998 年 7 月,DynCorp 和 International Trading 签订合同,在卡塔尔建议一个分支机构。2001 年,双方发生争议。本案为国际商会仲裁,仲裁地在巴黎。裁决作出之后,DynCorp 在卡塔尔对裁决提出异议,法院以未能遵守卡塔尔法律为由撤销了裁决。International Trading 申请美国哥伦比亚地区南区法院根据《联邦仲裁法》和《纽约公约》确认仲裁裁决。DynCorp 则申请拒绝执行仲裁裁决,理由是卡塔尔法院已经撤销裁决,因此不能执行,并且仲裁员构成显然漠视法律。地区法院驳回 DynCorp 的主张。法院认为,卡塔尔法院依据《纽约公约》不具有撤销仲裁裁决的管辖权,只有仲裁地的法院才可以撤销仲裁裁决。此种属物管辖权依《公约》不得由当事人通过合意创设,International Trading 参与卡塔尔的程序不能认为是同意卡塔尔法院具有撤销仲裁裁决的权力。因此卡塔尔法院撤销仲裁裁决对于地区法院并无影响。其无权基于仲裁员"显然漠视法律"来拒绝确认仲裁裁决。《纽约公约》并未将其作为一项拒绝执行公约裁决的理由。

以上剖析了仲裁地的法律含义。在约定境外仲裁机构在境外仲裁的情况下,仲裁地应被认为是在境外,而裁决相应地应属于《纽约公约》裁决或外国或外法域裁决。此时,应熟悉仲裁地的相

---

[1] 见《最新商事仲裁与司法实务专题案例》第十二卷。

应仲裁程序法以及其他可能影响仲裁的法律。理由已如前述,仲裁地会对仲裁中的重要事项产生影响。

但在约定境内仲裁机构在境外仲裁或境外仲裁机构仲裁而仲裁地在境内的情况下,问题就又复杂了。而随着经济全球化和多样化,这种情况在实务中已经出现。后文述及。

二、涉外性或国际性

我国公司约定境外仲裁,通常会被当然认为是一种涉外仲裁。但如前所述,事实上可能存在三种不同的情形:约定境外仲裁机构在境外仲裁;约定境外仲裁机构在境内仲裁以及约定境内仲裁机构在境外仲裁。这其中,有些在我国现有的框架下,并不是有效的约定。因为我国仲裁有其特殊性。例如,在某种程度上,并不允许不具涉外性的法律关系产生的争议,由境外仲裁机构进行仲裁。即当事人约定商事仲裁跨越国境,很可能其裁决和程序并不为我国法律所认可。

跨越国境的商事仲裁,通常被解读为国际商事仲裁,以与纯国内的商事仲裁相区分。对一国而言,涉外仲裁通常又称之为国际商事仲裁。在早期,区分国际和国内商事仲裁的意义,也许是单纯出于保护国内商业交易及国内仲裁一方的需要,例如,弱势群体在签订合同条款时不具有充分的权利。[1]假如国家不予以更加特别的保护,则可能使其权利受损。事实上直到今天,仍然有一些行业中的相当一部分合同,当事人在仲裁条款的选择上,并不会有太充分的权利,或者说,并不会有太充分的行使权利的现实可能性。这

---

[1] 参见艾伦·雷德芬、马丁·亨特等:《国际商事仲裁法律与实践》(第四版),林一飞、宋连斌译,北京大学出版社2005年版,第13页。

可能会产生事实上的不公平。

不过在今天,在国际商事仲裁和国内商事仲裁的区分上,人们通常关注的是二者的不同处理方式,即法律通常会对国际商事仲裁规定相对宽松的司法审查和监督制度。例如,作为许多国家仲裁立法蓝本的《UNCITRAL 仲裁示范法》,其中规定的法院干预仲裁的程度就非常严格。再如中国对于涉外仲裁和国内仲裁实行的双轨制审查制度。但是应该看到,随着经济全球化的发展,在商事仲裁领域,国内仲裁和国际商事仲裁,将会有融合的趋势。一个完全国内的仲裁裁决,将可能出现在他国执行的情形,于是司法审查的冲突和不一致的标准将超越国境。

对于国际或涉外商事仲裁的概念,学界和实务界并没有一个统一的界定。何谓"国际",何谓"商事",不同国家存在不同的解释。《UNCITRAL 仲裁示范法》,分别对"国际"和"商事"的定义进行了规定。各国的仲裁立法中也可能作出相应规定。有些争议在某些国家被认为具有国际商事性质,但在另一些国家,可能不认为属于国际商事争议。一般而言,国际商事仲裁是指在国际商事交往中,当事人各方依据合同中的仲裁条款或单独的仲裁协议,自愿将现在或将来的具有商事性质的争议提交给各方同意的仲裁员进行审理,并作出有约束力的裁决的一种争议解决方式。

传统国际私法认为,国际或涉外民商事法律关系,是指民商事法律关系的主体、客体和内容这三因素中至少有一个因素同外国相联系,即民商事法律关系的主体一方或各方为外国自然人、无国籍人、外国法人、外国国家或国际组织,或者客体位于外国,或者产生、变更或消灭民商事权利义务关系的法律事实发生于外国。

许多国家在其立法中对国际仲裁作出或简或繁的界定。如1981 年《法国民事诉讼法典》第 1492 条规定:"如果包含国际商事利益,仲裁是国际性的。"[1]《埃及国际商事仲裁法案》[2]第2(1)条规定,仲裁具有以下任何一种情况下,即为国际仲裁:(1)签订仲裁协议时双方当事人的营业场所位于不同国家;(2)双方当事人约定将仲裁提交给某个常设仲裁机构或中心以根据其通行的规则进行仲裁;(3)如果达成仲裁协议时双方营业所位于同一国,但仲裁协议所确定的或根据仲裁协议规定的方法所确定的仲裁地点、当事人之间产生的义务的实质性部分应履行的地点或者与争议标的联系最密切的地点位于该国之外。1996年《英国仲裁法》在第85—87条规定了为某些目的而对"国内"和"非国内"仲裁作出区分,但这些规定并未生效。

《UNCITRAL仲裁示范法》第1条(3)款则对国际仲裁作了更广泛的界定。[3]按照这一规定,具有国际性质的仲裁包括:(1)营业地在不同国家的当事人之间的争议的仲裁;(2)仲裁地和当事各方的营业地位于不同国家的仲裁;(3)主要义务履行地和当事各方的营业地位于不同国家的仲裁;(4)与争议标的关系最密切的地点和当事各方营业地位于不同国家的仲裁;(5)当事各方明确同意仲裁的标的与一个以上国家有关的仲裁。这一规定显示出的按照当事人合意来确定仲裁国际性的倾向,扩大了传统国际私

---

〔1〕 参见程德均、王生长主编:《涉外仲裁与法律》(第二辑),中国统计出版社1994年版,第34页。
〔2〕 1988年11月公布。
〔3〕 第1条第(3)款规定:仲裁如有下列情况即为国际仲裁:
(A)仲裁协议的当事各方在缔结协议时,他们的营业地点位于不同的国家;或
(B)下列地点之一位于当事各方营业地点所在国以外:
(a)仲裁协议中确定的或根据仲裁协议而确定的仲裁地点;
(b)履行商事关系的大部分义务的任何地点或与争议标的关系最密切的地点;或
(C)当事各方明确地同意,仲裁协议的标的与一个以上的国家有关。

法上对于"国际性"的界定,也反映了国际商事仲裁实践上对于"国际"的概念作扩大解释的趋势。

在我国的司法实践中,一直根据如下规定来对涉外民事关系作出认定。(1)[1988]6号《最高人民法院关于贯彻执行〈中华人民共和国民法通则〉若干问题的意见(试行)》第178条规定:"凡民事关系的一方或者双方当事人是外国人、无国籍人、外国法人的;民事关系的标的物在外国领域内的;产生、变更或者消灭民事权利义务关系的法律事实发生在外国的,均为涉外民事关系。"(2)《最高人民法院关于适用〈中华人民共和国民事诉讼法〉若干问题的意见》第304条从程度法的角度对如何认定涉外民事案件作了规定:"当事人一方或双方是外国人、无国籍人、外国企业或组织,或者当事人之间民事法律关系的设立、变更、终止的法律事实发生在外国,或者诉讼标的物在外国的民事案件,为涉外民事案件。"上述标准均从民事法律关系主体、客体、法律事实三要素进行考量,只要其中存在一个要素涉外,即具有涉外性。商事仲裁的实践亦是如此,不会仅根据民事法律关系的主体来判定是否具有涉外因素[1]。

2011年4月1日起施行的《涉外民事关系法律适用法》没有对如何界定涉外民事关系作出规定。在《涉外民事关系法律适用法》制定过程中,各界曾建议全国人大常委会法工委对如何界定"涉外民事关系"作出规定,全国人大常委会法工委认为可以通过司法解释在司法实践中解决该问题。2013年1月施行的《最高人民法院关于适用〈中华人民共和国涉外民事关系法律适用法〉若干问题的

---

[1] 近期的案例可参见:宁波新汇国际贸易有限公司与美康国际贸易发展有限公司申请撤销仲裁裁决案,(2015)四中民(商)特字第00152号;西门子国际贸易(上海)有限公司与上海黄金置地有限公司申请承认与执行外国仲裁裁决案,(2013)沪一中民认(外仲)字第2号。

解释(一)》[1]第 1 条规定:"民事关系具有下列情形之一的,人民法院可以认定为涉外民事关系:(1) 当事人一方或双方是外国公民、外国法人或者其他组织、无国籍人;(2) 当事人一方或双方的经常居所地在中华人民共和国领域外;(3) 标的物在中华人民共和国领域外;(4) 产生、变更或者消灭民事关系的法律事实发生在中华人民共和国领域外;(5) 可以认定为涉外民事关系的其他情形。"要注意到的一点是,在 2013 年施行的该司法解释中,将"经常居所地"规定为民事法律关系主体的重要连结点,不再仅仅强调"国籍"这一连结点。故今后,假如当事人一方或双方的"经常居所地"在中华人民共和国领域外的,亦属于具有涉外性。

在我国的商事仲裁中,对于民事商法律关系以及民事仲裁案件是否具有国际性或涉外性,也应当保持相同的标准,认定是否涉及涉外民事关系。当然,这就意味着,约定境外仲裁本身并不能反推合同具有涉外性(不似前述 UN《仲裁示范法》第 1 条(3)款的规定),而单纯从合同主体的角度,亦无法判断民事法律关系是否具有涉外性、仲裁案件是否为涉外仲裁案件。故我们前面提到的几个分类:(1) 中国公司与境外公司签订的合同;(2) 中国公司与中国公司签订的涉外合同;(3) 中国公司与中国公司签订的非涉外合同,以及(1) 约定境外仲裁机构在境外仲裁;(2) 约定境外仲裁机构在境内仲裁;(3) 约定境内仲裁机构在境外仲裁,对于其可能产生的法律后果,均无任何一成不变的结论,而必须放置到案件的具体情况中进行分析。

在我国,除了少数几个国家或机构的仲裁,因为特殊的机构性

---

[1] 法释[2012]24 号(2012 年 12 月 10 日最高人民法院审判委员会第 1563 次会议通过)。

质,或者特殊的历史发展机遇和行业发展背景,成为不太依赖本地商业界的仲裁之外,多数机构并不太可能发展成为真正的国际或涉外商事仲裁机构,不太有机会受理涉外或国际商事仲裁案件。他们受理涉外案件的经验和人员储备都有所缺乏。但是,这并不是我国当事人约定境外仲裁的原因。无论是我国的仲裁实务,还是我国的司法审查实务,在涉外性的判断上,应当保持一致的标准。

三、实体法律适用

仲裁中的法律适用包括仲裁协议的法律适用、仲裁程序的法律适用(*lex arbitri*)及争议实体问题的法律适用(*lex causae*)等。我国公司选择境外仲裁时,遇到的另一个问题是实体法律适用问题。也就是说,假如进行仲裁,是否可以选择法律来管辖合同以及将来的争议?依什么原则来确定法律适用?当然,所选择适用法律的优劣,是当事人更为关心的问题,但因为涉及具体交易,此处无法讨论。

(一) 适用法律的原则

争议实体问题的法律适用指仲裁庭据以裁决争议所适用的法律。国际或涉外商事仲裁中,争议通常涉及两个以上的国家,例如,我国的卖方与英国的买方签订的国际货物销售合同,约定仲裁在法国巴黎进行。如何确定所适用的法律非常关键。事实上,这也是我国涉外仲裁中当事人经常要问到的问题。尤其是我国当事人涉及境外仲裁之时,其无法准确预判由不同背景的专家组成的仲裁庭将如何适用其约定的中国法律,或者合同约定的外国法律将如何适用于发生的争议。这是约定境外仲裁的当事人必须注意的一点。

当事人意思自治是确定裁决适用法律的最主要的原则。一般情况下,当事人可以自由选择法律适用,但当事人通常应当不违反仲裁地的强行法规定。[1]当事人可以明确约定所适用的法律,也可以明确约定仲裁庭确定所适用法律的方式。例如,当事人可以约定适用英国的法律,也可以约定由仲裁庭依据适当的冲突法规则确定。后一种方式就赋予仲裁庭裁量权,但也是当事人行使其意思自治权的表示。此时应当注意到,当事人对于法律的选择应视为选择其实体法规则。例如,1996年《英国仲裁法》规定,仲裁庭应依照当事人所选择的适用于实体问题的法律;或如当事人同意,根据其所约定的或仲裁庭所决定的其他因素,对争议作出裁决。为此目的,对一国法律之选择,应视为对该国实体法而非冲突法规则之选择;如当事人未作选择或约定,仲裁庭应依据其认为合适的冲突法规则来决定应适用的法。[2]

如上所述,当事人未作约定时,不同国家仲裁法或仲裁规则的规定不同。有些国家或机构规定,仲裁员可以适用其认为合适的规则解决争议;另一些国家或机构则规定,应当适用最密切联系原则;其他一些则规定,必须适用仲裁地法。所谓"合适的规则",仲裁庭可能直接适用某个实体法,也可以依据其认为普遍适用的冲突法规则选择适用的法律,或者依据仲裁地的冲突法规则选择所适用的法律。仲裁庭在适用最密切联系原则时,应当考虑到与案件具有最密切联系的所有因素,确定所适用的法律。关于仲裁地的选择,我们在前文已经详述。

---

[1] 如仲裁地法对某些种类的争议规定了适用法律,则当事人不能选择适用其他法律。如中国中外合作、合资等争议只能适用中国法律。故此,在中国仲裁,对此类争议就不能选择其他国家法律。

[2] 1996年《英国仲裁法》第46条。

从 20 世纪 60 年代开始,一些学者开始提出新商人法的概念,认为国际商事交易都适用其自己的规则,即商人法(*lex mercatoria*, merchant law)。他们认为,新商人法系由国际贸易的参加人自发创设,并由仲裁员适用于解决国际贸易争议。其规则是基于国际贸易中发展起来的惯例、标准条款、统一法、法律的一般原则以及当事人协商的合同而确定。不可否认,作为国际贸易法发展的新阶段,新商人法这种表述的提出,本身就在促动国际贸易法方面的统一上具有一定的作用。例如,统一法、示范法和公约对于现代国际贸易的规范非常重要,而法律的一般原则在仲裁员裁决案件的过程中,在仲裁员自由心证的过程中确实起到非常大的作用。[1]但是,新商人法并不能如一些学者所认为的那样,发挥巨大的作用。例如,很少有普遍适用的商业惯例。通常情况下,这些惯例仅在特定的行业及/或地区适用。标准合同或标准条款通常系由某一行业的商业组织起草并由该行业的成员使用,通常只对某一特定行

---

[1] 通常认为,法律的一般原则包括:(1) 合同应依据其条款执行(*pacta sunt servanda*);但是,诚信(good faith)可要求考虑到情势变更而修改合同条款(*rebus stantibus*);(2) 合同履行以及因情势变更而可能重新协商合同,应秉诚信进行;(3) 在某些情况下,一方当事人的行为在对方没有反对的情况下,可能被认为是默示更改某个合同的条款;(4) 合同的解释必须是注重实效的(所谓的 *effet utile* 原则);(5) 如果当事人所使用的法律术语不反映其意图,则术语应适合于当事人的意图;(6) 买方使用货物推测其接受货物;(7) 原告承担举证责任;(8) 在某些情况下,不可抗力可以解除当事人的合同义务;(9) 因他人违约而造成损失的当事人应采取合理措施减少损失;损害需要被减轻;(10) 合同责任限于可预见的损害赔偿;(11) 债务人在某些情况下可以以其反请求抵销减轻其对债权人的责任;(12) 同时履行抗辩(*exceptio non adimpleti contractus*)通常可予接受;(13) 合同在与"国际公共秩序"(例如,涉及腐败)相冲突的时候,是不可执行的。See See van Houtte, *The Law of International Trade*, Sweet & Maxwell, 2001, 2nd edn, pp. 26—29.

为通用而不具有一般普遍效力。[1]

许多仲裁法或仲裁规则在规定裁决的法律适用时都涉及贸易惯例。例如,1998年《德国仲裁法》第1051条第4条规定,在任何情况下,仲裁庭应根据合同条款并考虑到适用相关行业惯例作出决定。《意大利仲裁协会国际仲裁规则》第22条第3款也规定:无论何种情况,仲裁员均应考虑到合同规定和相关争议事项的惯例。《斯德哥尔摩商会加速仲裁规则》第28条第2款规定:涉及适用合同的仲裁,仲裁庭应按照合同条款进行裁决,并应考虑到适用于该合同的贸易惯例。《国际商会仲裁规则》第17条规定:当事人得自由约定仲裁庭处理案件实体问题所应适用的法律规则。当事人没有约定的,仲裁庭适用其认为适当的法律规则。在任何情况下,仲裁庭均应考虑合同的规定以及有关贸易惯例。《德国仲裁协会仲裁规则》[2]《UNCITRAL仲裁规则》[3]也有类似规定。应当指出,国际贸易惯例是否可以作为单独的法律适用,并无明确的规定。国际贸易惯例可以作为商人法的一种。而对商人法,依1980年罗马《合同性债务适用法律公约》,当事人不能选择商人法作为适用

---

[1] 许多学者因此也对新商人法的存在提出异议。围绕新商人法的著述非常之多,诸如,Schmitthoff, "The Law of International Trade", *Commercial Law in a Changing Economic Climate* (2); Goldstajn, "The New Law Merchant", *JBL*, 1961, p.12; Ole Lando, "The *Lex Mercatoria* in International Commercial Arbitration", *ICLQ*, 1985, p.747; Mustill, "The New lex Mercatoria: The First Twenty-five Years", Bos & Brownile, *Liber Amicorum for the RT Bon Lord Wiberforce*, 1987, p.149; Highet, "The Enigma of the lex Mercatoria", *Tul L. Rev.*, 1989, p.613; Goode, "Usage and its Reception in Transnational Commercial Law", *ICLQ*, 1997, p.1.

[2] 《德国仲裁协会仲裁规则》第23条第4款规定:在任何情况下,仲裁庭应根据合同条款并应考虑到适用于交易的行业惯例作出决定。

[3] 《UNCITRAL仲裁规则》第33条第3款。

法律。[1]商人法作为国际贸易商人普遍接受的适用于国际贸易的原则,本身亦无明确的定义。国际贸易惯例通常起补充作用,补充所适用的内国法。适用国际贸易惯例需要承担的风险是,如果寻求承认与执行地国认为该种法律适用违反公共政策,则可能导致裁决不以执行。[2]

我国仲裁法未专门针对国际商事仲裁的实体法律适用问题作出具体规定,而仅对商事仲裁(包括国际、国内仲裁)中应当如何适用法律作出原则性规定:"仲裁庭应根据事实,符合法律规定,公平合理地解决纠纷。"[3]我国的仲裁实践中,仲裁庭依据的原则通常也是按照上述顺序:首先,尊重当事人意思自治,但该意思自治不得违反中国的法律规定;其次,如当事人未作出约定,依仲裁庭认为适当的法律。仲裁庭通常依最密切联系原则确定适当的法律。但某些情况下,可能采用仲裁地法。此外,前述规定中提及公平合理。所谓公平合理原则,是友好仲裁的依据之一。但是,我国《仲裁法》规定是在遵守法律的前提下,遵循公平合理原则,只是将该原则作为一个补存,而没有单独适用的含义在内。实践中,有以公平合理原则作为补充的情况,但罕见单独以公平合理原则裁决的例子。即使将来仲裁法修改,需要采纳,也只能将友好仲裁限于当事人授权以及法律不禁止的范围之内。

---

[1] See PM North and JJ Fawcett, *Cheshire and North's Private International Law*, Butterworths, 13rd ed, n. 15, 528.

[2] *Hainan Machinery Import and Export Corporation（PR China） v. Donald & McArthy Pte Ltd.（Singapore）*, High Court, 29 September 1995, no. 1056 of 1994. See [1996] 1 *Singapore Law Reports*, 34—46. Also see ICCA Yearbook, Vol, XXII, 1997, pp. 771—779. 该案当中,法院虽然认为仲裁员考虑了贸易惯例,但其作出判断的主要依据是仍然是基于仲裁员依据了中国的法律。如仲裁员仅依据贸易惯例作出裁决,则法院的意见就有可能不同。

[3] 我国《仲裁法》第 7 条。

另外介绍一下友好仲裁（amiable composition, *ex aequo et bono*）。没有普遍的定义，一般指仲裁员依据其认为公平合理的标准作出裁决的争议解决方式。友好仲裁通常需要满足两个条件：一是当事人授权；二是不违反仲裁地法的规定。此时，所适用的评价规范，并非某一个国家的立法，而只是公允善良原则。

仲裁员通常只在当事人同意并且仲裁地法不禁止的情况下，才可以通过友好仲裁作出裁决。例如，《UNCITRAL 仲裁规则》第33条第2款规定，仲裁庭仅在当事人双方明示授权和适用于仲裁程序的法律允许时，方得运用友好仲裁或按公允及善良原则进行裁决。《德国仲裁法》第1051条第3款的规定，仲裁庭仅在当事人明示授权时，按照公允及善良原则裁决争议或充任友好仲裁员；在仲裁庭作出裁决前，当事人均可作此授权。《意大利仲裁协会仲裁规则》第22(2)条规定，仅在当事人同意时，仲裁员始得以友好仲裁人身份作出决定。《比利时仲裁协会仲裁规则》第24条第3款规定，仲裁员仅在当事人依可适用的法授予此项权力，方有充任友好仲裁员之权力。但是，在此种情况下，仲裁员仍应遵循本规则。

但是，有些国家的仲裁实践有所不同。例如，《荷兰仲裁协会仲裁规则》对于国内仲裁规定，除非当事人同意授权仲裁庭根据法律规则作出裁决，仲裁庭应以友好仲裁员的身份作出决定。[1] 不过，对于国际仲裁，该规则也规定，除非当事人同意授权仲裁庭以友好仲裁员的身份作出决定，仲裁庭应根据法律规则作出裁决。[2]

由于友好仲裁所依据的公允善良、公平正义等原则过于抽象，友好仲裁中的仲裁员具有较大的自由裁量权。因此，除非当事人

---

[1]《荷兰仲裁协会仲裁规则》第45条第1款。
[2]《荷兰仲裁协会仲裁规则》第45条第2款。

明确授权,且不违反仲裁程序适用法的强制性规定,否则,仲裁不应当作为友好仲裁人来解决当事人的争议。

(二) 约定适用法律:意思自治的体现和限制

如前所述,当事人当事人意思自治是确定裁决适用法律的最主要的原则。但事实上,对于不同类型的合同,意思自治受到允许的程度有所不同。

1. 中国公司与境外公司签订的合同/中国公司与中国公司签订的涉外合同

根据前述关于涉外民事法律关系的规定判断,中国公司与境外公司签订的合同因主体具有涉外性,属于涉外民商事法律关系。同样,中国公司与中国公司签订的合同,如其所涉法律关系具有涉外性,亦属于涉外合同。当事人可以自由约定法律适用。

对于该类合同,我国《民法通则》第 145 条第 1 款规定:"涉外合同的当事人可以选择处理合同争议所适用的法律,法律另有规定的除外";《合同法》第 126 条第 1 款有相同的规定。此外,《海商法》第 269 条、《民用航空法》第 188 条也有类似的规定。《涉外民事关系法律适用法》第 41 条规定:"当事人可以协议选择合同适用的法律。当事人没有选择的,适用履行义务最能体现该合同特征的一方当事人经常居所地法律或者其他与该合同有最密切联系的法律。"

从以上可以看出,我国采取的是意思自治为主、特征履行或最密切联系原则为辅的法律适用原则。国际商事仲裁本身并无相应的法律适用规定。对于以中国为仲裁地的仲裁而言,上述规定也适用。一般地,除非法律另有规定,否则当事人可以选择合同适用的法律。但问题是,对于国际商事仲裁而言,国际仲裁庭并无必须适用《涉外民事关系法律适用法》或中国冲突法规范来确定实体法律的义务。尤其对于仲裁地在境外的仲裁,并且仲裁庭多数成员来自不同法域,假如仲裁地国法律规定是必须适用仲裁地的实体法,或仲裁庭认为合适的,是其他的冲突规范,则问题就出来了:到底适用什么法?故当事人协议选择法律的重要性不言而喻。

前文提到"法律另有规定的除外"。最经常提到的"意思自治的除外"是强制性规定。《涉外民事关系法律适用法》第4条规定:中华人民共和国法律对涉外民事关系有强制性规定的,直接适用该强制性规定。根据《合同法》第126条第2款规定,在中华人民共和国境内履行的中外合资经营企业合同、中外合作经营企业合同、中外合作勘探开发自然资源合同,只能适用中华人民共和国法律。当然,同样的问题依然存在:当事人约定的,仲裁庭认不认、怎么认?

另外,需要注意的是当事人不能出于规避目的选择适用法律。《最高人民法院关于适用〈中华人民共和国涉外民事关系法律适用法〉若干问题的解释(一)》第11规定:"一方当事人故意制造涉外民事关系的连结点,规避中华人民共和国法律、行政法规的强制性规定的,人民法院应认定为不发生适用外国法律的效力。"

但在国际商事仲裁,尤其是在境外仲裁时,仲裁庭并非人民法院,它可能并不持有与最高人民法院此处相同的立场,而将当事人意思自治选择的法律(无论其是否存在所谓的规避),作为仲裁的实体法律适用。

2. 中国公司与中国公司签订的非涉外合同

中国公司与中国公司签订的非涉外合同一般认为不会约定境外仲裁,不会出现实体法律适用上的担忧和窘境。首先要说明,关于"中国公司",境外公司已在中国设立或将在中国投资设立的独资或合资、合作公司被视为中国公司。在现行法律框架下,不应因其股东或合作方具有境外身份而将所签订合同视为有"涉外因素"。这种非涉外合同约定国内仲裁机构但同时约定法律适用的情形仍然存在。原因大概主要有以下几点：一是当事人，尤其是具有外资因素的当事人（例如三资企业），无意识中援引了其所理解的国际惯例或作法；二是当事人故意通过此种方式，希图达到规避某个法律适用的结果。

从前引条文可以看出，我国对涉外合同的当事人规定了可以选择处理合同争议所适用的法律，除非法律另有规定。但对于这种纯国内的案件，并没有明确规定当事人可以选择法律。《最高人民法院关于适用〈中华人民共和国涉外民事关系法律适用法〉若干问题的解释（一）》第6规定："中华人民共和国法律没有明确规定当事人可以选择涉外民事关系适用的法律，当事人选择适用法律的，人民法院应认定该选择无效。"据此，如果法律没有特殊的规定，那么，中国公司与中国公司签订的非涉外合同，不能约定适用其他法域的法律。

在境外仲裁中存在的可能性是，仲裁庭审理此类纯中国内地案件，并且以意思自治原则认可所选用的境外法律。此种裁决，在国内的执行，就这一点而言，是被法院认为违反上述规定而无效，还是法院因裁决属《纽约公约》裁决无法进行法律适用的实体审查，或者会动用最后一道安全阀——公共政策？又需要费思量。当然，这其中就涉及下一部分我们提到的仲裁机构的选择。

四、仲裁机构的选择

除了临时仲裁，选择仲裁机构是当事人在确定以仲裁为争议解决方式时一项重要的考虑。在选择仲裁机构时，当事人需要考虑的因素包括该机构的公信力或口碑、仲裁程序规则、仲裁员构成、收费、地理优劣甚至机构的主管机关等。中国公司境外仲裁,同样也需要结合具体的交易情况考虑这些因素。但根据中国的相关仲裁法律规定,当事人并非可以任意选择仲裁机构进行仲裁。

(一)中国公司与境外公司签订的合同/中国公司与中国公司签订的涉外合同

如前所述,由于一方主体在境外,或者具有其他涉外因素,故此类合同具有涉外性。《民事诉讼法》第257条规定:"涉外经济贸易、运输和海事中发生的纠纷,当事人在合同中订有仲裁条款或者事后达成书面仲裁协议,提交中华人民共和国涉外仲裁机构或者其他仲裁机构仲裁的,当事人不得向人民法院起诉。"

《合同法》第128条规定:"当事人可以通过和解或者调解解决合同争议。当事人不愿和解、调解或者和解、调解不成的,可以根据仲裁协议向仲裁机构申请仲裁。涉外合同的当事人可以根据仲裁协议向中国仲裁机构或者其他仲裁机构申请仲裁。当事人没有订立仲裁协议或者仲裁协议无效的,可以向人民法院起诉。当事人应当履行发生法律效力的判决、仲裁裁决、调解书;拒不履行的,对方可以请求人民法院执行。当事人在合同中没有订有仲裁条款或者事后没有达成书面仲裁协议的,可以向人民法院起诉。"

根据前述规定,对于涉外合同,当事人既可以选定中国仲裁机构,也可以选定境外仲裁机构解决争议。这种仲裁协议是有效的。

但是,结合进仲裁地的因素,情况就稍微复杂了。涉外合同的当事人,约定境内仲裁机构,并同时约定中国为仲裁地,因此进行的仲裁程序和作出的仲裁裁决,不会因仲裁协议效力而引起各种争论。但是,假如涉外合同的当事人,约定境外仲裁机构,并同时约定中国为仲裁地,就可能导致对仲裁协议效力乃至最终裁决的效力,产生不同的意见。

关于仲裁地的确定,我国法院的态度有过一个转变。传统上,我国法律采取"仲裁机构主义",认为应当根据仲裁机构所在地来确定仲裁裁决的"国籍"。例如,由于国际商会仲裁院位于法国巴黎,因此中国法院曾经认为国际商会仲裁裁决应当被统一认定为法国仲裁裁决。例如前文已经提及的伟贸国际(香港)有限公司诉山西天利实业有限公司申请执行仲裁裁决案。在最高人民法院于2004年7月5日作出《关于不予执行国际商会仲裁院10334/AMW/BWD/TE最终裁决一案的请示的复函》([2004]民四他字第6号)中,最高人民法院就是以仲裁机构所在地来认定仲裁裁决作出地,从而适用《纽约公约》的规定。一般地,按照国际惯例,仲裁的国籍应以仲裁地国为准。本案仲裁在香港地区进行,虽然仲裁机构是巴黎国际商会仲裁院,但并未指定巴黎作为仲裁地,因而依据地域标准应认定香港作为仲裁地。在最高人民法院后来的复函中,事实上已经采取了地域原则。2009年12月30日,最高人民法院发出《关于香港仲裁裁决在内地执行的有关问题的通知》[1],通知如下:

> 近期,有关人民法院或者当事人向我院反映,在香港特别行政区作出的临时仲裁裁决、国际商会仲裁院在香港作出的仲裁裁决,当事人可否依据《关于内地与香港特别行政区相互执行仲裁裁决的安排》(以下简称《安排》)在内地申请执行。为了确保人民法院在办理该类案件中正确适用《安排》,统一执法尺度,现就有关问题通知如下:
>
> 当事人向人民法院申请执行在香港特别行政区作出的临时仲裁裁决、国际商会仲裁院等国外仲裁机构在香港特别行

---

[1] 法[2009]415号。

政区作出的仲裁裁决的,人民法院应当按照《安排》的规定进行审查。不存在《安排》第7条规定的情形的,该仲裁裁决可以在内地得到执行。

那么,对于约定境外仲裁机构(例如国际商会)而仲裁地在中国大陆的,是否能认为也是一种"境外仲裁",其国籍应如何确定?这并非纯理论的探讨。事实上,这些特殊的情况在实务中已经出现。以下我们介绍 DUFERCOS. A.公司和宁波市工艺品进出口有限公司申请执行仲裁裁决案,这是首例执行国外仲裁机构在中国境内仲裁所作仲裁裁决的案例。

DUFERCOS. A.公司和宁波市工艺品进出口有限公司于2003年1月23日签订了买卖合同,双方合同中的仲裁条款规定:"一切因执行合同或与本合同有关的争执,应提交设在中国北京的国际商会仲裁委员会,按照《联合国货物销售公约》进行仲裁。"[1]后双方发生争议,DUFERCOS. A.于2005年9月12日将纠纷提交给国际商会仲裁院进行仲裁。仲裁庭裁决判令宁波市工艺品进出口公司需向 DUFERCOS. A.支付违约损失、利息、仲裁费、法律费美金234568.23元。后 DUFERCOS. A.向浙江省宁波市中级人民法院申请承认及执行该裁决。宁波市中级人民法院于2009年4月依据《纽约公约》第1条第1款的规定,将该裁定认定为"非内国裁决",认为不存在拒绝承认和执行所涉仲裁裁决的理由,由此裁定承认和执行国际商会仲裁院的此项仲裁裁决。

按照我国《民事诉讼法》第283条规定,国外仲裁机构的裁决,需要中华人民共和国人民法院承认和执行的,应当由当事人直接

---

〔1〕 该条款到底真实原意是否指向巴黎的国际商会仲裁院,我至今尚持保留态度。

向被执行人住所地或者其财产所在地的中级人民法院申请,人民法院应当依照中华人民共和国缔结或参加的国际条约,或者按照互惠原则办理。关于"中华人民共和国缔结或参加的国际条约",或者确切地说《纽约公约》,我国在加入时作出过互惠保留。最高人民法院发布的《关于执行我国加入的〈承认及执行外国仲裁裁决公约〉的通知》[1]中规定:"根据我国加入该公约时所作的互惠保留声明,我国对在另一缔约国领土内作出的仲裁裁决的承认和执行适用该公约。该公约与我国民事诉讼法(试行)有不同规定的,按该公约的规定办理。对于在非缔约国领土内作出的仲裁裁决,需要我国法院承认和执行的,应按民事诉讼法(试行)第二百零四条的规定办理。"于是,机构标准和地域标准在此时又冲突了。

摆在法院面前的,是执行依据问题。该裁决到底是机构裁决还是临时裁决,是外国裁决还是中国裁决,应当适用什么样的法律依据来执行?我估计宁波中院也是颇费思量,最终采用了《纽约公约》第1条第1款中极易被人忽略并且极少用到的"非内国裁决"概念。应该指出的是,虽然有宁波市中级人民法院首次承认与执行"非内国裁决"的个案存在,最高人民法院对于外国仲裁机构在我国境内作出的仲裁裁决效力的态度并不明朗。

事实上,"非内国裁决"并不是首次在我国的仲裁司法审查实践中提出。在德国旭普林国际工程有限责任公司与中国无锡沃可通用工程橡胶有限公司承认与执行仲裁裁决案中[2],国际商会仲裁院以上海为仲裁地作出的裁决,亦被认为是非内国裁决。

2000年12月22日,旭普林公司与沃可公司签署了工程承包

---

[1] 1987年4月10日法(经)发[1987]5号。
[2] 参见赵秀文:《从旭普林公司案看中国内地法院对国际商事仲裁的监督》,载《时代法学》2007年第6期。

协议。该协议中规定通过仲裁解决合同争议的条款所使用的语言是:"Arbitration: 15.3 ICC Rules, Shanghai shall apply."后发生争议,2002年10月10日,沃可公司就其与旭普林公司之间的工程承包合同纠纷向无锡市高新技术开发区人民法院起诉。旭普林公司认为,双方合同中含有仲裁条款,因双方履行工程承发包合同而产生的争端,包括与合同有关的侵权争议,均应通过国际商会仲裁裁决,法院不具有司法管辖权。沃可公司则认为,仲裁条款只约定了仲裁规则和仲裁地点,未约定仲裁机构,故该条款属于无效仲裁条款。开发区人民法院认定对此案有管辖权。2004年9月2日,开发区法院依据《最高人民法院(2003)民四他字第23号批复》的精神作出《(2004)新民二初字第154号民事裁定》,认定上述仲裁协议无效,理由是在当事人没有约定确认仲裁条款效力准据法的情况下,根据确认仲裁条款效力准据法的一般原则,应当按照仲裁地的法律予以认定,即本案应当根据中国法律确认所涉仲裁条款的效力。而根据我国仲裁法的有关规定,有效的仲裁条款应当同时具备仲裁的意思表示、仲裁事项和明确的仲裁机构三个方面的内容。本案所涉仲裁条款从字面上看,虽然有明确的仲裁的意思表示、仲裁规则和仲裁地点,但并没有明确指出仲裁机构。因此,应当认定该仲裁条款无效。

2006年7月19日,无锡市中级人民法院作出民事裁定书[1],驳回了旭普林公司申请法院承认与执行所涉国际商会仲裁院仲裁裁决的请求,其主要理由是该裁决所依据的仲裁协议根据中国法为无效仲裁协议。该《民事裁定书》指出:

---

[1] 中华人民共和国江苏省无锡市中级人民法院民事裁定书[(2004)锡民三仲字第1号]。

本院经审查认为,本案系承认与执行国外仲裁裁决案,中国系1958年《纽约公约》的缔约国,且根据1958年《纽约公约》第1条规定,本公约对于经仲裁裁决承认及执行地所在国认为非内国裁决者,亦适用之。本案被申请承认和执行的仲裁裁决系国际商会国际仲裁院作出,通过其总部秘书处盖章确认,应被视为非内国裁决。且双方当事人对适用1958年《纽约公约》均无异议,因此本案应当适用《1958年纽约公约》。根据最高人民法院《关于执行中国加入的〈承认及执行外国仲裁裁决公约〉的通知》第4条的规定,中国有管辖权的人民法院接到一方当事人的申请后,应对申请承认及执行的仲裁裁决进行审查,如果认定具有1958年《纽约公约》第5条第2项所列情形之一的,或者根据被执行人提供的证据证明具有第5条第1项所列的情形之一的,应当裁定驳回申请,拒绝承认及执行。本案中被申请人沃可公司已举证(无锡)新区法院《(2004)新民二初字第154号民事裁定书》,证明被申请承认和执行的国际商会国际仲裁院在中国上海作出的第12688/TE/MW号仲裁裁决所依据的仲裁条款已被中国法院认定无效,故该裁决具有《1958年纽约公约》第5条第1项所列(甲)情形,不应得到承认和执行。

据此,无锡市中级人民法院依照《1958年纽约公约》第5条第1项、最高人民法院《关于执行中国加入的〈承认及执行外国仲裁裁决公约〉的通知》第4条、当时《中华人民共和国民事诉讼法》第269条的规定,裁定驳回申请人旭普林公司的申请。

在没有更高层次的明确法律文件作出相应规定的情况下,个案仅供参考。同时业界的争论本身也表明,境外仲裁机构在我国境内仲裁,尚不成熟,尘埃未落定。

(二) 中国公司与中国公司签订的非涉外合同

中国公司与中国公司签订的非涉外合同,不能约定境外仲裁机构仲裁。按照前述法律规定,只有涉外民商事案件的当事人可以约定提请中国的涉外仲裁机构或者外国仲裁机构仲裁,国内当事人之间签订的不具有涉外因素的合同或者其他财产权益纠纷不能约定境外仲裁机构仲裁,否则约定无效。

各级法院已有若干案件非常清楚地排除中国公司与中国公司签订的非涉外合同在境外仲裁机构仲裁的可能性。这些案件对于拟在我国内地开拓仲裁服务市场受理纯国内案件的境外仲裁机构而言,显然是一个巨大的利空。详见下一篇。

此外,中国公司与中国公司签订的非涉外合同,可否约定我国仲裁机构在境外进行仲裁?当然,这种问题也同样发生在中国公司签订的涉外合同上。随着我国企业走出去,以及我国仲裁机构的各项创新,以境外某一地点作为仲裁地,已经见于不少仲裁机构的规则。上述司法解释规范的是"交由境外仲裁机构或者在我国境外临时仲裁"不被允许,但对于这种境内仲裁机构在境外进行机构仲裁情况,是否可行?

首先,非涉外合同由境内仲裁机构在境外仲裁并非涉外仲裁。仲裁地具有偶然性。判断涉外民事关系以及涉外案件的标准,均无仲裁地因素。其次,同样是前述仲裁地问题。由于在境外进行仲裁,则仲裁地在境外,并由此产生相应的法律后果。该裁决的国籍是中国的,还是外国的?假如在中国执行,其执行依据,是《纽约公约》,还是《民事诉讼法》和《仲裁法》?这又会引起很多争论。按照目前笔者的理解,假如在中国执行,大概不会依照《纽约公约》或其他区际安排,而会按照中国仲裁裁决来对待,因为这种作法在很大程度上会被认为是与现行作法相悖。[1]在我国《仲裁法》相关规定尚未与国际标准一致的情况下,谨慎对待创新,从严进行论证,或许仍然是非常必要的,尤其对于规则选择者而言。

结语

中国公司约定境外仲裁,实际上远不止我上文提到的这几个法律问题。包括仲裁文化的差别、不同法系的异同、仲裁程序惯例、证据规则、费用等各个方面,都会有各种各样的问题产生。这需要我们的仲裁机构以及仲裁法律服务提供者共同讨论和研习。越来越多的我国企业走出去,参与海外投资并购和产业扩张,我国经济全球化的趋势日盛。当年"冷战"促进了第三国仲裁机构的发展,国际贸易和外商投资促进了中国涉外仲裁的发展,全民大消费、金融和资本创新、房地产发展和泡沫促进了我国部分新晋仲裁机构的发展。而大量企业走出去的过程当中,争议不可避免,对于仲裁机构和仲裁法律服务提供者而言,谁抓住了争议解决的机会,谁便能够开拓另外一片版图。希望这次抓住我国冲向世界机会的,不是或不仅是那些原来的国际仲裁机构、不是或不仅是那些国际老牌的仲裁法律服务提供者。

☞ 本文涉及案例

- *Hiscox v. Outhwaite*
- *Kabushiki Kaisha Ameroido Nihon（Japan）v. Drew Chemical Corporation（U. S. A.）*

---

〔1〕 关于这种观点,需要时间进一步考虑。实务中可能会出现不一样的结果。

- Hign Sealed and Coupled S. A. L 买卖合同纠纷案
- *International Trading and Industrial Investment Co. v. Dyncorp Aerospace Technology*
- 伟贸国际(香港)有限公司诉山西天利实业有限公司申请执行仲裁裁决案
- DUFERCO S. A. 和宁波市工艺品进出口有限公司申请执行仲裁裁决案
- 德国旭普林国际工程有限责任公司与中国无锡沃可通用工程橡胶有限公司承认与执行仲裁裁决案

7.2 纯国内争议不宜在境外仲裁机构仲裁

一段时间以来,业界对于国内当事人是否可以约定将不具有涉外因素的争议提交中国境外仲裁颇有议论。这个问题确实存在,而且在实务界的讨论也是由来已久。中国司法审查的实践明确表明,目前,不允许将纯国内争议提交境外仲裁机构仲裁。

涉外争议可以提交境外仲裁不会产生太多的问题。问题是,单纯的国内争议,或者说,不具有涉外因素的争议可否提交中国境外仲裁?理论界与实务界的讨论也是由来已久。当事人签订这种仲裁协议的原因多种:有的是出于心理惯性,例如将国内造船合同约定到伦敦仲裁;有的是出于母国情结,例如两美国独资公司约定 AAA 仲裁;有的是出于不信任或避免地域限制,选择某个信任的境外机构或其他第三地进行仲裁。实际上,据笔者所知,我国最高人民法院从前没有明确的规定,但某些下级法院曾经有过相应的规定,例如我们下文会提到 2010 年修订的江苏省高级人民法院《关于审理民商事仲裁司法审查案件若干问题的意见》。不过,晚近最高人民法院及其他各级法院均有一些案例均已经明确表明,不允许将纯国内争议提交境外仲裁机构仲裁。一旦当事人作此约定,或者是仲裁协议在我国法院被认定无效(当然,无效认定并不当然阻止在境外的仲裁程序的进行),或者是将来的裁决在我国无法得到执行(当然,不排除当事人可以自动履行)。而且,即便裁决无需在中国执行,由于仲裁协议效力上的瑕疵,也使得裁决在他国的执行存在风险。下文我们会结合几个近期的案例作简要讨论。

第一个案例是江苏航天万源风电设备制造有限公司诉艾尔姆风能叶片制品(天津)有限公司申请确认仲裁协议效力案。该案中的江苏航天万源风电设备制造有限公司(以下简称江苏万源公司)与艾尔姆风能叶片制品(天津)有限公司(以下简称艾尔姆天津公司)均为国内当事人,双方于2005年12月23日签订了风力发电机叶片的《贸易协议》。其"争议及适用法律"条款中约定,"争议事项可提交国际商会根据其仲裁规则仲裁",并且,"仲裁地点为位于中华人民共和国北京双方约定的场所"。2011年,江苏万源公司申请南通市中级人民法院确认仲裁协议无效。江苏省南通市中级人民法院经审查,认为应确认仲裁协议无效,并就此报送江苏省高级人民法院审查。江苏省高级人民法院经审查,拟同意南通市中级人民法院的意见,遂按照最高人民法院《关于人民法院处理与涉外仲裁及外国仲裁事项有关问题的通知》关于逐级上报的规定,将其意见报告最高人民法院。

最高人民法院2012年8月31日以[2012]民四他字第2号复函答复如下:

> 根据你院请示,当事人在《贸易协议》中订立了仲裁条款,约定有关争议事项可提交国际商会在北京仲裁。订立《贸易

协议》的双方当事人均为中国法人,标的物在中国,协议也在中国订立和履行,无涉外民事关系的构成要素,该协议不属于涉外合同。由于仲裁管辖权系法律授予的权力,而我国法律没有规定当事人可以将不具有涉外因素的争议交由境外仲裁机构或者在我国境外临时仲裁,故本案当事人约定将有关争议提交国际商会仲裁没有法律依据。同意你院认定仲裁协议无效的审查意见。

第二个案例是北京朝来新生体育休闲有限公司申请承认和执行大韩商事仲裁院仲裁裁决案。该案中的双方当事人为北京朝来新生体育休闲有限公司(以下简称朝来新生公司)和北京所望之信投资咨询有限公司(以下简称所望之信公司)(股东为韩国公民)。2007年7月20日,朝来新生公司(甲方)与所望之信公司(乙方)签订《合同书》约定,甲、乙双方合作经营甲方现有的位于北京市朝阳区的高尔夫球场,并就朝来新生公司的股权比例、投资金额等相关事宜达成协议。合同约定如发生纠纷时,"可以向大韩商事仲裁院提出诉讼进行仲裁"。后双方发生争议,所望之信公司于2012年4月2日向大韩商事仲裁院提起仲裁,朝来新生公司提起反请求。大韩商事仲裁院依据双方约定的仲裁条款受理了所望之信公司的仲裁申请及朝来新生公司反请求申请,适用中华人民共和国法律作为准据法,于2013年5月29日作出仲裁裁决。裁决作出后,朝来新生公司于2013年6月17日向北京市第二中级人民法院提出申请,请求法院承认上述仲裁裁决。

北京市第二中级人民法院于2014年1月20日作出(2013)二中民特字第10670号民事裁定书,驳回朝来新生公司要求承认大韩商事仲裁院仲裁裁决的申请。法院认为:

根据《中华人民共和国民事诉讼法》和《中华人民共和国仲裁法》的规定，涉外经济贸易、运输、海事中发生的纠纷，当事人可以通过订立合同中的仲裁条款或者事后达成的书面仲裁协议，提交我国仲裁机构或者其他仲裁机构仲裁。但法律并未允许国内当事人将其不具有涉外因素的争议提请外国仲裁。本案中朝来新生公司与所望之信公司均为中国法人，双方签订的《合同书》，是双方为在中华人民共和国境内经营高尔夫球场设立的合同，转让的系中国法人的股权。双方之间的民事法律关系的设立、变更、终止的法律事实发生在我国境内、诉讼标的亦在我国境内，不具有涉外因素，故不属于我国法律规定的涉外案件。因此，《合同书》中关于如发生纠纷可以向大韩商事仲裁院提出诉讼进行仲裁的约定违反了《中华人民共和国民事诉讼法》《中华人民共和国仲裁法》的相关规定，该仲裁条款无效。根据《承认及执行外国仲裁裁决公约》第五条第一款(甲)项、第五条第二款(乙)项之规定，该裁决不予承认。

由于涉及仲裁裁决的不予承认，在北京二中院作出决定前，按照报告制度层报最高人民法院。最高人民法院给北京市高级人民法院复函的主要内容如下[1]：

本案争议焦点是北京所望之信投资咨询有限公司(以下简称所望之信公司)与朝来公司签署的《合同书》中的仲裁条款是否有效。根据你院请示所述的事实，订立《合同书》的双

---

[1] 最高人民法院《关于北京朝来新生体育休闲有限公司申请承认大韩商事仲裁院作出的第12113—0011号、第12112—0012号仲裁裁决案件请示的复函》，2013年12月18日，(2013)民四他字第64号。

方当事人均为中国法人,《合同书》内容是双方就朝来公司在中国境内的高尔夫球场进行股份转让及合作,所涉标的物在中国境内,合同亦在中国境内订立和履行。因此,《合同书》没有涉外民事关系的构成要素,不属于涉外合同。该合同以及所包含的仲裁条款之适用法律,无论当事人是否做出明示约定,均应确定为中国法律。根据《中华人民共和国民事诉讼法》第271条以及《中华人民共和国合同法》第128条第2款的规定,我国法律未授权当事人将不具有涉外因素的争议交由境外仲裁机构或者在我国境外临时仲裁,故本案当事人约定将争议提交大韩商事仲裁院仲裁的条款属无效协议,且该仲裁协议之效力瑕疵不能因当事人在仲裁程序中未提出异议而得到补正,仲裁庭对本案争议不享有管辖权。根据《纽约公约》第5条第1款(甲)项的规定,被申请人提供证据证明仲裁条款依当事人作为协定准据之法律系属无效者,得拒予承认及执行仲裁裁决,故本案所涉仲裁裁决应不予承认,但你院同事认为适用《纽约公约》第5条第2款(乙)项规定的公共政策事由不当,应予纠正。

  这两个案例在业界的影响比较大,也引起较广泛的讨论。第二个案件涉及仲裁裁决的承认。虽然没有直接涉及执行,但承认作为执行的前提,拒绝承认则无法进行此后的执行程序。第一个案例涉及仲裁协议确认,除了国内当事人约定境外仲裁机构这个争议点外,该案事实上还涉及约定境外仲裁机构在境内仲裁的问题。但由于最高法院将"国内争议不得提交境外仲裁机构"作为先决问题作出了决定,故其他问题变得不重要而无需再去面对。不过,另外要提出,最高人民法院在后来的安徽省龙利得包装印刷有限公司与被申请人 BP Agnati S. R. L. 申请确认仲裁协议效力案

（[2013]民四他字第13号）中批复,认可选择国际商会仲裁院仲裁、管辖地为上海的仲裁协议有效。在关于境外仲裁机构进入中国市场这个问题上,假如细分起来,似乎可以归纳为四步走法:第一步,境外仲裁机构可以直接在境外受理中国涉外仲裁案件;第二步,境外仲裁机构可以直接在境外受理中国纯国内争议仲裁案件;第三步,境外仲裁机构可以到中国内地来受理中国涉外仲裁案件;第四步,境外仲裁机构可以到中国内地来受理中国纯国内争议仲裁案件。完成这四步的法律依据,境外仲裁机构就没有任何受理中国仲裁案件的障碍。目前而言,第一步是确定的,第二步不行,第三步在[2013]民四他字第13号后只欠执行阶段的案例来确认,第四步不行。境外仲裁机构进入我国市场问题我们另文探讨。要提供的最近的一个信息是,香港国际仲裁中心在上海设立了代表处,其影响几何,尚有待观察。

前已提到,业界对于此问题多有讨论。一种观点当然是认为对于此类案件不应在境外仲裁。另外一种观点持完全开放态度,认为将纯国内争议提交境外仲裁也无不可。法无明文规定和意思自治是可能提出的两个依据。这就涉及仲裁权的性质和来源。它是一种司法权,来源于法律授权,还是一种私权,来源于契约授权?确实,1995年的《仲裁法》以及2006年的《仲裁法解释》中没有明确规定国内当事人可否将不具有涉外因素的争议约定在中国境外仲裁机构进行仲裁。而《合同法》第128条第2款也仅规定:"涉外合同的当事人可以根据仲裁协议向中国仲裁机构或者其他仲裁机构申请仲裁。"认为法无明文禁止则可为的观点,显然将仲裁权也绝对化成当事人可以自行处理的权力。应该看到,当事人的意思自治并不能绝对化,例如,当事人可否绝对化其仲裁权,而通过约定来排除法院对裁决的司法审查,在他国也有不同做法。至少在目前中国的法律框架下,仲裁权应理解为具有混合的性质,有赖于当事人的契约和法律的授权,其因当事人的意思自治而产生,但存在和行使则有赖于法律的监督和保证。事实上,此前我国的最高法院虽没有明确的规定,但在其他一些法院实践中,已经有明确的规定。例如,2010年修订的江苏省高级人民法院《关于审理民商事仲裁司法审查案件若干问题的意见》第17条规定,对没有涉外因素的民商事纠纷,当事人约定提请外国仲裁机构仲裁或者在外国进行仲裁的,仲裁协议无效。

除了前述两个案例外,国内近期各级法院的实践依旧沿循最高人民法院的上述思路和立场。有不少案件,当事人约定境外仲裁,但被法院认定是国内争议而否定了仲裁协议的效力。通常情况下,是否纯国内争议较易判断。但在某些情况下,当事人可能会纠缠于案件是否是涉外案件,例如,案情中可能涉及境外因素的情况。此时,需要首先判断争议是否涉外或是纯国内。在下述所举前两例中,或者主体或者法律关系即可能引起对案件是否涉外的不同判断。

2014年11月13日审结的上海科匠信息科技有限公司与范丝堂(上海)文化信息咨询有限公司申请确认仲裁协议效力案[1]涉及一份《平台外包合同》,该合同第8.1条约定"……如协商不成,双方同意在香港国际仲裁中心(HKIAC)根据当时适用的仲裁规则解决双方就协议之任何争议"。申请人认为,根据我国相应的规定,有涉外因素的合同可以约定由境外仲裁机构作为争议解决机构。而本案无任何涉外因素,故现请求人民法院确认该仲裁条款无效。被申请人辩称:本案合同的标的物(程序软件)运行平台在

---

[1] (2014)沪二中民认(仲协)字第13号。

香港,故合同标的物涉外,属于具有涉外因素的合同。法院认为,根据当事人递交的《平台外包合同》,确无我国法律所规定的涉港因素。关于该合同标的物,即软件程序的运行平台在香港的意见,并不符合《中华人民共和国民事诉讼法》所称"标的物所在地"的规定。因此,本案内地双方当事人将并无涉港因素的合同争议,约定由香港特别行政区的"香港国际仲裁中心(HKIAC)"进行仲裁的条款无法律依据,仲裁条款无效。

另有一案,2014年3月10日审结的苏州市兴业环保设备有限公司、苏州工业园区兴业环保设备有限公司与霍丁格包尔文(苏州)电子测量有限公司所有权确认纠纷案[1],亦涉及案件中涉及境外因素时是否涉外的判断。系争《企业间合作协议》"争议的解决"中约定:"任何因本协议引起的或与本协议有关的申诉、争论、或争议,都应由甲乙友好协商解决。除非当一方提出争议后60天内仍未能协商解决,则可根据规定的程序,将争议提交国际商会巴黎仲裁机构,仲裁地点为中华人民共和国的北京。仲裁判决就是最终决定,相关方必须遵守。"双方对于管辖条款存在争议。异议方认为,法院对本案无管辖权,其具体理由为:(1)仲裁条款所选择的仲裁机构名称虽然与"国际商会国际仲裁院"这一标准名称并不完全相符,但能够非常清楚的指向"国际商会国际仲裁院",该仲裁条款是合法有效的;(2)根据《企业间合作协议》中第9项"建造和使用厂房2、3的注意事项"第4款约定"从执行日期起三个月之内,甲方(本案被告)须向乙方(本案原告)提供150万美元的银行担保……须由甲方出具德国银行的担保证明",被告必须在德国履行其在该项协议项下的部分义务,因此该争议系涉外纠纷,双方选

---

[1] (2013)虎民辖初字第0004号。

择涉外仲裁机构进行仲裁是合法的;(3)司法实践证明国际商会仲裁院可以在中国进行仲裁。针对被告所提管辖异议意见原告答复如下:(1)仲裁条款载明的国际商会巴黎仲裁机构并不存在,属于仲裁机构约定不明;(2)该仲裁条款约定境外仲裁组织在中国境内仲裁,不为中国法律所认可;(3)本案非涉外纠纷,根据我国《合同法》第128条规定,不适用选择境外仲裁机构进行仲裁。

审理本案的江苏省苏州市虎丘区人民法院认为,虽然本案双方当事人在签订的《企业间合作协议》中订立了仲裁条款,约定的仲裁机构可以确定为国际商会国际仲裁院,但是本案诉讼的双方当事人均为中国法人,诉讼标的物在中国境内,所涉合同签订、履行等法律事实均发生在中国。双方协议中虽有一条款约定一方当事人负有出具德国银行担保证明的义务,但是本案并非因该担保产生的纠纷,因此,本案所涉纠纷不具有涉外因素。相关法律规定仅允许涉外合同或者涉外财产权益纠纷的当事人可以协议选择境外仲裁。鉴于仲裁管辖权由法律规定,而我国法律没有规定当事人可以约定将不具有涉外因素的争议交由境外仲裁机构仲裁,故本案双方当事人约定将没有涉外因素的争议提交国际商会国际仲裁院仲裁没有法律依据,应认定本案仲裁协议无效。

这两个案件中,第一个案件是标的物的运行平台在境外,第二个案件则是合同约定的担保关系涉外。不同的人针对这两个案件估计会有不一样的判断。涉外争议或者国内争议的仲裁程序虽大同小异,但由于在司法审查上存在不同规定,双方亦会据理力争。从仲裁实务的角度,这类存在模糊性或容易引起争议的案件偶有发生,大部分的案件还是较容易判断。以下再举一例。

2015年3月9日,河北省高级人民法院审结了美铝渤海铝业有限公司与内蒙古霍煤鸿骏铝扁锭股份有限公司之间的供应协议纠纷案〔1〕在该案中,河北高院首先要解决的问题是,所涉仲裁条款是否有效。本案中,签订协议的双方当事人均系设立在我国境内的中国法人,协议涉及的标的物铝扁锭在我国生产、运输,协议的履行亦发生在我国境内。因此,存在争议的《铝扁锭供应协议》涉及的主体、标的物、法律关系的设立变更、终止的法律事实均发生在我国境内,故该协议不具有涉外法律关系因素。只有涉外民商事案件的当事人可以约定提请中国的涉外仲裁机构或者外国仲裁机构仲裁,国内当事人将其不具有涉外因素的合同约定提请外国仲裁机构仲裁的,该仲裁协议应为无效。本案符合人民法院管辖范围。

  从本文所述这些案件大体可以看出,在裁量过程中,法院通常的逻辑是,首先认定所涉法律关系是否是涉外民事关系,其法律依据是《关于贯彻执行〈中华人民共和国民法通则〉若干问题的意见(试行)》第178条:"凡民事关系的一方或者双方当事人是外国人、无国籍人、外国法人的;民事关系的标的物在外国领域内的;产生、变更或者消灭民事权利义务关系的法律事实发生在外国的,均为涉外民事关系"。在此基础上,法院依据《中华人民共和国民事诉讼法》第271条规定,"涉外经济贸易、运输和海事中发生的纠纷,当事人在合同中订有仲裁条款或者事后达成书面仲裁协议,提交中华人民共和国涉外仲裁机构或者其他仲裁机构仲裁的,当事人不得向人民法院起诉""当事人在合同中没有订有仲裁条款或者事后没有达成书面仲裁协议的,可以向人民法院起诉",以及《中华人民共和国合同法》第128条"涉外合同的当事人可以根据仲裁协议向中国仲裁机构或者其他仲裁机构申请仲裁",认定非涉外民事关

---

〔1〕 (2015)冀立民终字第12号。

系当事人不得提请境外机构仲裁,从而认定此类仲裁协议无效。

正如篇首所说的,国内案件当事人选择境外仲裁机构仲裁会有不同的理由,但目前,除非当事人并非为了今后在中国依法得到承认和执行,否则没有必要约定这样的仲裁协议。这种"除非"是可能的,但已经超出我们所要讨论的范围。

☞ 本文涉及案例

- 江苏航天万源风电设备制造有限公司诉艾尔姆风能叶片制品(天津)有限公司申请确认仲裁协议效力案
- 北京朝来新生体育休闲有限公司申请承认和执行大韩商事仲裁院仲裁裁决案
- 上海科匠信息科技有限公司与范丝堂(上海)文化信息咨询有限公司申请确认仲裁协议效力案
- 苏州市兴业环保设备有限公司、苏州工业园区兴业环保设备有限公司与霍丁格包尔文(苏州)电子测量有限公司所有权确认纠纷案
- 美铝渤海铝业有限公司与内蒙古霍煤鸿骏铝扁锭股份有限公司供应协议纠纷案